公務員試験

# 技術系 最新 過去問

令和**4・5**年度

# 土木

資格試験研究会編
**実務教育出版**

JN058798

# 技術系 最新 過去問
# 土木
## CONTENTS

◆本書には、令和4～5年度の過去問を収録しています。

◆本書に掲載した国家総合職、国家一般職［大卒］、東京都、特別区の問題は、人事院・人事委員会が公開したものです。

◆本書に掲載した地方上級の問題は、受験者から寄せられた情報をもとに独自に復元したものです。したがって、必ずしも実際の試験問題と同一であるとは限りません。

カバーデザイン／小谷野まさを

# 土木の出題状況

　試験によって，科目の名称，出題数，出題される内容などが異なっているので，公務員試験における「土木」の専門試験について説明する。

　なお，「工学に関する基礎（数学・物理）」とは，土木だけでなく電気・電子，機械，建築，化学などでも共通して出題される問題である。『技術系〈最新〉過去問　工学に関する基礎（数学・物理）』に掲載しているので参照してほしい。

## ●国家総合職工学区分

　この試験区分は土木だけではなく，情報工学系，電気・電子系，機械系，建築系，材料工学系，原子力工学系及び造船工学系の専攻者を対象とするものである。

　そのため，工学に関する基礎20問が必須解答であるほかは，広範な分野の29科目（各5問）のうち4～6科目（20～30問）を選択し，その中から20問を選んで解答する（合わせて40問解答）。

　土木の専攻者は，下図の4科目を主に選択することになる。そのほかに「技術論［技術の歴史，技術と社会との関連等］」「建築史・都市計画」などを加えることも可能である。

| 20問必須解答 | 4～6科目を選び，その中から20問に解答 | | | | | |
|---|---|---|---|---|---|---|
| 工学に関する基礎（数学・物理）<br><br>20問 | 構造力学(土木)・土木材料・土木施工<br>5問 | 土質力学・水理学<br>5問 | 土木計画<br>5問 | 環境工学（土木）・衛生工学<br>5問 | その他25科目<br>（各5問） | 解答数<br>40問 |

## ●国家一般職［大卒］土木区分

　40問が出題され，全問必須解答。出題分野は以下のようになっている。

| 工学に関する基礎（数学・物理）<br><br>20問 | 構造力学(土木)・水理学・土質力学・測量<br>11問 | 土木材料・土木設計・土木施工<br>3問 | 土木計画<br>4問 | 環境工学（土木）・衛生工学<br>2問 | 解答数<br>40問 |
|---|---|---|---|---|---|

## ●地方上級

　自治体によってさまざまなパターンに分かれているが，6月下旬に一次試験を行う試験では共通する問題が多い。

### ①試験区分の名称が「土木」の場合

　下図のように，40問が出題されて全問必須解答という形式が一般的である。

| 工学に関する基礎（数学・物理）<br>10問 | 応用力学<br>6問 | 水理学<br>6問 | 土質工学<br>4問 | 測量<br>2問 | 都市計画<br>2問 | 土木計画<br>7問 | 材料・施工<br>3問 | 解答数<br>40問 |
|---|---|---|---|---|---|---|---|---|

　ただし，**鳥取県**は農業土木の問題も出るが，科目選択によって農業土木の問題を避けることが可能となっている。**堺市**は「農学」「造園」も出題科目に含まれている。

②試験区分の名称が「総合土木」の場合

　採用数の多くない自治体では,「土木」「農業土木」「林業」「造園」などの試験区分を別々に設けるのではなく,それらを統合した「総合土木」という名称の試験区分を設けている。

②-ⅰ　土木と農業土木をミックスした出題

　一般的な土木の出題内容に,農業土木の問題を加えるパターンが最も多い。たとえば下図のような構成である。

50問中40問を選択解答

| 工学に関する基礎（数学・物理）10問 | 応用力学 6問 | 水理学 6問 | 土質工学 4問 | 測量 2問 | 都市計画 2問 | 土木計画 6問 | 材料・施工 4問 | 農業土木分野 10問 | 解答数 40問 |
|---|---|---|---|---|---|---|---|---|---|

　全問題に解答するのではなく,必要な題数に解答する「選択解答制」が導入されることが多くなっているが,なかには40問必須解答で,農業土木の問題にも解答しなければならない自治体もある。

②-ⅱ　土木と農業土木を選択させるパターン

　受験申込の時点で「一般土木」「農業土木」のいずれかのコースを選択させる場合がある。この場合,一般土木を選べば,出題は①の図と同じものになる。

②-ⅲ　林業や造園も含むパターン

　「総合土木」区分を設ける場合,「土木」と「農業土木」の問題は必ず出題される。それに「造園」の問題を加えているのが**兵庫県**（40問中30問選択）である。

　なお,**大阪府**,**奈良県**の専門試験は記述式である。

## ●東京都・特別区（記述式）

　東京都Ⅰ類Aは「土Ⅰ」か「土Ⅱ」のどちらか一方を選択する。そして「土Ⅰ」も「土Ⅱ」ともに3題からなっており3題すべてに解答する。例年3題中2題は共通問題で,残る1題は水理学か土質工学である。

　東京都Ⅰ類B［一般方式］は,5題中3題の選択解答である。令和5年度は第2回試験も実際された。

　特別区Ⅰ類［一般方式・新方式］は,6題中4題の選択解答である。新方式は令和5年度から休止され,一般方式の秋試験が実施された。

　なお,「題」と書いたが実態としては「科目」であり,1題＝1科目は2～3の小問で構成されている。

## ●市役所試験

　市役所試験で土木区分が設けられる場合,地方上級試験の①図とほぼ同様の分野から出題されるが,土木材料は出題されない。地方上級試験より少ない30問が出題され,全問必須解答という場合が多くなっている。**奈良県・市町村土木職員採用共同試験**Ⅰ種も同様である（Ⅱ種は高卒程度の試験）。

# 令和5年度

# 国家総合職

●出題内訳表

| No. | 科目 | | 出題内容 |
|---|---|---|---|
| 61 | 構造力学<br>（土木）・<br>土木材料・<br>土木施工 | 構造力学（土木） | 影響線図 |
| 62 | | 構造力学（土木） | 不静定力法 |
| 63 | | 構造力学（土木） | 座屈 |
| 64 | | 土木材料 | コンクリートの混和材料 |
| 65 | | 土木施工 | 原位置試験 |
| 66 | 土質力学・<br>水理学 | 水理学 | 噴流の分流 |
| 67 | | 水理学 | ベルヌーイの定理 |
| 68 | | 水理学 | 開水路 |
| 69 | | 土質力学 | 圧密 |
| 70 | | 土質力学 | 土圧 |
| 71 | 環境工学<br>（土木）・<br>衛生工学 | 衛生工学 | わが国の上水道 |
| 72 | | 衛生工学 | わが国の下水道 |
| 73 | | 環境工学（土木） | わが国の水環境 |
| 74 | | 環境工学（土木） | 地球温暖化対策 |
| 75 | | 環境工学（土木） | 環境アセスメント |
| 111 | 土木計画 | | 統計的分析 |
| 112 | | | わが国の都市計画 |
| 113 | | | わが国の都市交通 |
| 114 | | | わが国の河川計画 |
| 115 | | | 海岸・港湾工学 |

図のように，長さ $6L$ の Gerber 梁において，$x = 2L$ の点を A 点とする。このとき，A 点の曲げモーメントの絶対値が最大になる荷重を図示したものとして妥当なのは次のうちどれか。

ただし，梁の自重は無視できるものとし，選択肢の図において，等分布荷重の大きさはすべて等しいものとする。

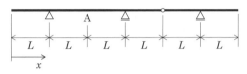

**1**

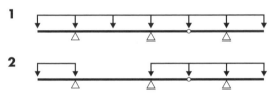

**2**

**3**

**4**

**5**

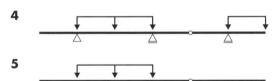

解 説

まず，ミューラー・ブレスローの定理を使って A の曲げモーメントに関する影響線図を描くと次図のようになる。

なお，以降の便宜上，長さ $L$ の区間ごとに①〜⑥の番号を振ってある。いずれの区間も影響線図は正負の違いがあるものの合同な三角形となっている。

分布荷重を $q$，影響線を $f(x)$ とすると，A の曲げモーメント $M_A$ は，

$$M_A = \int_{載荷区間} q f(x)\,dx = q \int_{載荷区間} f(x)\,dx$$

となる。

したがって，求める曲げモーメントは，載荷区間の影響線図の符号付き面積（に荷重の大きさを掛けたもの）となる。今回の影響線図は，すべての区間の（絶対値の）面積が等しいので，正負でどれだけ打ち消すのかが問題である。各選択肢について検討する。

**1**．正の区間が３つと負の区間が３つあるのですべて打ち消して $M_\mathrm{A} = 0$ となる。

**2**．正の区間が３つと負の区間が１つなので，これを打ち消すと，正の区間１つ分となる。

結果として $M_\mathrm{A} = q \times \left( \dfrac{1}{2} \times \dfrac{L}{2} \times L \right) = \dfrac{1}{4}qL^2$ となる。

**3**．正の区間２つ分となる。結果として $M_\mathrm{A} = 2 \times \dfrac{1}{4}qL^2 = \dfrac{1}{2}qL^2$ となる。

**4**．負の区間３つ分となる。結果として $M_\mathrm{A} = -3 \times \dfrac{1}{4}qL^2 = -\dfrac{3}{4}qL^2$ となる。

**5**．負の区間２つ分となる。結果として $M_\mathrm{A} = -2 \times \dfrac{1}{4}qL^2 = -\dfrac{1}{2}qL^2$ となる。

以上から，A点の曲げモーメントの絶対値が最大となるのは **4** である。

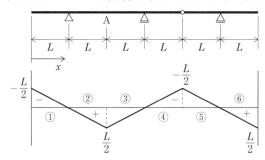

正答 **4**

---

**ポイント**

　影響線図を利用した標準的な問題です。影響線図を素早く描くことができたのであれば，短時間で解くことができる問題で，実力のある人にとっては適度な問題だったかもしれません。

　近年，影響線図を利用した問題が多く出題されていて（令和３年度国家総合職 No.62，令和元年度国家総合職 No.63，平成 30 年度国家総合職 No.61 など），そのどれもきわめて難しい問題だったのですが，この問題は影響線図さえ描ければ解き切ることができます。ただし，等分布荷重を加える問題は過去にはほとんど出題されていなかったため，そこをどうするのかが問題でした。

　影響線図の描き方については，『公務員試験　技術系　新スーパー過去問ゼミ　土木』（実務教育出版）（以下，『技術系　新スーパー過去問ゼミ　土木』）p.174, 175 にあるとおり，A 点で V 字に構造を折ったときの形を図示します。解説の図では大きさも計算してありますが，最大のものを選べばよいのですから，大きさを計算する必要はありません。なお，この大きさの計算では，図形を利用した方法もありますが，単純に A に大きさ 1 の荷重を載荷して求めても，すぐに求めることができます。

　本問では等分布荷重が加わっています。このときの扱いについても同書 p.176 に例示してありますが，本問は合同な三角形のみでできているため，その符号だけ気にしていれば十分ということで，計算はほとんど必要ありません。

図Ⅰのような，全長に等分布荷重 $q$ を受ける長さ $2L$ の梁の $x = L$ における曲げモーメントとして最も妥当なのはどれか。

なお，図Ⅱのような，全長に等分布荷重 $q$ を受ける長さ $2L$ の単純梁の $x = L$ におけるたわみは $\dfrac{5qL^4}{24EI}$，図Ⅲのような，長さ $2L$ の単純梁の $x = L$ に鉛直下向きの集中荷重 $P$ が作用するときの載荷点におけるたわみは $\dfrac{PL^3}{6EI}$ である。ここで，たわみは鉛直下向きを正とする。

ただし，図Ⅰ，図Ⅱ，図Ⅲの断面は一様であり，曲げ剛性は等しく $EI$ とし，回転支点から水平右向きに $x$ 軸をとる。また，梁の自重は無視できるものとし，曲げモーメントは図Ⅳに表すように梁が下に凸に変形する向きを正とする。

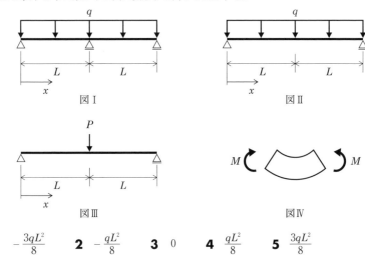

図Ⅰ　　　　図Ⅱ

図Ⅲ　　　　図Ⅳ

**1** $-\dfrac{3qL^2}{8}$　　**2** $-\dfrac{qL^2}{8}$　　**3** $0$　　**4** $\dfrac{qL^2}{8}$　　**5** $\dfrac{3qL^2}{8}$

### 解説

まず中間支点反力を上向き $R$ として，これを求める（次図参照）。$R$ を不静定力として，中間支点反力がないものとして，中間支点の位置のたわみ $\delta$ を求めると，与えられた公式から，

$$\delta = \frac{5qL^4}{24EI}$$

次に，中間支点反力 $R$ による上向きのたわみは，これも設問に与えられた公式から，

$$\delta = \frac{RL^3}{6EI}$$

となる。

荷重 $q$ による下向きのたわみを，中間支点反力 $R$ による上向きのたわみで打ち消す形で，支点が上下移動しないため，2つのたわみは等しい。したがって，

$$\delta = \frac{5qL^4}{24EI} = \frac{RL^3}{6EI} \quad \therefore \quad R = \frac{5qL}{4}$$

これをもとに考える。左右の支点反力は対称性から，中間支点反力も含めた全荷重の半分となるため，

$$\frac{q \times 2L - \frac{5}{4}qL}{2} = \frac{3}{8}qL$$

構造を中間で左右に分けて，その左側について考える。等分布荷重は等価な集中荷重に直して，中間支点まわりのモーメントのつりあいを考えると，求める曲げモーメントを $M$ として，

$$M = \frac{3}{8}qL \times L - qL \times \frac{L}{2} = -\frac{qL^2}{8}$$

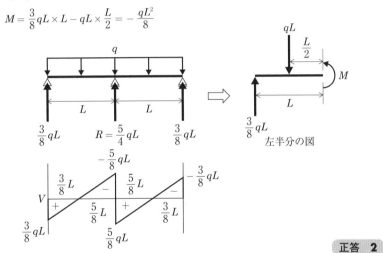

左半分の図

正答 2

**ポイント**

　不静定力法の標準的な問題です。たわみの公式も与えられており，非常に丁寧な問題といえます。実力のある人であれば，確実に解くことができたのではないでしょうか。

　不静定力法については『技術系　新スーパー過去問ゼミ　土木』p.150 にあります。この問題では，最後に曲げモーメントを求める必要がありますが，解説のほかに，せん断力図（$V$図）の面積から求める方法もあります。$V$図は同書 p.78 を参考にすればすぐに解説の図のように描け，

$$M_{\mathrm{A}} = \frac{1}{2} \times \frac{3}{8}qL \times \frac{3}{8}L - \frac{1}{2} \times \frac{5}{8}qL \times \frac{5}{8}L = -\frac{qL^2}{8}$$

と計算できます。

図Ⅰのように，長さ $4.0 \times 10^3$ mm の3点で支持されている部材 AC に軸圧縮が作用している。AC の軸方向を $x$ 軸として図のように直交座標系を定義する。AC の Young 率 $E$ は $2.0 \times 10^5$ N/mm$^2$ であり，断面は図Ⅱのような幅が 80 mm，高さが 30 mm の一様な長方形断面である。AC が，$z$ 方向に変位しないとしたとき，AC の座屈荷重として最も妥当なのはどれか。

ただし，部材の断面は一様であり，部材の自重は無視できるものとする。また，$\pi^2$ は 10 と近似するものとする。

なお，Euler 座屈荷重は $L_e$ を有効座屈長，$I$ を断面2次モーメントとしたとき，$\dfrac{\pi^2 EI}{L_e^2}$ であることを用いてよい。

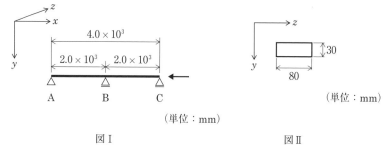

（単位：mm）

図Ⅰ

（単位：mm）

図Ⅱ

**1**　23 kN
**2**　45 kN
**3**　90 kN
**4**　160 kN
**5**　640 kN

**解 説**

　ACは $z$ 方向に変位しないため，$y$ 方向に座屈することになる。座屈したときの形を図示すると下図のようになる。

　これは，ABだけを見れば，両端がピン支持の場合と同じ形の変形をしていることになるため，座屈荷重も長さ $2.0 \times 10^3$ mm の両端ピン支持の座屈荷重と同じになる。つまり，与えられた座屈荷重の公式で $L_e = 2.0 \times 10^3$ mm とすればよい。

　これより，求める座屈荷重 $P_{cr}$ は，

$$P_{cr} = \frac{10 \times 2.0 \times 10^5 \times \dfrac{80 \times 30^3}{12}}{(2.0 \times 10^3)^2} = 9 \times 10^4 \text{N} = 90 \, \text{kN}$$

$2.0 \times 10^3$

正答　**3**

**ポイント**

　座屈荷重についての標準的な問題です。中間支点があるところにひねりが入っていますが，$z$ 方向の変位を考えなくてよいため，たとえば，断面2次モーメントの幅や高さをどちらにとればよいか（令和元年度国家総合職 No.62 や『技術系　新スーパー過去問ゼミ　土木』p.162 参照）という問題は考える必要はありません。

　なお，座屈荷重の計算では，長さの単位をすべて mm として計算しています。これでも正しく単位が N となることを確認してください。

11

国家総合職

## No. 64 土木材料 コンクリートの混和材料 令和5年度

混和材料に関する記述㋐～㋓のうち，妥当なもののみを挙げているのはどれか。

㋐ 混和材料は，コンクリートの性質を改善するためにセメント，水，骨材以外にコンクリートに加える材料である。混和材料のうち，減水剤や流動化剤などの混和剤は，コンクリート全体に占める割合が配合設計などで考慮しなければならない程度に大きいものである。一方，膨張材やシリカフュームなどの混和材は，コンクリート全体に占める割合が配合設計などで無視できる程度に小さいものである。

㋑ フライアッシュは，石炭火力発電所で粉炭の燃焼後に出る灰分を集めて粉末にしたものである。フライアッシュを混和材として使用すると流動性がよくなり，長期強度が大きくなる。

㋒ 高炉スラグ微粉末は，製鉄所で高炉から出るスラグに水を吹きかけて砕き，さらに粉末にしたものである。高炉スラグ微粉末を混和材として使用すると水和熱の発生を抑制し，長期強度が大きくなる。

㋓ AE剤は，コンクリート中に多数の微細な独立気泡を形成させる混和剤であり，形成された独立気泡のことをエントラップドエアと呼ぶ。AE剤を混和剤として使用すると流動性がよくなるが，凍害に対しての抵抗性が低くなる。

**1** ㋐，㋑　　**2** ㋐，㋒
**3** ㋑，㋒　　**4** ㋑，㋓
**5** ㋒，㋓

### 解説

㋐：誤り。コンクリート全体に占める割合が配合設計で無視できる程度なのは混和剤，考慮しなければいけないのは混和材である。

㋑：正しい。良質なフライアッシュは球形であるため，流動性が改善し，ワーカビリティがよくなるため，単位水量を減らすことができる。また，ポゾラン反応を示すことで，長期強度が増進する。

㋒：正しい。高炉スラグは，酸化物が溶出して水和物を生成して硬化する潜在水硬性を示すため長期強度が増加する。また，アルカリ骨材反応抑制効果もある。

㋓：誤り。AE剤で混入される微細な空気泡はエントレインドエアと呼ばれる。エントラップドエアは，意図せず混入した大きい空気泡で，凍害の対策にはならず，強度低下の原因となるため，締固めで除去する必要がある。

**正答 3**

**ポイント**

コンクリートについての基本的な問題です。問われている内容については，地方上級や国家一般職［大卒］で問われてもおかしくない内容ですが，過去に国家総合職でも出題されています（平成27年度No.64，平成30年度No.64など）。この科目を選択するのであれば確実に正答したい問題です。

# 国家総合職 No. 65 土木施工 原位置試験 令和5年度

原位置試験のうち，概略調査などの各種調査方法に関する記述㋐～㋓のうち，妥当なもののみを挙げているのはどれか。

㋐ サウンディングとは，ボーリング孔を利用したり，あるいは直接地表からロッド先端に取り付けた抵抗体を地中に挿入し，貫入や回転引抜きなどを行うときの抵抗値から，原位置の土層状態やその力学的性質を推定する調査である。

㋑ コーン貫入試験（CPT）では，土質試料のサンプリングを行って目視で土質種別を判別する。

㋒ 標準貫入試験では，打撃回数のほか，サンプラーの先端抵抗力と周面摩擦および間隙水圧も測定する。

㋓ 標準貫入試験はボーリングと併用して実施される。得られた結果は，各深さでの土層の相対的な強さとともに土質名と層厚，地下水位などの情報をまとめて土質柱状図として示される。

**1** ㋐，㋒　**2** ㋐，㋓　**3** ㋑，㋒
**4** ㋑，㋓　**5** ㋒，㋓

## 解説

㋐：正しい。サウンディングとは，地盤に荷重を加えた場合の応答，抵抗力から，地盤の状況や各種定数を求める試験全体を指す。記述中で具体的に説明された方法はすべてサウンディング試験の例である。たとえば，ボーリング孔を利用するのは標準貫入試験，ロッドを貫入させるのはスクリューウェイト貫入試験（スウェーデン式貫入試験）である。

㋑：誤り。コーン貫入試験では土質種別の判別は目視で行うのではなく，計測結果から推測する。具体的には測定された「先端抵抗力」「周面摩擦」「間隙水圧」の3つから土質種類を判別する。

㋒：誤り。標準貫入試験では打撃回数 $N$ が測定できるが，先端抵抗力，周面摩擦，間隙水圧は測定できない。これらを測定できるのは㋑に登場したコーン貫入試験（CPT）である。この試験ではロッド中のセンサーによってこれらを測定する。

㋓：正しい。標準貫入試験はボーリング孔底を利用した試験で，その結果である $N$ 値は，柱状図と一緒にまとめられる。

**正答 2**

**ポイント**

この問題では，標準貫入試験とコーン貫入試験（CPT）の違いについて全体的に問われています。

標準貫入試験以外の原位置試験が問われることは珍しいといえますが，本問では，その標準貫入試験の知識があれば，㋑以外の正誤を判断でき，正答に至ることができます。

## 水理学　　　噴流の分流　　　令和5年度

図のように，断面①において断面積が $b_1$（厚さ $b_1 \times$ 単位奥行）で，流速 $V_1$ の噴流が，水平面からの角度 $\theta\left(0 < \theta < \dfrac{\pi}{2}\right)$ で固定された平板に衝突し，平板に沿った方向に分岐した。

ここで，平板と直角方向に $x$ 軸を，平板に沿う方向に $y$ 軸を定義する。$y$ 軸上の断面②，③において，分岐した噴流の流速がそれぞれ $V_2$，$V_3$，厚さがそれぞれ $b_2$，$b_3$ であった。このとき，平板が受ける単位奥行当たりの力の大きさ $F$ と，分岐した噴流の厚さ $b_2$，$b_3$ の組合せとして最も妥当なのはどれか。

ただし，流体は非粘性であり，密度を $\rho$ とし，噴流は $xy$ 平面上にあるものとする。また，流れのエネルギー損失，重力の影響は無視できるものとする。

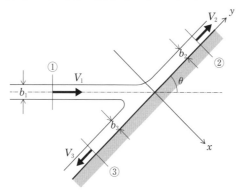

|   | $F$ | $b_2$ | $b_3$ |
|---|---|---|---|
| **1** | $\rho V_1^2 b_1 \sin^2\theta$ | $\dfrac{1+\cos\theta}{2} b_1$ | $\dfrac{1-\cos\theta}{2} b_1$ |
| **2** | $\rho V_1^2 b_1 \sin^2\theta$ | $\dfrac{1+\cos^2\theta}{2} b_1$ | $\dfrac{1-\cos^2\theta}{2} b_1$ |
| **3** | $\rho V_1^2 b_1 \sin\theta$ | $\dfrac{1+\cos\theta}{2} b_1$ | $\dfrac{1-\cos\theta}{2} b_1$ |
| **4** | $\rho V_1^2 b_1 \sin\theta$ | $\dfrac{1+\cos\theta}{2} b_1$ | $\dfrac{1-\cos^2\theta}{2} b_1$ |
| **5** | $\rho V_1^2 b_1 \sin\theta$ | $\dfrac{1+\cos^2\theta}{2} b_1$ | $\dfrac{1-\cos^2\theta}{2} b_1$ |

### 解説

　エネルギー損失が無視できるのでベルヌーイの定理を考える。①→②の流線に沿って考えても，①→③の流線に沿って考えても，噴流が平面上にあるため位置エネルギーは等しく，圧力水頭も大気圧で等しいので，残る速度水頭も等しくなければいけない。したがって $V_1 = V_2 = V_3$ である。

本問は単位奥行き当たりで考えているので，幅を断面積とみなしてよい。断面①の運動量を平板に垂直な方向と平行な方向の運動量に分けて考える。また，求める力 $F$ の反作用（水が平板から受ける力）を図示してある。

$x$ 方向についての運動量保存則より，

$$\rho V_1^2 b_1 \sin\theta - F = 0 \quad \therefore \quad F = \rho V_1^2 b_1 \sin\theta$$

$y$ 方向についての運動量保存則より，

$$\rho V_1^2 b_1 \cos\theta = \rho V_1^2 b_2 - \rho V_1^2 b_3 \quad \therefore \quad b_1 \cos\theta = b_2 - b_3$$

連続式より，

$$V_1 b_1 = V_1 b_2 + V_1 b_3 \quad \therefore \quad b_1 = b_2 + b_3$$

2つの式を辺ごと加えると，

$$b_1(1 + \cos\theta) = 2b_2 \quad \therefore \quad b_2 = \frac{1 + \cos\theta}{2} b_1$$

したがって，

$$b_3 = b_1 - b_2 = \frac{1 - \cos\theta}{2} b_1$$

正答　**3**

**ポイント**

　頻出問題の噴流の分流の問題で『技術系　新スーパー過去問ゼミ　土木』p.356 に掲載されています。

　ただ，これは類似の問題と異なり，「速さがどこも同じ」ということが与えられていません。ベルヌーイの定理を使って示すわけですが，これを知らないと，速さが消せなくて困ったのではないかと思います。

　正答そのものは類題とまったく同じため，類題の答えをそのまま覚えていた受験生には簡単に正答が得られて非常に有利に働いたと思われます。

図のように，内径 $D$ の円筒水槽に接続された内径 $d$ $(d \ll D)$ の円管より水が放流されている。円筒水槽には水が連続的に供給され，水位 $h$ が一定に保たれている。このとき，円筒水槽および円管内の圧力水頭の分布として最も妥当なのはどれか。

ただし，エネルギー損失は無視でき，円管の内径は一定とする。また，選択肢の図において，破線は基準高を表し，＋，－は圧力水頭の正負を表す。

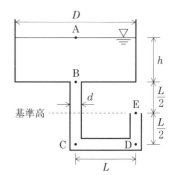

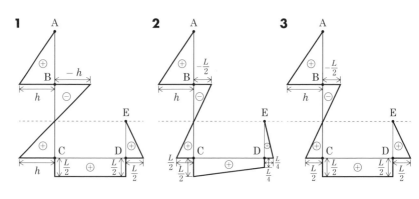

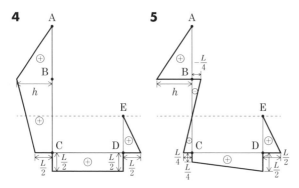

AB 間は水が移動しておらず静水圧となる。したがって，A からの深さを $y$ とすると，圧力水頭 $\dfrac{p}{\rho g}$ は $\dfrac{p}{\rho g} = y$ となる（全選択肢共通）。

次に管水路の部分について，基準高からの高さ（上方正）を $z$ とする。管水路の太さはどこも同じなので流速もどこも等しい。つまり速度水頭は一定である。したがって任意の点と点 E についてベルヌーイの定理を立てて，

$$\frac{p}{\rho g} + z = 0$$

出口 E において $p = 0$（大気圧），$z = 0$ であることを使った。

これより，

$$\frac{p}{\rho g} = -z$$

となる。これに合うグラフを選べばよい。たとえば，C, D では $\dfrac{p}{\rho g} = \dfrac{L}{2}$，B（管水路）では $\dfrac{p}{\rho g} = -\dfrac{L}{2}$ となる。

正答 **3**

**ポイント**

目新しい形の問題ですが，題材そのものはときどき出題されています（たとえば平成 27 年度国家総合職 No.66）。

一見類似に見える「エネルギー線」のグラフの問題は，損失が存在することを前提として描かれますが，本問ではエネルギーは保存されています。したがって，同じ高さであれば同じ圧力で水は流れていきます（実際の流れでは圧力の高いほうから低いほうに流れる）。そのため，こうした類似の問題のイメージを思い浮かべてしまうと迷ってしまうかもしれません。

なお，点 B で圧力が不連続になることが気になる人もいるかもしれません。実は点 B の高さでは，管から十分に離れていれば水は止まっているので静水圧ですが，管に十分近いと，管に流れ込むので，速度水頭が増え，その分圧力水頭が減少します。つまり，実際には，同じ高さでも管からの近さによって，圧力水頭が変化するため，正確に圧力を 1 つと特定することはできないのです。本問では，管は十分に小さいので，水槽の高さまでは管に吸い込まれる部分を無視して静水圧で描き，管に入ったところから負圧に変わるように描いているのです。

国家総合職

## No. 68 水理学 開水路 令和5年度

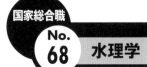

図は，水路幅 $B$ が流下方向に変化する水平水路の平面図を示している。この水路に一定流量 $Q$ が流れており，拡幅区間での水面形を考える。このとき，次の記述の㋐，㋑，㋒に当てはまるものの組合せとして最も妥当なのはどれか。

ただし，流れのエネルギー損失は無視できるものとする。

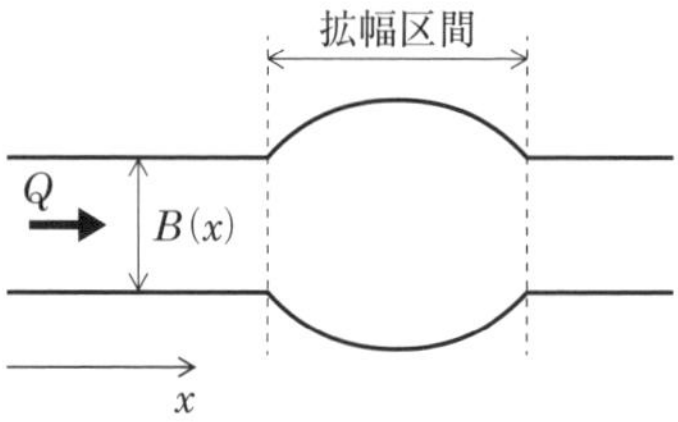


「この流れの比エネルギー $E$ は，水深 $h$，単位幅流量 $q$，重力加速度の大きさ $g$ を用いて，式①と表される。

$$E = h + \frac{q^2}{2gh^2} \quad \cdots\cdots①$$

この水路幅変化は局所的であり，$E$ は流下方向 $x$ に保存されるとすると，流下方向への比エネルギーの変化 $\frac{dE}{dx}$ はフルード数 $Fr$ を用いて，式②と表される。

$$\frac{dE}{dx} = (1 - Fr^2)\frac{dh}{dx} + \boxed{\text{㋐}}\,\frac{h}{q}\cdot\frac{dq}{dx} = 0 \quad \cdots\cdots②$$

一方，連続式より，流下方向への $q$ の変化は，水路幅変化 $\frac{dB}{dx}$ を用いて，式③と表される。

$$\frac{dq}{dx} = -\frac{Q}{B^2}\cdot\frac{dB}{dx} \quad \cdots\cdots③$$

式②，③より，流下方向への水深変化は，式④と表される。

$$\frac{dh}{dx} = \boxed{\text{㋑}}\cdot\frac{dB}{dx} \quad \cdots\cdots④$$

式④より，たとえば，全区間で流れが常流の場合，拡幅区間ではそれ以外の区間よりも水深が ㋒ ことがわかる」

| | ㋐ | ㋑ | ㋒ |
|---|---|---|---|
| **1** | $Fr$ | $\frac{Fr^2}{Fr^2-1}\cdot\frac{h}{B}$ | 小さい |
| **2** | $Fr$ | $\frac{Fr^2}{1-Fr^2}\cdot\frac{h}{B}$ | 大きい |
| **3** | $Fr^2$ | $\frac{Fr^2-1}{Fr^2}\cdot\frac{h}{B}$ | 小さい |
| **4** | $Fr^2$ | $\frac{Fr^2}{Fr^2-1}\cdot\frac{h}{B}$ | 小さい |
| **5** | $Fr^2$ | $\frac{Fr^2}{1-Fr^2}\cdot\frac{h}{B}$ | 大きい |

**解 説** ▮▮▮▮▮▮▮▮▮▮▮▮▮▮▮▮▮▮▮▮▮▮▮▮▮▮▮▮▮▮▮▮▮▮▮▮▮▮▮▮▮▮▮▮▮▮

①の式を $x$ で微分する。このとき単位幅流量 $q$ と水深 $h$ が $x$ の変数であることに注意する。右辺第2項の微分には積の微分も使うと,

$$\frac{dE}{dx} = \frac{dh}{dx} - \frac{q^2}{gh^3} \cdot \frac{dh}{dx} + \frac{q}{gh^2} \cdot \frac{dq}{dx}$$

ここで,フルード数は,

$$Fr = \frac{v}{\sqrt{gh}} = \frac{vh}{\sqrt{gh^3}} = \frac{q}{\sqrt{gh^3}}$$

となるので,

$$\frac{q^2}{gh^3} = Fr^2$$

これをもとの式に代入して,比エネルギーが一定であることから $=0$ とすると,

$$\frac{dE}{dx} = \frac{dh}{dx} - Fr^2\frac{dh}{dx} + Fr^2\frac{h}{q} \cdot \frac{dq}{dx} = (1 - Fr^2)\frac{dh}{dx} + Fr^2\frac{h}{q} \cdot \frac{dq}{dx} = 0$$

となる。これより㋐には「$Fr^2$」が入る。

次に,③式を②に代入すると,

$$(1 - Fr^2)\frac{dh}{dx} - Fr^2\frac{h}{q} \cdot \frac{Q}{B^2} \cdot \frac{dB}{dx} = 0$$

となり,ここに $q = \dfrac{Q}{B}$ を代入すると,

$$(1 - Fr^2)\frac{dh}{dx} - Fr^2\frac{h}{B} \cdot \frac{dB}{dx} = 0$$

$$\therefore \quad \frac{dh}{dx} = \frac{Fr^2}{1 - Fr^2} \cdot \frac{h}{B} \cdot \frac{dB}{dx}$$

これより,㋑には「$\dfrac{Fr^2}{1 - Fr^2} \cdot \dfrac{h}{B}$」が入る。

ここで,流れが常流の場合 $Fr < 1$ となるため,$\dfrac{Fr^2}{1 - Fr^2} > 0$ となる。したがって,流れが拡張して $\dfrac{dB}{dx} > 0$ のときには $\dfrac{dh}{dx} > 0$ となるため水深が増加し,その後,流れが収縮するときに $\dfrac{dh}{dx} < 0$ つまり水深が減少してもとに戻る。つまり,拡幅区間の水深はそれ以外の区間よりも水深が大きい。したがって㋒には「大きい」が入る。

正答 **5**

図のような3つの地盤条件において，一様な載荷重の大きさ，粘土層の厚さ，体積圧縮係数，透水係数がそれぞれ，地盤 I は $\Delta p$, $H$, $m_v$, $k$ であり，地盤 II は $\Delta p$, $\frac{2}{3}H$, $2m_v$, $2k$ であり，地盤 III は $\frac{3}{2}\Delta p$, $H$, $\frac{1}{2}m_v$, $2k$ である。また，地盤 I と地盤 III の下の層は透水層であり，地盤 II の下の層は不透水層である。このとき，地盤 I，II，III のうち，圧密沈下量が最大となるものと，圧密度90％に到達する時間（圧密時間）が最小となるものの組合せとして最も妥当なのはどれか。

ただし，圧密現象は Terzaghi の一次元圧密理論に従うものとする。

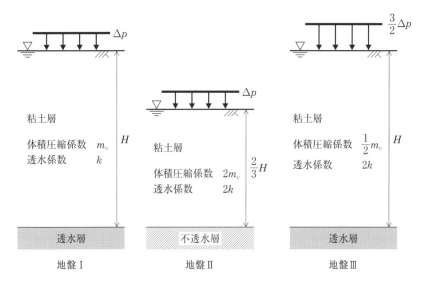

| | 圧密沈下量が最大 | 圧密時間が最小 |
|---|---|---|
| **1** | 地盤 I | 地盤 II |
| **2** | 地盤 I | 地盤 III |
| **3** | 地盤 II | 地盤 II |
| **4** | 地盤 II | 地盤 III |
| **5** | 地盤 III | 地盤 I |

解説

沈下量 $S$ を求める。体積圧縮係数 $m_v$, 層厚 $H$ の地盤に荷重 $\Delta p$ で載荷した場合の沈下量は,

$$S = m_v H \Delta p$$

となる。これをそれぞれの地盤について計算すると, 地盤Ⅰは,

$$S_{\mathrm{I}} = m_v H \Delta p$$

地盤Ⅱは,

$$S_{\mathrm{II}} = 2m_v \times \frac{2}{3}H \times \Delta p = \frac{4}{3}m_v H \Delta p$$

地盤Ⅲは,

$$S_{\mathrm{III}} = \frac{1}{2}m_v \times H \times \frac{3}{2}\Delta p = \frac{3}{4}m_v H \Delta p$$

となる。

したがって, 沈下量が最大となるのは地盤Ⅱである。

次に圧密時間 $t$ を求める。圧密時間は, 体積圧縮係数を $m_v$, 透水係数を $k$, 水の単位体積重量を $\gamma_w$, 排水距離を $h$, 時間係数を $T_{90}$ とすると,

$$t = T_{90}\frac{m_v \gamma_w}{k}h^2$$

と表される。これをそれぞれの地盤について計算すると, 地盤Ⅰは両面排水で排水距離が $\dfrac{H}{2}$ なので,

$$t_{\mathrm{I}} = T_{90}\frac{m_v \gamma_w}{k}\left(\frac{H}{2}\right)^2 = \frac{T_{90}m_v \gamma_w H^2}{4k}$$

地盤Ⅱは, 片面排水で排水距離が $\dfrac{2}{3}H$ なので,

$$t_{\mathrm{II}} = T_{90}\frac{2m_v \gamma_w}{2k}\left(\frac{2H}{3}\right)^2 = \frac{4T_{90}m_v \gamma_w H^2}{9k}$$

地盤Ⅲは, 両面排水で, 排水距離が $\dfrac{H}{2}$ なので,

$$t_{\mathrm{III}} = T_{90}\frac{\frac{1}{2}m_v \gamma_w}{2k}\left(\frac{H}{2}\right)^2 = \frac{T_{90}m_v \gamma_w H^2}{16k}$$

したがって圧密時間が最小となるのは地盤Ⅲである。

正答 **4**

## ポイント

　圧密沈下量と圧密時間の計算問題で，過去には平成22年度国家総合職No.69で出題がありました。基本問題であり，土質力学を選択する場合には確実に正答したい問題です。この問題を解くためには，両方の公式を正しく覚えることが大切です。また，「層厚」と「排水距離」の違いにも注意が必要で，両面排水の場合，排水距離は層厚の半分となります。

　ただ，本問では数値に大きな開きがあるため，ここを間違えても正答の選択肢は選ぶことができます。

図のように，地表面が水平で，壁体背面が鉛直である高さ $H$ の重力式擁壁がある。主働土圧状態であるとき，土圧係数 $K_a$, この擁壁の単位奥行き（1.0m）当たりにはたらく Rankine の主働土圧 $P_a$ および擁壁底面からの作用位置 $x$ の組合せとして最も妥当なのはどれか。

ただし，背面土の粘着力はなく，背面土の単位体積重量を $\gamma_t$, 背面土の内部摩擦角を $\phi$, 背面土の地表面に一様にかかる載荷重の大きさを $\Delta p$ とし，Rankine 土圧論が適用できるものとする。

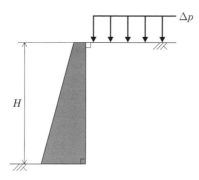

|   | $K_a$ | $P_a$ | $x$ |
|---|---|---|---|
| **1** | $\tan^2\left(45° - \dfrac{\phi}{2}\right)$ | $K_a\Delta pH + \dfrac{1}{2}K_a\gamma_t H^2$ | $\dfrac{H}{3}\cdot\dfrac{\gamma_t H + 3\Delta p}{\gamma_t H + 2\Delta p}$ |
| **2** | $\tan^2\left(45° - \dfrac{\phi}{2}\right)$ | $K_a\Delta pH + \dfrac{1}{2}K_a\gamma_t H^2$ | $\dfrac{H}{6}\cdot\dfrac{3\gamma_t H + 4\Delta p}{\gamma_t H + 2\Delta p}$ |
| **3** | $\tan^2\left(45° - \dfrac{\phi}{2}\right)$ | $\Delta pH + \dfrac{1}{2}K_a\gamma_t H^2$ | $\dfrac{H}{3}\cdot\dfrac{K_a\gamma_t H + 3\Delta p}{K_a\gamma_t H + 2\Delta p}$ |
| **4** | $\tan^2\left(45° + \dfrac{\phi}{2}\right)$ | $K_a\Delta pH + \dfrac{1}{2}K_a\gamma_t H^2$ | $\dfrac{H}{3}\cdot\dfrac{\gamma_t H + 3\Delta p}{\gamma_t H + 2\Delta p}$ |
| **5** | $\tan^2\left(45° + \dfrac{\phi}{2}\right)$ | $\Delta pH + \dfrac{1}{2}K_a\gamma_t H^2$ | $\dfrac{H}{3}\cdot\dfrac{K_a\gamma_t H + 3\Delta p}{K_a\gamma_t H + 2\Delta p}$ |

**解説**

ランキンの主働土圧係数の公式から，

$$K_a = \tan^2\left(45° - \frac{\phi}{2}\right)$$

となる。

次に，主働土圧の合力と作用点位置を求めるため，土圧分布を図示すると左下のようになる。主働土圧は鉛直応力に主働土圧係数を掛ければ求めることができる。鉛直応力は，上に載っている荷重および土の重さの和として求める。

合力は土圧分布の面積として求められる。破線で四角形と三角形に分けて求めると，

$$P_a = K_a \Delta p H + \frac{1}{2} K_a \gamma_t H^2$$

最後に作用点高さ $x$ は，四角形荷重と三角形荷重を等価な集中荷重に直し，さらに 1 つの荷重に直したときに，モーメントが一致するように決めると，

$$K_a \Delta p H \times \frac{H}{2} + \frac{1}{2} K_a \gamma_t H^2 \times \frac{H}{3} = \frac{3K_a \Delta p H^2 + K_a \gamma_t H^3}{6} = \left( K_a \Delta p H + \frac{1}{2} K_a \gamma_t H^2 \right) \times x$$

$$\therefore \quad x = \frac{H}{3} \cdot \frac{\gamma_t H + 3\Delta p}{\gamma_t H + 2\Delta p}$$

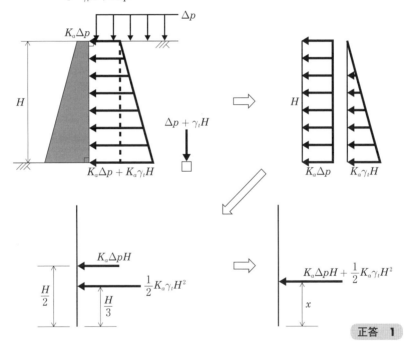

正答 **1**

**ポイント**

　計算量は多いですが，土圧の問題としては標準的なものです。類題は『技術系　新スーパー過去問ゼミ　土木』p.264 にあります。

　この問題では土圧分布を描くことが基本となります。土圧分布を描けば，合力は面積で求めることができますし，集中荷重に直して計算することもできます。確実に正答したい問題といえます。

わが国の上水道に関する記述㋐，㋑，㋒のうち，妥当なもののみをすべて挙げているのはどれか。

　㋐　水道水質基準を補完する項目として定められている水質管理目標設定項目は，毒性評価が定まらないことや，浄水中の存在量が不明などの理由から水質基準項目に分類できない項目であり，今後，必要な情報・知見の収集に努めていくべきものと位置づけられている。

　㋑　急速ろ過方式は，緩速ろ過方式に比較して狭い面積で大量の水を処理でき，わが国では急速ろ過方式を採用している浄水場が多い。

　㋒　オゾン処理は，塩素よりも強い酸化力を利用し，異臭味や色度の除去，消毒副生成物の低減を目的として行われ，その消毒効果には塩素のような残留性が期待できる。

**1**　㋐，㋑
**2**　㋐，㋒
**3**　㋑
**4**　㋑，㋒
**5**　㋒

**解　説**

㋐：誤り。毒性評価が定まらないことや，浄水中の存在量が不明などの理由で分類できない項目は「要検討項目」に該当する。水質管理目標設定項目は，水道水中での検出の可能性があるなど，水質管理上留意すべき項目に位置づけられている。近年問題となった有機フッ素化合物（PFOS，PFAS）は，水質管理目標設定項目に該当する。

㋑：正しい。令和3年度において，浄水量別にみると，急速ろ過方式が77.4%，緩速ろ過方式は3.2%である（『令和3年度版 水道統計』）。

㋒：誤り。前半は正しい説明であるが，オゾンには塩素のような残留性は期待できない。

正答 **3**

**ポイント**

　水道についての基本的な問題です。

　㋑，㋒は基本的な内容であり，確実に判断したいところです。㋐は少し細かいといえますが，存在量が不明では目標を設定することも困難になることなどを考えれば判断できたかもしれません。ただし，水道水質基準については，近年細かいところまで出題されており，一度目を通しておくとよいでしょう。

わが国の下水道に関する記述㋐～㋓のうち，妥当なもののみを挙げているのはどれか。

㋐　分流式下水道は，汚水と雨水は別々の管路系統で排除され，汚水はすべて処理場に送られて処理されることから，分流式下水道に水質保全上の問題はない。

㋑　管渠内の流速は，下水中の沈殿物が堆積しない最小流速と，管渠が破損しない程度の最大流速の範囲内で設定される。

㋒　生物学的硝化脱窒法は，硝化反応によって亜硝酸性窒素および硝酸性窒素をアンモニア性窒素に変換した後，脱窒反応によってアンモニア性窒素を窒素ガスに変換して窒素を除去する方法である。

㋓　汚泥焼却は，通常は補助燃料を必要とする。しかし，運転経費に補助燃料が占める割合が大きいため，脱水効率を上げたり，乾燥工程を設けたりするなどして，補助燃料の使用量をできるだけ少なくなるように検討する。

1　㋐，㋑
2　㋐，㋒
3　㋑，㋒
4　㋑，㋓
5　㋒，㋓

**解説**

㋐：誤り。分流式の場合，雨水はそのまま処理されずに環境に放流される。しかし，たとえば，降雨直後の雨水は地表のごみを流してくるため，水質が悪く，これが未処理のまま放流されることは，水質保全上問題となる。

㋑：正しい。最小流速は汚水管で 0.6 m/s，雨水管で 0.8 m/s であり，最大流速は汚水管も雨水管も 3.0 m/s である。

㋒：誤り。生物学的硝化脱窒法では，まず硝化反応によってアンモニア性窒素を亜硝酸性窒素および硝酸性窒素に変換した後，脱窒反応でそれらを窒素に変換することで，窒素を除去する。

㋓：正しい。

正答　4

**ポイント**

下水道についての標準的な問題です。

㋐については，合流式下水道ほど問題にはなっていないかもしれませんが，「水質保全上の問題はない」と断言された記述を正しいとは判断しにくかったかもしれません。㋒はやや細かいですが，「硝化」の言葉を見れば，硝酸性の物質に変えることをさすのではないかと類推できたかもしれません。一方，㋑は過去に出題があるだけではなく，地方上級でも出題されている内容で，確実に判断したいところです。

国家総合職

No. 73 環境工学(土木) **わが国の水環境** 令和5年度

わが国の水環境に関する記述㋐，㋑，㋒のうち，妥当なもののみをすべて挙げているのはどれか。

㋐ 有機汚濁の代表的な水質指標である化学的酸素要求量（COD）は，水中の有機物質が一定条件の下で，酸化剤により分解されるのに要する酸素量である。

㋑ 河川の自浄作用には，水中の微生物による生物学的分解，吸着・沈殿，希釈の3つの因子が関係しているが，このうち生物学的分解は見かけの自浄作用と呼ばれ，吸着・沈殿および希釈は真の自浄作用と呼ばれる。

㋒ 河川，湖沼，港湾，沿岸海域および灌漑用水路などの公共用水域の水質の測定は，環境基本法の規定に基づき実施されている。

**1** ㋐
**2** ㋐，㋑
**3** ㋑
**4** ㋑，㋒
**5** ㋒

## 解説

㋐：正しい。CODは湖沼，海域で有機物汚濁の指標として使われるものである。一方，河川では生物化学的酸素要求量（BOD）が使われる。

㋑：誤り。見かけの自浄作用と真の自浄作用の説明が逆である。生物学的分解では，有機物は分解されて無機物になるため，環境から有機物が除外されることになる。これをさして真の自浄作用と呼ばれる。

㋒：誤り。公共用水域の水質の測定は，水質汚濁防止法16条に基づいて行われる。環境基本法ではない。

**正答 1**

**ポイント**

水環境の問題は毎年出題があります。本問では㋐は基本的な記述内容であり，また，㋒は過去にも登場しています（平成30年度国家総合職No.73）。㋑は知らなくても文章の内容から誤りであることは推測できたかもしれません。

国家総合職

## No. 74 環境工学(土木) 地球温暖化対策 令和5年度

地球温暖化対策に関する記述㋐，㋑，㋒のうち，下線部が妥当なもののみをすべて挙げているのはどれか。

㋐ 気候変動に関する政府間パネル（IPCC）は，2021年8月から2022年4月にかけて順次公表した作業部会報告書において，「人間の影響が大気，海洋および陸域を温暖化させてきたことは疑う余地がない」ことなどを公表した。

㋑ 特定フロン，ハロン，臭化メチルなどの化学物質によるオゾン層の破壊により，地上に到達する有害な紫外線が増加し，皮膚ガンや白内障などの健康被害の発生や，植物の生育の阻害などを引き起こす懸念がある。また，オゾン層破壊物質の多くは温室効果ガスでもあり，フロン類の排出抑制対策は，地球温暖化対策の観点からも重要である。

㋒ 1997年に京都市で開催された国連気候変動枠組条約第3回締約国会議で採択された京都議定書は，先進国だけでなく発展途上国に対しても法的拘束力のある温室効果ガス削減の数値目標を設定し，目標達成の補足的な仕組みとして，他国での削減を目標達成に活用できる京都メカニズムについて定めている。

**1** ㋐　　**2** ㋐，㋑
**3** ㋐，㋑，㋒　　**4** ㋐，㋒
**5** ㋑，㋒

## 解説

㋐：正しい。IPCCの第6次報告書の第1作業部会報告書で，記述のように明記された。

㋑：正しい。フロン類は強い温室効果を持つ。また，オゾン層を破壊しないとして使われた代替フロン類も温室効果が強く，温室効果ガスに含まれている。

㋒：誤り。京都議定書では，発展途上国については数値目標は設定されなかった。そのため，中国は発展途上国であるという理由で数値目標が課されず，また，米国は最終的に参加しなかった。

**正答 2**

### ポイント

地球環境問題からの出題です。㋒は，パリ協定が採択されてから8年経った中で，久しぶりに京都議定書が問われました。以前はよく出題された内容ですが，近年はまったく出題がなかったため，用意していなかった人も多かったかもしれません（出題としては平成27年度以来）。㋐について，第1作業部会報告書では「人間の影響が大気，海洋，及び陸域を温暖化させてきたことには疑う余地がない。大気，海洋，雪氷圏，及び生物圏において，広範かつ急速な変化が現れている」と明記されました（出典：IPCC第6次評価報告書第1作業部会報告書政策決定者向け要約暫定訳〈文部科学省および気象庁〉）。

環境アセスメントに関する記述㋐～㋓のうち，下線部が妥当なもののみを挙げているのはどれか。

- ㋐　環境アセスメントとは，<u>土地の形状の変更，工作物の新設その他これらに類する事業を行う者</u>が，その事業を実施する前に環境に及ぼす影響について<u>自ら</u>調査，予測または評価を実施し，その結果に基づいて，その事業に環境配慮を組み込む仕組みをいう。

- ㋑　わが国の環境アセスメント制度においては，評価に係る基本的な考え方として，<u>事業者により実行可能な範囲内で環境影響が回避または低減がなされているものであるか否かではなく，環境基準などの基準達成がなされているか否かという観点に重点が置かれており，ベスト追求型ではなく基準達成型とされている。</u>

- ㋒　わが国の環境アセスメント制度は，事業の許認可権者が，事業の審査に当たり，環境アセスメントの手続きの中で環境影響評価書やこの評価書に対して述べられた意見に基づき，対象事業が環境の保全について適正な配慮がなされたものであるかどうかを審査し，<u>許認可などを拒否したり，条件を付けたりすることができる。</u>

- ㋓　わが国の環境アセスメント制度は，必ず環境アセスメント手続を実施する第1種事業と，個別の事業や地域の違いを踏まえて環境アセスメントの実施の必要性を個別に判断する第2種事業に分けられている。第2種事業について，<u>環境アセスメントの実施の必要性を個別に判断するふるい分けの手続きを「スコーピング」という。</u>

**1**　㋐，㋑

**2**　㋐，㋒

**3**　㋑，㋒

**4**　㋑，㋓

**5**　㋒，㋓

## 解説

㋐：正しい。環境影響評価は，事業者が自ら実施する。なお，環境影響評価法1条には「土地の形状の変更，工作物の新設等の事業を行う事業者がその事業の実施に当たりあらかじめ環境影響評価を行うことが環境の保全上極めて重要である」とある。

㋑：誤り。日本の環境影響評価は，基準達成型ではなく，ベスト追求型であるとされている。たとえば，各都道府県が策定している技術指針では，複数の案を検討して，よりよい成果が出る方法がないかという検討がなされている。

㋒：正しい。このほかにも，事業に対する補助金の決定にも影響する場合がある。

㋓：誤り。スコーピングではなく「スクリーニング」が正しい。スコーピングは，方法書を作成する場合に，あらかじめどのような方法で環境影響評価を行うのかを公表し，意見を有する者からの意見書や，都道府県知事等からの意見に基づいて環境影響評価の方法を決定する手続きをいう。

**正答　2**

### ポイント

環境影響評価についての基本的な問題で，準備していれば容易に判断できたものと思われます。環境影響評価に関する問題は必ずしも多くなく，本格的な問題としては平成23年度以来となります。本問の出題のほか，配慮書手続きや，準備書，評価書を作成する手続きなど，全体的な制度知識を用意しておくとよいでしょう。

国家総合職

## No.111 土木計画 統計的分析 令和5年度

土木計画に用いられる統計的分析手法に関する記述㋐，㋑，㋒のうち，妥当なもののみをすべて挙げているのはどれか。

㋐ 統計的検定において，棄却されることを前提とした仮説を帰無仮説といい，それが棄却されたときに採用する仮説を対立仮説という。

㋑ ある目的変量の値に変動をもたらす要因が複数あり，それらが目的変量の変動にどの程度寄与するかを統計的に分析し，主要な要因を抽出する手法を判別分析という。

㋒ 回帰分析において，標本観測値と推計値の差を残差といい，残差の二乗和を最小化する手法を最小二乗法という。

**1** ㋐
**2** ㋐，㋑
**3** ㋐，㋒
**4** ㋑，㋒
**5** ㋒

### 解説

㋐：正しい。統計的検定では，基本的に「統計的にあり得ない」といえるかどうかに注目して仮説についての検討を行う。言い方を変えると，「反対意見が正しいと仮定するとあり得ないことが起きている」→「仮説を採択する」という流れで仮説を検定する。このときに「あり得ない」つまり「棄却」されるのが「帰無仮説」。逆に帰無仮説が棄却されたときに採択される仮説が「対立仮説」である。たとえば，2つの集団A，Bに同じテストを行い，点数はAのほうが10点高かったとする。この場合に「全体的にAのほうが成績がよい」ことを示したいとする。このとき，帰無仮説は「AとBでは成績に違いがない」であり，対立仮説は「Aのほうが成績がよい」である。このときに，10点の点数差が「あり得ないほどの大きな差」であることが統計的にいえるのであれば帰無仮説が棄却され，対立仮説を採択する（この場合には片側検定を行うことになる）。

㋑：誤り。記述の内容は判別分析ではなく「回帰分析」である。判別分析とは，全体がいくつかのグループに分かれているときに，そのグループがどのように分類できるのかを調べる分析である。

㋒：正しい。回帰分析の説明は㋑のとおりである。回帰分析では記述にある最小二乗法が使われる。

**正答 3**

**ポイント**

統計に関する問題です。土木計画の1問目はあまり決まった傾向がありませんが，過去にもときどき統計に関する出題がありました（令和元年度国家総合職 No.121）。本問は統計としては基本的な内容ですが，公務員試験対策として準備することは難しかったと思われます。

国家総合職

## No. 112 土木計画　わが国の都市計画　令和5年度

わが国の都市計画に関する記述㋐〜㋓のうち，妥当なもののみを挙げているのはどれか。

㋐　都市計画区域は，一体の都市として総合的に整備し，開発し，および保全する必要がある区域として指定されるが，必要があるときは，当該市町村の区域外にわたり，指定されることがある。

㋑　都市計画は，都道府県が決定するものと市町村が決定するものがあり，都道府県都市計画審議会または市町村都市計画審議会の審議を経て決定される。ただし，2以上の都府県の区域にわたる都市計画区域に係る都市計画は，国土交通大臣および市町村が定めることとなっている。

㋒　都市計画区域内で用途地域の指定がない区域で建築物を建築する場合，開発許可の対象となるものでなければ，建築規制は適用されない。

㋓　土地区画整理事業を実施するに当たっては，事業実施前と実施後で，個人が所有する宅地の面積は変化しないように行われなければならない。

**1**　㋐，㋑　　**2**　㋐，㋓
**3**　㋑，㋒　　**4**　㋑，㋓
**5**　㋒，㋓

### 解説

㋐：正しい。都市計画区域は「市町村の行政区域にとらわれず，土地利用の状況及び見通し，地形等の自然的条件，通勤，通学等の日常生活圏，主要な交通施設の設置の状況，社会的，経済的な区域の一体性等から総合的に判断し，現在及び将来の都市活動に必要な土地や施設が相当程度その中で充足できる範囲を，実質上一体の都市として整備，開発及び保全する必要のある区域として指定するべき」(都市計画運用指針)とされており，必要な場合には当該市町村の区域外にも指定される。

㋑：正しい。都市計画法22条1項の条文そのものである。

㋒：誤り。いわゆる白地地区（非線引き区域）でも建蔽率や容積率のような建築規制は適用される（建築基準法52条1項8号，53条1項6号等）。

㋓：誤り。土地区画整理事業では，換地の場合に「換地及び従前の宅地の位置，地積，土質，水利，利用状況，環境等が照応するように定めなければならない」（土地区画整理法89条）とする照応の原則はあるが，土地の面積（地積）が変化しないようにするという基準はない。むしろ減歩を行うことで減少するのが普通である。

**正答　1**

**ポイント**

都市計画法および土地区画整理法からの出題でした。時事的な内容や統計的内容を含まず，制度知識そのものが問われていたため，近年の出題の中では解きやすかったのではないかと思います。

わが国の都市交通に関する記述㋐～㋓のうち，妥当なもののみを挙げているのはどれか。

　㋐　パーソントリップ調査は，人の移動に着目して，移動の目的，利用交通手段，時間などを調査するものであるが，個人情報保護の観点から，移動の起終点については調査しない。

　㋑　交通需要予測手法の一つである四段階推計法においては，一人ひとりの交通行動をゾーンの単位で集計し予測を行うことによって，交通需要を予測する。

　㋒　道路には，自動車専用道路，主要幹線道路，幹線道路，補助幹線道路，区画道路などの段階構成があるが，階層が大きく異なる道路を直接連結させることは避けるべきである。

　㋓　道路の横断構成については道路構造令により規定されており，設計交通量が決定されれば，幅員は一意に定まる。

**1**　㋐，㋑

**2**　㋐，㋒

**3**　㋑，㋒

**4**　㋑，㋓

**5**　㋒，㋓

## 解説

㋐：誤り。パーソントリップ調査は，「どのような人が，どのような目的で，どこからどこへ，どのような時間帯に，どのような交通手段で」移動しているかを把握する調査であり，移動の起終点についても調査を行う。

㋑：正しい。四段階推定法は，将来の交通需要予測を行うもので，その基礎データとなるのがパーソントリップ調査で得られた交通行動のデータである。

㋒：正しい。階層の大きく異なる道路を直接連結させると，たとえば，交差点が多くなることで幹線道路側の交通容量が減少し，トラフィック機能を低下させる一方で，区画道路側に抜け道のような形で多くの車両が流入することで交通事故の危険性が増加する。また，運転をする場合にも，交通速度が極端に変化するため，運転しにくい道路構成となる。

㋓：誤り。道路には自動車等を通行させる交通機能以外にも，環境空間，防災空間などさまざまな機能が求められており，その道路に持たせる機能を果たすように道路の横断面は設計される。そのため，設計交通量から幅員は一意的に決められるわけではない。

**正答　3**

### ポイント

交通，道路両方に広くわたる出題です。ただ，全体的に知識がなくても正誤が推測しやすい記述が多く（㋐，㋒，㋓），正誤を判断しやすかったのではないかと思います。たとえば，㋒については，自動車専用道路（高速道路を思い浮かべるとよい）の場合，通常は立体交差が行われ，限られたジャンクションのみで流出入が行われます。これは，階層の大きく異なる道路は直接接続していない例になります。また，㋓については，幅員を決める大きな要因である車線数についても，設計基準交通量に基づいて決定されることが基本になっていますが，それだけで決まるわけではありません。たとえば，登坂車線や，最近見られるサグ部における追加車線など，交通量以外の要因で車線数が増加する場合もあります。こうした現実の道路を想像することでも正答を選べたのではないかと思います。

国家総合職

# No. 114 土木計画　わが国の河川計画　令和5年度

わが国の河川計画および河川管理施設の構造に関する記述㋐，㋑，㋒のうち，下線部が妥当なもののみをすべて挙げているのはどれか。

㋐　河川整備計画においては，長期的な観点から，基本高水，計画高水流量配分を定めることとされている。

㋑　堤防の構造については，河川管理施設等構造令において，材質，高さ，天端幅，法勾配などの基本的事項が定められている。

㋒　流出解析にはさまざまな手法があるが，河川や流域の特性，実績洪水の再現性などの精度や労力も踏まえ，大河川では合理式法，中小河川では貯留関数法がよく用いられる。

**1**　㋐
**2**　㋐，㋑
**3**　㋑
**4**　㋑，㋒
**5**　㋒

## 解説

㋐：誤り。基本高水，計画高水流量配分が定められているのは，河川整備計画ではなく河川整備基本方針である。

㋑：正しい。これらについては河川管理施設等構造令で定められている（河川管理施設等構造令17〜32条）。

㋒：誤り。大河川では貯留関数法，中小河川では合理式法が用いられる。

**正答　3**

### ポイント

河川工学の基本的な問題で，ぜひ正答したい問題です。㋐の河川整備基本方針と河川整備計画の違いについては過去に繰り返し出題がある項目（令和2年度国家総合職No.114，令和元年度国家総合職No.124，平成30年度国家総合職No.124など。特に平成30年度の問題は同じ内容）で，用意しておきたい問題です。㋑については過去の出題はほとんどありませんが（令和2年度国家総合職No.114に名称が登場していました），二次の記述式試験対策として一度目を通しておくとよいでしょう。㋒の合理式は，ピーク流量$Q_p$〔$m^3/s$〕を求める式で，

$$Q_p = \frac{1}{3.6} frA \quad (f\text{：流出係数，}r\text{：降雨強度〔mm/hr〕，}A\text{：流域面積〔km}^2\text{〕})$$

と表されます。非常に簡単な式ですが，貯留施設等のない中小河川のみで使われます。地方上級などでも出題実績があり，知っておくべき公式です。

海岸工学・港湾工学に関する記述㋐，㋑，㋒のうち，妥当なもののみをすべて挙げているのはどれか。

㋐　突堤は，汀線から沖の方向に突き出す形状の海岸構造物であり，海岸侵食による地形変化を防ぐものである。

㋑　外海に開いた湾内水面の振動現象を副振動といい，局所的な大気圧変動などによって湾内の固有周期に近い長周期波が侵入すると発生する。

㋒　洋上風力発電は，陸上風力発電に比べて風況が良好であるため設備利用率が高いなどの利点があり，カーボンニュートラル実現の手段として期待されている。洋上風力発電の導入適地としては，送電線などの電気設備が充実している港湾区域があるが，海域の管理や利用調整の仕組みが整備されていないという課題がある。

**1**　㋐

**2**　㋐，㋑

**3**　㋑

**4**　㋑，㋒

**5**　㋒

---

**解 説**

㋐：正しい。突堤が設けられることで沿岸流が抑制され，海岸浸食が防がれる。

㋑：正しい。副振動とは，台風や低気圧などによって発生する海面変動が湾内の固有周期に近いと共振して振幅が大きくなる現象である。長崎湾の「あびき」と呼ばれる現象が有名な具体例で，振幅は最大で 3 m 程度になることもある。

㋒：誤り。前半は正しいが，海域の管理や利用調整の仕組みについては，平成 30 年に制定された再エネ海域利用法の中に規定されている。

正答　**2**

---

**ポイント**

　㋑，㋒の内容は過去に出題がなく非常に難しかったのではないかと思います。ポイントは㋐です。突堤は各種試験で繰り返し出題されているもので，これが正しいと判断できれば，時事的内容である㋒の正誤を判断する必要がなくなります。

# 令和5年度

# 国家一般職
# ［大卒］

●出題内訳表

| No. | 科目 | | 出題内容 |
|---|---|---|---|
| 21 | 構造力学（土木）・水理学・土質力学・測量 | 構造力学（土木） | トラス |
| 22 | | 構造力学（土木） | 図心 |
| 23 | | 構造力学（土木） | 棒材 |
| 24 | | 構造力学（土木） | 曲げ応力 |
| 25 | | 水理学 | マノメータ |
| 26 | | 水理学 | 抵抗力 |
| 27 | | 水理学 | 波 |
| 28 | | 土質力学 | 土の基本的物理量 |
| 29 | | 土質力学 | 透水 |
| 30 | | 土質力学 | 液状化 |
| 31 | | 測量 | 最確値の計算 |
| 32 | 土木材料・土木設計・土木施工 | 土木材料 | セメントの種類 |
| 33 | | 土木設計 | 橋の設計 |
| 34 | | 土木施工 | 盛土の施工 |
| 35 | 土木計画 | | わが国の都市計画 |
| 36 | | | わが国の交通 |
| 37 | | | わが国の河川 |
| 38 | | | 災害時の港湾の機能 |
| 39 | 環境工学（土木）・衛生工学 | 環境工学（土木） | 地球環境問題 |
| 40 | | 衛生工学 | わが国の下水処理 |

図のようなトラスの節点Bに水平集中荷重が作用し，節点Dに鉛直集中荷重が作用しているとき，部材BDに作用する軸力の方向とその大きさの組合せとして最も妥当なのはどれか。

　ただし，部材の自重は無視するものとする。

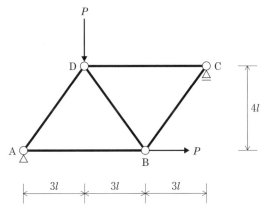

| | 軸力の方向 | 軸力の大きさ |
|---|---|---|
| **1** | 圧縮方向 | $\dfrac{5}{12}P$ |
| **2** | 圧縮方向 | $\dfrac{5}{9}P$ |
| **3** | 圧縮方向 | $\dfrac{5}{6}P$ |
| **4** | 引張方向 | $\dfrac{5}{12}P$ |
| **5** | 引張方向 | $\dfrac{5}{9}P$ |

解説 ●━━━━━━━━━━━━━━━━━━━━━━━━━━━━━━━━━━━

　まずはCの支点反力 $R_C$ を求める。そこで，左次図のように図を描いて（Aの水平支点反力は，水平方向の力のつりあいから左向き $P$ となる），A点まわりのモーメントのつりあいより，

$$R_C \times 9l = P \times 3l \quad \therefore \quad R_C = \frac{1}{3}P$$

　続いて，BDを通る鉛直面で構造を切断したと考え，その右側（Bを含む側）について

考える。求める BD の軸力を $N_{BD}$ とする（ほかに切断することで発生する軸力を矢印で示したが名称は付けていない）。

このとき，鉛直方向の力のつりあいから，

$$\frac{4}{5}N_{BD} + \frac{1}{3}P = 0 \quad \therefore \quad N_{BD} = -\frac{5}{12}P$$

したがって，BD の軸力は，「圧縮方向」で大きさは「$\dfrac{5}{12}P$」である。

正答 1

### ポイント

　トラスのやや難しめの問題です。トラスそのものの出題は非常に多いのですが，本問は支点反力の位置が頻出問題とは少し異なります。そこで，計算の方針をきちんと定める必要があります。実力があれば確実に解ける一方で，一つ一つの計算を丁寧に行わないと正答が得られないため，大きく差がついたのではないかと思われます。

　まず支点反力を求める必要がありますが，この際にAの水平反力を忘れてCまわりのモーメントのつりあいを立てると誤りになります。もっとも解説ではCまわりのモーメントのつりあいは使っていません。これは，その先の計算を見据えて必要な量のみを計算しているからです。支点反力を計算した後は，節点法か切断法を使って軸力を求める計算になります。斜材なので，鉛直方向の力のつりあいを考えるとよいでしょう。実際には，「Bを含む側を考えれば，鉛直方向のつりあいから簡単に軸力が計算できる」ことを最初に見通しているから，Cの支点反力しか求めなかったのです。『公務員試験　技術系　新スーパー過去問ゼミ　土木』（実務教育出版）（以下，『技術系　新スーパー過去問ゼミ　土木』）p.45 の問題を参考にしてください。

　なお，支点反力ですが，Aの水平支点反力とBの水平外力はこの2つのみでつりあっているため，A，Cの鉛直支点反力とDの鉛直方向外力の3つの力は天秤のつりあいの関係にあります。

**41**

図のような $xy$ 平面(直交座標系)における長方形形状を組み合わせた断面の寸法のうち, $a$, $b$, $d$ が定められている場合に, 網掛けで表された図形の図心 G が $X$ 軸上にあるための $c$ の値として最も妥当なのはどれか。

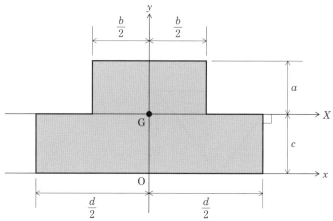

**1** $a\sqrt{\dfrac{2b}{d}}$

**2** $a\sqrt{\dfrac{d}{2b}}$

**3** $\dfrac{ab}{d}$

**4** $a$

**5** $a\sqrt{\dfrac{b}{d}}$

図心を通る軸まわりの断面1次モーメントは0になる。これを利用して条件を求める。断面1次モーメント$J$は,

$$J = \int r dA = \int r b(r) dr$$

で定義される。ただし,$r$は軸からの距離,$b$は幅である。これはいわば,幅を力にたとえた場合のモーメントに等しい。そこで,断面を分布荷重に直して,さらに集中荷重に直してモーメントを計算する(下図)。

一点鎖線で表したGを通る軸まわりの断面1次モーメントが0なので,

$$ab \times \frac{a}{2} = cd \times \frac{c}{2}$$

$$\therefore \quad c = a\sqrt{\frac{b}{d}}$$

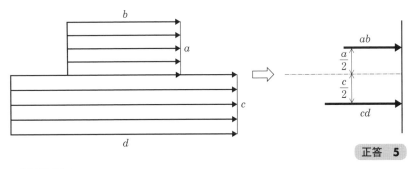

正答 **5**

択一式試験では珍しい,図心のみを求めさせる問題です。図心の計算方法の理解を問う良問です。解説ではわかりやすさを重視して,幅を力にたとえています。

なお,$b = d$のときには明らかに$a = c$となるため,選択肢 **4** が論外だとすると,すぐに **3** か **5** に絞ることができます。

図のように，それぞれ一様な弾性体で材質と断面積の異なる2種類の部材1，部材2の片端が壁に固定されている。もう一方の端部に剛板を取り付け，両部材の伸びが等しくなるように引張力$P$を作用させた。このとき，両部材の伸び量$\Delta l$として最も妥当なのはどれか。

ただし，$P$を作用させる前の部材1，部材2の長さは$l$，Young 係数はそれぞれ$E_1$，$E_2$，断面積はそれぞれ$2A$，$A$，断面形状はそれぞれ一様とする。また，各部材の自重および引張りに伴う断面積の変化は無視できるものとし，各部材は軸方向のひずみが断面内で均一になるものとする。

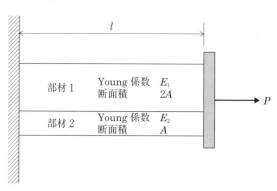

**1** $\dfrac{Pl}{(E_1 + 2E_2)A}$

**2** $\dfrac{P}{(E_1 + 2E_2)A}$

**3** $\dfrac{Pl}{(2E_1 + E_2)A}$

**4** $\dfrac{P}{(2E_1 + E_2)A}$

**5** $\dfrac{Pl}{(E_1 + E_2)A}$

**解　説**

**解法1：並列ばねの合成を考える**

部材1はばね定数 $k_1 = \dfrac{E_1 \cdot 2A}{l} = \dfrac{2E_1A}{l}$ の，部材2はばね定数 $k_2 = \dfrac{E_2A}{l}$ のばねと同視

できる。2つのばねの関係は並列なので，これを合成したばね定数を $k$ とすると，

$$k = k_1 + k_2 = \frac{2E_1A + E_2A}{l} = \frac{(2E_1 + E_2)A}{l}$$

よって，求める伸びは，

$$\Delta l = \frac{P}{k} = \frac{Pl}{(2E_1 + E_2)A}$$

**解法2：ひずみを考える**

2つの部材のひずみは等しいのでこれを $\varepsilon$ と置く。部材1の応力を $\sigma_1$，部材2の応力
を $\sigma_2$ とすると，

$$P = \sigma_1 \times 2A + \sigma_2 \times A = 2E_1A\varepsilon + E_2A\varepsilon$$

ここで $\Delta l = \varepsilon l$ なので，

$$\Delta l = \frac{P}{(2E_1 + E_2)A} \times l = \frac{Pl}{(2E_1 + E_2)A}$$

正答　**3**

**ポイント**

棒材の基本的かつ頻出問題で，確実に正答できなければいけません。ここでは2つ
の解き方を紹介しましたが，ばねの合成を行う方法は方針が明快です。択一式試験用
にぜひ覚えておきたい方法です。『技術系　新スーパー過去問ゼミ　土木』p.12 を参
照してください。

図のような幅 4.00 m，奥行き 1.00 m の長方形形状の断面を持ち，床に固定されている高さ 6.00 m の短柱の図心 G に，鉛直集中荷重 $P_1 = 900\,\mathrm{kN}$ を作用させ，図心軸上の点 E に水平集中荷重 $P_2 = 80.0\,\mathrm{kN}$ を作用させた。このとき，縁 BC に生じる応力度として最も妥当なのはどれか。

ただし，短柱の自重は無視するものとし，応力度は圧縮方向を正，引張方向を負とする。

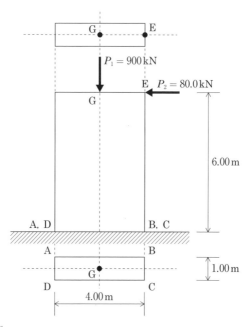

**1**　$-405\,\mathrm{kN/m^2}$

**2**　$-45.0\,\mathrm{kN/m^2}$

**3**　$45.0\,\mathrm{kN/m^2}$

**4**　$225\,\mathrm{kN/m^2}$

**5**　$405\,\mathrm{kN/m^2}$

**解 説**

　固定端には，荷重 $P_2 = 80.0\,\text{kN}$ によって曲げモーメント $M_2 = 80.0 \times 6.00 = 480\,\text{kN·m}$ が加わっていて，特に BC 側が引張側になっている。つまり，この曲げモーメントによって BC に生じる曲げ応力は引張方向である。

　一方，$P_1$ は圧縮応力になる。したがって，曲げ応力の公式より，求める応力は，

$$\sigma = \frac{P_1}{A} - \frac{M_2}{\dfrac{bh^3}{12}} \times \frac{h}{2} = \frac{900}{1 \times 4} - \frac{480}{\dfrac{1 \cdot 4^3}{12}} \times \frac{4}{2}$$

$$= 225 - \frac{480}{\dfrac{16}{3}} \times 2 = 45.0\,\text{kN/m}^2$$

　上の式において，$A$ は断面積，$b$ は断面幅，$h$ は断面高さであるが，これは棒を片持ち梁とみなしたときの幅と断面積なので，$b = 1.00\,\text{m}$，$h = 4.00\,\text{m}$ となることに注意する。

正答　**3**

**ポイント**

　曲げ応力についてのやや難しめの問題です。ただし，ほぼ同じ問題が平成 21 年度国家Ⅱ種（現国家一般職［大卒］）No.19 に出題されていて，『技術系　新スーパー過去問ゼミ　土木』p.127 に掲載されています。この問題を用意していた受験生は有利だったでしょう。

　ポイントがいくつかあります。まず曲げ応力の公式を使うことには気づいてほしいところです。次に，問われている BC 側が引張側になるということですが，これは曲げモーメント図が描かれる側が BC 側になる，あるいは，曲げモーメントの付け根側が BC 側になるということです（同書 p.77 を参照）。さらに，曲げ応力の公式の $b$ と $h$ を逆にしないことも大切です。曲げ応力の公式では梁として構造をみていることに注意が必要です。最後に，この問題では，なぜか「圧縮方向を正」と定義されています。これは非常に珍しいといえますが，読み飛ばさないように注意が必要です。

2つの丸い密閉容器と管を接続し，内部を密度 $\rho_1$ の液体と密度 $\rho_2$ の液体で満たしたところ，図のような状態となった。このとき，次の記述の㋐，㋑に当てはまるものの組合せとして最も妥当なのはどれか。

ただし，点A，B，C，Dにおける圧力をそれぞれ $p_A$，$p_B$，$p_C$，$p_D$ とし，DからEまでの高さを $h_1$，BからEまでの高さを $h_2$，AからCまでの高さを $h_3$，重力加速度の大きさを $g$ とする。

「C，Dにおける $p_C$，$p_D$ は，

$p_C = p_A + \rho_1 g h_3$ ……①

$p_D =$ [㋐] ……②

と表される。

式①，②および，$p_C$ と $p_D$ の関係から，AとBの圧力差 $p_A - p_B$ は，

$p_A - p_B =$ [㋑]

と表される」

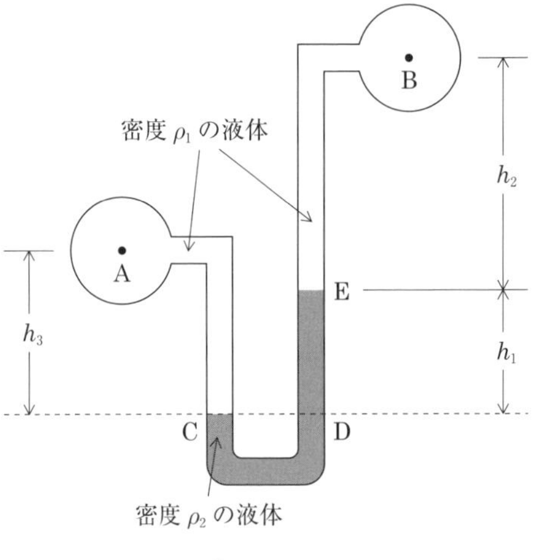


| | ㋐ | ㋑ |
|---|---|---|
| **1** | $p_B + \rho_1 g h_2 + \rho_2 g h_1$ | $\rho_1 g(h_2 - h_3) + \rho_2 g h_1$ |
| **2** | $p_B + \rho_1 g h_2 + \rho_2 g h_1$ | $\rho_1 g(h_3 - h_2) - \rho_2 g h_1$ |
| **3** | $p_B + \rho_1 g h_1 + \rho_2 g h_2$ | $\rho_1 g(h_1 - h_3) + \rho_2 g h_2$ |
| **4** | $p_B + \rho_2 g(h_1 + h_2)$ | $\rho_1 g(h_2 - h_3) + \rho_2 g h_1$ |
| **5** | $p_B + \rho_2 g(h_1 + h_2)$ | $-\rho_1 g h_3 + \rho_2 g(h_1 + h_2)$ |

## 解説

Dの圧力は，上から加わる水圧と，上側にある液体の重さによる圧力の和なので，

$$p_D = p_B + \rho_1 g h_2 + \rho_2 g h_1$$

となり，これが[ア]に入る。

CとDは同じ高さであり，密度 $\rho_2$ の液体でつながっているので，$p_C = p_D$ である。

それで①と②の差をとると，

$$p_C - p_D = 0 = p_A + \rho_1 g h_3 - p_B - \rho_1 g h_2 - \rho_2 g h_1$$

$$\therefore \quad p_A - p_B = \rho_1 g(h_2 - h_3) + \rho_2 g h_1$$

となり，これが[イ]に入る。

**正答 1**

**ポイント**

U字マノメータの基本的な問題です。ノーヒントでは難しかったかもしれませんが，丁寧なヒントが付いていて，この誘導から簡単に解くことができます。

圧力が等しいことについて，解説では判断基準を示しましたが，ベルヌーイの定理を考えてもよいでしょう。ただし，ベルヌーイの定理は，

$$\frac{v^2}{2g} + \frac{p}{\rho g} + z = 一定$$

の形になるのは，同種の液体の流線上のみです。本問のCとDは流速について $v = 0$ で，高さ $z$ が等しいので，圧力 $p$ も等しくなります。

密度 $\rho_a$ の静止流体中に，直径 $d$，密度 $\rho$ の球を落下させたとき，次の記述の㋐，㋑に当てはまるものの組合せとして最も妥当なのはどれか。

ただし，重力加速度の大きさを $g$ とする。

「球に作用する力は，重力 $W$，浮力 $B$，抵抗力 $F_D$ の3つであり，抵抗係数を $C_D$，沈降速度を $v$ とすれば，それぞれ次式で与えられる。

$$W = \frac{\pi \rho g d^3}{6}$$

$$B = \frac{\pi \rho_a g d^3}{6}$$

$$F_D = \boxed{\quad ㋐ \quad}$$

球を静止流体中に落下させると徐々に沈降速度が大きくなるが，十分な距離を落下した後には，上記の3つの力がつりあい，等速運動を行う。このときの最終沈降速度 $v_c$ は，

$$v_c = \boxed{\quad ㋑ \quad}$$

となる」

| | ㋐ | ㋑ |
|---|---|---|
| **1** | $\dfrac{1}{8} C_D \rho_a v^2 \pi d^2$ | $2\sqrt{\dfrac{1}{3C_D} \cdot \dfrac{\rho - \rho_a}{\rho_a} gd}$ |
| **2** | $\dfrac{1}{8} C_D \rho_a v^2 \pi d^2$ | $2\sqrt{\dfrac{2}{3C_D} \cdot \dfrac{\rho + \rho_a}{\rho_a} gd}$ |
| **3** | $\dfrac{1}{12} C_D \rho_a v^2 \pi d^2$ | $\sqrt{\dfrac{2}{C_D} \cdot \dfrac{\rho - \rho_a}{\rho_a} g}$ |
| **4** | $\dfrac{1}{12} C_D \rho_a v^2 \pi d^2$ | $\sqrt{\dfrac{2}{C_D} \cdot \dfrac{\rho - \rho_a}{\rho_a} gd}$ |
| **5** | $\dfrac{1}{12} C_D \rho_a v^2 \pi d^2$ | $\sqrt{\dfrac{2}{C_D} \cdot \dfrac{\rho + \rho_a}{\rho_a} gd}$ |

## 解説

一般に液体中に移動する物体，あるいは移動する液体中の物体が受ける抵抗力 $F_D$ は次の公式で計算できる。

$$F_D = C_D S \cdot \frac{1}{2}\rho(v_1 - v_2)^2$$

ここで $C_D$ は抵抗係数（抗力係数），$\rho$ は液体の密度，$v_1$ は物体の速さ，$v_2$ は液体の速さ（いずれも力と同じ方向），$S$ は流れを光にたとえた場合にできる物体の影の面積（流れ方向の正射影の面積）となる。

本問に当てはめると，$\rho \to \rho_a$，$S = \frac{\pi}{4}d^2$（直径 $d$ の円の面積），$v_1 \to v$，$v_2 = 0$ となるので，

$$F_D = C_D \times \frac{\pi d^2}{4} \times \frac{1}{2}\rho v^2 = \frac{1}{8}C_D \rho_a v^2 \pi d^2$$

これが[ア]に入る。この力は沈降中は，物体の移動方向とは逆の鉛直上向きにはたらく。

次に $v$ を $v_c$ に変えて力のつりあいである $W = B + F_D$ が成立するので，ここに問題の式を代入して，

$$\frac{\pi \rho g d^3}{6} = \frac{\pi \rho_a g d^3}{6} + \frac{1}{8}C_D \rho_a v_c^2 \pi d^2$$

$$\therefore \quad v_c = 2\sqrt{\frac{1}{3C_D} \cdot \frac{\rho - \rho_a}{\rho_a} gd}$$

これが[イ]に入る。

**正答 1**

**ポイント**

抗力についての問題は近年，国家公務員試験でたびたび出題されています（令和3年度国家一般職［大卒］No.25）。抗力の公式が独特（特に面積）であるため，用意していないとなかなか解けなかったのではないかと思います。近年の問題については一度目を通しておくとよいでしょう。

国家一般職［大卒］

# No. 27 水理学 波 令和 5年度

水の波動に関する次の記述の㋐，㋑，㋒に当てはまるものの組合せとして最も妥当なのはどれか。

- 波の大きさは，波長と波高とによって表され，波高は図の [㋐] である。
- 波高と [㋑] の比を波形勾配という。
- 波長が水深に比べて十分大きく，鉛直断面上の粒子の速度が水面から水底まで一様である波は，[㋒] と呼ばれる。

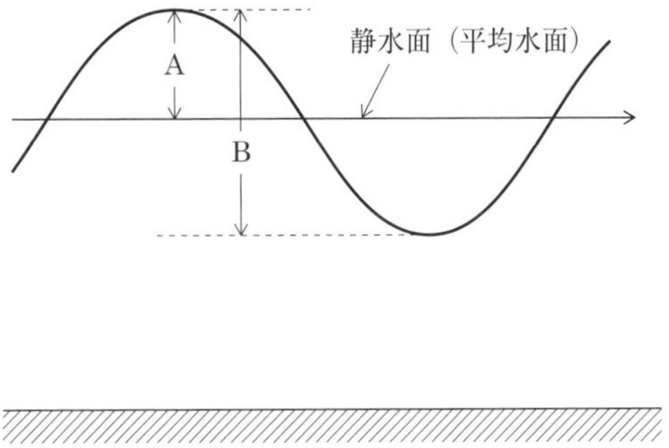


| | ㋐ | ㋑ | ㋒ |
|---|---|---|---|
| **1** | A | 周期 | 長波 |
| **2** | A | 波長 | 表面波 |
| **3** | B | 周期 | 長波 |
| **4** | B | 波長 | 長波 |
| **5** | B | 波長 | 表面波 |

## 解説

波高は波の谷と山の高さの差で，図ではBになる。したがって㋐には「B」が入る。なお，Aは振幅である。次に波形勾配は波の幾何的な傾きを表し，波高と波長の比で定義される。したがって，㋑には「波長」が入る。

最後に，鉛直断面上の粒子が水面から水底まで同じ，つまり，粒子の運動が水底まで及ぶ波は長波である。したがって，㋒には「長波」が入る。

なお，表面波は，水の波では深海波と呼ばれるもので，波長が水深に比べて大きくなく，水深の影響を受けない波のことである。

**正答　4**

### ポイント

波の問題は長波の一部の計算問題を除いては，海岸工学として出題されるのが通例だったため，水理学で出題されるのは珍しいといえます。

本問では，㋐，㋒が基本的な内容で，これを確実に選びたいところです。長波は，川を伝わる波や津波が該当し，波の速さが水深を用いて $v=\sqrt{gh}$ で与えられます。$h$ は水深ですが，この意味は「水深の影響を受ける」ということです。ここを覚えていれば水底の影響を受けるのは「長波」であると判断できます。

ある自然状態の飽和した粘土の試料をサンプリングしたところ，体積は $20\,\mathrm{cm}^3$，質量は $35\,\mathrm{g}$ であった。この試料を炉乾燥したところ，質量は $25\,\mathrm{g}$ になった。この試料の自然状態での間隙比として最も妥当なのはどれか。

ただし，水の密度は $1.0\,\mathrm{g/cm}^3$ とする。

**1**  0.80
**2**  0.90
**3**  1.0
**4**  1.1
**5**  1.2

**解 説**

**解法1：公式を使って解く**

飽和状態の密度 $\rho_{sat}$ は，与えられた体積と質量より，

$$\rho_{sat} = \frac{35}{20} = 1.75\,\mathrm{g/cm}^3$$

一方でこれは，

$$\rho_{sat} = \frac{\rho_s + \dfrac{e \times 100 \times \rho_w}{100}}{1 + e} = \frac{\rho_s + e}{1 + e} \quad (e：間隙比，\rho_w：水の密度，\rho_s：土粒子の密度)$$

とも表されるので，

$$\frac{\rho_s + e}{1 + e} = 1.75$$

次に，乾燥密度 $\rho_d$ について，

$$\rho_d = \frac{25}{20} = 1.25 = \frac{\rho_s}{1 + e}$$

2つの式の差をとって，

$$\frac{\rho_s + e}{1 + e} - \frac{\rho_s}{1 + e} = \frac{e}{1 + e} = 1.75 - 1.25 = 0.5$$

$$\therefore \quad e = 0.5(1 + e) = 0.5 + 0.5e$$

これより $e = 1.0$ となる。

**解法 2：体積を求める**

　自然状態と炉乾燥させたときの質量の差から，水の質量 $m_w$ は，

　　$m_w = 35 - 25 = 10\,\mathrm{g}$

となる。

　水の密度が $1.0\,\mathrm{g/cm^3}$ なので，水の体積は $10\,\mathrm{cm^3}$ である。ところで，自然状態の土は飽和しているので，この体積は間隙の体積 $V_v$ に等しい。したがって，土粒子の体積 $V_s$ は，

　　$V_s = 20 - 10 = 10\,\mathrm{cm^3}$

　よって，求める間隙比 $e$ は，

　　$e = \dfrac{V_v}{V_s} = \dfrac{10}{10} = 1.0$

正答 **3**

## ポイント

　毎年出題される土の基本的物理量の問題です。その中では標準的な問題といえます。
　解法を 2 つ挙げました。1 つ目の方法は，基本公式に代入するもので，用意していれば方針などに迷うことなく一貫して解くことができます。『技術系　新スーパー過去問ゼミ　土木』p.189 を参照してください。本問はパターン②になります。2 つ目の解法はスタンダードな方法です。「間隙比を求めるために何が必要か」と，求めるものから逆算して方針を決めるとよいでしょう。
　また，本問では「飽和している」という条件が隠れていることにも注意が必要です。これについても同書 p.191 の No.5 を参照してください。

図のような幅 6.0 m の矢板の仮締切り堤の下端から 0.50 m のところに，厚さが 1.0 m で透水係数が $3.0 \times 10^{-3}$ cm/s の砂層があり，そこを通って漏水している。上流側と下流側の水位が図のようなとき，砂層を通って 1 日に漏水する単位奥行き（1.0 m）当たりの水の量として最も妥当なのはどれか。

ただし，矢板は自由に透水するものとする。また，上流側と下流側の水位は変化せず，砂層以外は不透水層とする。

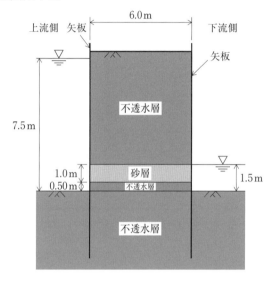

**1** 　2.6 m³

**2** 　2.8 m³

**3** 　3.0 m³

**4** 　3.2 m³

**5** 　3.9 m³

**解説**

水位差が $7.5 - 1.5 = 6.0\,\mathrm{m}$ なので，動水勾配 $i$ は，

$$i = \frac{6.0}{6.0} = 1$$

したがって，ダルシーの法則から，求める流量 $Q$ は，

$$Q = (3.0 \times 10^{-5} \times 1 \times 1.0) \times 60 \times 60 \times 24 = 2.592 \fallingdotseq 2.6\,\mathrm{m}^3$$

正答  **1**

**ポイント**

　透水の基本問題です。特に難しいところはないため，一つ一つ公式に当てはめることが大切です。透水係数の単位に cm が使われていることに注意が必要ですが，仮にここを見落としても，選択肢に該当する数値がありません。

国家一般職［大卒］

# No. 30 土質力学 液状化 令和5年度

飽和した砂質地盤の液状化に関する記述㋐～㋓のうち，下線部が妥当なもののみを挙げているのはどれか。

㋐ 地震による繰返しせん断を受けて土中の間隙水圧が上昇し，有効応力が減少することで液状化は発生する。

㋑ 同じ砂質土ならば，相対密度が低いほど，液状化は発生しにくくなる。

㋒ 同じ砂質土ならば，有効拘束圧が大きいほど，液状化は発生しにくくなる。

㋓ 砂質地盤が液状化すると，一般にマンホールは沈む。

**1** ㋐，㋑
**2** ㋐，㋒
**3** ㋑，㋒
**4** ㋑，㋓
**5** ㋒，㋓

## 解説

㋐：正しい。地震時の液状化では載荷重が間隙水圧に加わったまま，散逸することなく繰り返されるため，間隙水圧が上昇し，一方で有効応力が減少することで発生する。

㋑：誤り。砂粒子が密となり，かみ合わせが大きいほど有効応力が失われにくく液状化が起きにくくなる。したがって，相対密度が高いほど液状化は発生しにくくなる。

㋒：正しい。有効拘束圧が大きいということは，有効応力が大きいということである。

㋓：誤り。液状化が起きると，密度が小さいものは浮き，密度の大きいものが沈む。マンホールは中が空のため，全体としては密度が小さいため液状化すると浮く。このときに，マンホールに大きなせん断力が加わることになる。

**正答 2**

**ポイント**

地震時の液状化では難しいことを問われることは少ないといってよいでしょう。本問の㋐の記述にあるとおり，間隙水圧が上昇して有効応力が減少するという基本知識をもとに考えることが大切です。

測定者 A, B, C が, ある 2 地点間の距離を測定し, 表のような結果を得た。このとき, 2 地点間の距離の最確値として最も妥当なのはどれか。

| 測定者 | 測定値〔m〕 | 標準偏差〔m〕 |
|--------|-----------|-------------|
| A | 21.21 | ± 0.01 |
| B | 20.79 | ± 0.04 |
| C | 21.00 | ± 0.02 |

**1**　21.00 m

**2**　21.12 m

**3**　21.15 m

**4**　21.18 m

**5**　21.21 m

**解　説**

軽重率は, 標準偏差の二乗に反比例する。したがって, 本問での A, B, C の軽重率 $p_A : p_B : p_C$ は,

$$p_A : p_B : p_C = \frac{1}{1^2} : \frac{1}{4^2} : \frac{1}{2^2} = 16 : 1 : 4$$

これより, 求める最確値を計算する。小数点以下のみ 21.00 m を基準として計算すると,

$$\frac{16 \times 21 + 1 \times (-21) + 4 \times 0}{16 + 1 + 4} = 15$$

よって, 求める最確値は 21.15 m である。

正答 **3**

**ポイント**

最確値の計算を知っているかどうかの問題です。過去には, 平成 27 年度地方上級 No.27 (『技術系　新スーパー過去問ゼミ　土木』p.422), 令和元年度地方上級 No.28 などで類題が出題された頻出問題で, 必ず解けるようにしたい問題です。

解説にあるとおり, 試験中に電卓を使えない公務員試験では, 平均の計算も工夫して計算量を減らすようにするとよいでしょう。

セメントの種類に関する記述㋐～㋓のうち，妥当なもののみを挙げているのはどれか。

㋐　早強ポルトランドセメントは，$C_3S$（エーライト）の割合を多くすることで早期に高い強度が得られるセメントである。

㋑　超早強ポルトランドセメントは，$C_3S$ と $C_3A$（アルミネート相）の割合を減じて $C_2S$（ビーライト）の割合を多くすることで水和熱を低く抑えたセメントである。

㋒　耐硫酸塩ポルトランドセメントは，$C_3A$ の割合を減じて $C_4AF$（フェライト相）の割合を多くすることで硫酸塩に対する抵抗性を高めたセメントである。

㋓　フライアッシュセメントは，高炉スラグ微粉末とポルトランドセメントを混合することで化学的抵抗性を高めたセメントである。

**1**　㋐，㋑

**2**　㋐，㋒

**3**　㋐，㋓

**4**　㋑，㋒

**5**　㋒，㋓

**解説**

㋐：正しい。早強ポルトランドセメントは，普通ポルトランドセメントの28日強度を7日で発揮するセメントである。なお $C_3S$ とはケイ酸三カルシウムのことである。

㋑：誤り。超早強ポルトランドセメントは，早強ポルトランドセメントの3日強度を1日で発揮するセメントで，その分水和熱が大きくなる。なお，$C_3S$ の割合が大きく，粉末度も大きい。

㋒：正しい。温泉，下水，海水，あるいは硫酸塩を含む地盤に接する場合に使用される。

㋓：誤り。高炉スラグ粉末を使うセメントは，高炉セメントである。フライアッシュセメントは，火力発電所で発生する副産物である。

正答　**2**

**ポイント**

セメントに関する基本問題です。成分にまで触れているため，一見難しく見えるかもしれませんが，実際には過去によく問われている頻出事項だけで正答を選ぶことができます。セメントの種類と基本的な性質については，その他のものも含め『技術系新スーパー過去問ゼミ　土木』p.462を参照してください。

橋の設計に用いる荷重に関する記述㋐～㋓のうち，妥当なもののみを挙げているのはどれか。

㋐ 従荷重は，常時作用すると考えられる荷重であり，風荷重や温度変化の影響などがある。

㋑ 死荷重には，車道の自動車荷重や歩道の群衆荷重などがある。

㋒ 衝撃（衝撃荷重）によって部材断面に生じる応力は，活荷重によって生じる応力に衝撃係数を乗じることで算定する。

㋓ 地震の影響（地震荷重）は，レベル1地震動とレベル2地震動の2種類の地震動を設定して照査する。

**1** ㋐，㋒

**2** ㋐，㋓

**3** ㋑，㋒

**4** ㋑，㋓

**5** ㋒，㋓

## 解説

㋐：誤り。従荷重とは，常時作用するわけではないが，橋の設計上必ず考慮する荷重のことをいう。風荷重と温度変化の影響はいずれも従荷重に分類される。

㋑：誤り。死荷重とは，大きさが一定の自重のことをいう。これに対して自動車荷重，群衆荷重は活荷重に分類される。

㋒：正しい。衝撃荷重とは，活荷重が移動する場合に起きる動的な影響を（荷重変動と考えるとよい）表すものである。

㋓：正しい。レベル1地震動は橋の供用期間中に起こる可能性が高い地震動で，これに対しては橋としての健全性を損なわないように設計する。一方，レベル2は供用期間中に起こる確率が高いとはいえない大地震で，損傷は許容するものの，致命的な破壊に至らないようにする，あるいは機能の回復が速やかに行い得るように設計する。

正答 **5**

### ポイント

過去に出題された橋の問題は多くありませんが，その中では標準的な問題といえます。㋓は耐震設計の基本ともいうべきもので，設計思想は覚えておいてください。また，橋の設計では，荷重は，主荷重，従荷重，特殊荷重（考慮する場合と考慮しない場合がある荷重。たとえば雪荷重）に分類されること，および主な力がどこに分類されるのかは知っておいてもよいでしょう。

国家一般職［大卒］

# No. 34 土木施工 盛土の施工 令和5年度

盛土の施工に関する記述㋐～㋓のうち，下線部が妥当なもののみを挙げているのはどれか。

㋐ 土だけで盛土を築造する場合ののり面（斜面）の水平からの角度は，通常は45～50°である。

㋑ トラフィカビリティとは，軟弱な土の上での建設施工機械の走行性の良否を示す地表面の能力のことである。

㋒ 土を締め固める施工機械として，主にクラムシェルが用いられる。

㋓ 細粒分が多く，含水比が高い土を締め固めすぎると強度が低下する現象のことを過転圧（オーバーコンパクション）という。

**1** ㋐，㋑
**2** ㋐，㋒
**3** ㋑，㋒
**4** ㋑，㋓
**5** ㋒，㋓

## 解説

㋐：誤り。盛土の法面勾配は通常30°以下にする。

㋑：正しい。通常はコーン指数で表す。

㋒：誤り。締固めに使われるのは，振動ローラ，タイヤローラなどである。クラムシェルはショベル系掘削機のアタッチメントの一つで，クローラークレーンのブームの先端からワイヤーで吊り下げられたバケットで掘削する機械である。通常，水中や狭い場所の掘削に使われる。

㋓：正しい。締固めは，土中の空気を追い出して土のせん断強度を高めることであるが，土質の条件によっては，土の構造が破壊されて，強度が低下することがある。これが過転圧である。

**正答 4**

**ポイント**

土木施工の問題ですがやや細かい記述を含んでいます。ただし，㋓については過去にも出題があります。

国家一般職［大卒］

# No. 35 土木計画　わが国の都市計画　令和5年度

わが国の都市計画に関する記述㋐～㋓のうち，下線部が妥当なもののみを挙げているのはどれか。

㋐ 都市計画区域マスタープランとは，都市計画法6条の2における「都市計画区域の整備，開発及び保全の方針」を指し，都市計画の目標，区域区分の決定の有無，主要な都市計画の決定方針等を定めるものである。

㋑ 人口集中地区（DID地区）とは，人口密度が1km$^2$当たり4,000人以上の国勢調査基本単位区等が市区町村の境域内で互いに隣接し，それらの隣接した地域の人口が国勢調査時に3,000人以上5,000人未満を有する地域をいう。

㋒ 都市計画区域内については，都市計画に道路，上下水道，河川等の都市施設を定めることができるが，都市計画区域外においては定めることはできない。

㋓ わが国では，都市機能や居住機能を都市の中心部等に誘導し，再整備を図るとともに，これと連携した公共交通ネットワークの再構築を図り，コンパクトシティの形成を推進している。

**1** ㋐，㋑
**2** ㋐，㋒
**3** ㋐，㋓
**4** ㋑，㋒
**5** ㋒，㋓

## 解説

㋐：正しい。都市計画法にはマスタープランが2つあるが，都市計画区域マスタープランは都道府県が定め，記述の内容のとおりである。一方，都市計画法18条の2による市町村マスタープランは，市町村が定めるマスタープランである。

㋑：誤り。人口集中地区（DID地区）は，人口5,000人以上の地区のことである。人口密度の要件は正しい。なお，記述中で説明されているのは「準人口集中地区」である。

㋒：誤り。都市施設は特に必要がある場合は都市計画区域外にも定めることができる（都市計画法11条）。

㋓：正しい。具体的には立地適正化計画として市町村がその内容を定めることになる。

**正答 3**

**ポイント**

都市計画についての基本的な問題です。㋐，㋒，㋓は基本的な内容で，確実に判断したいところです。㋑の準人口集中地区は知らなくても仕方ありませんが，人口集中地区の定義に人口の上限があるのはおかしいと思えば，誤りであると判断できるでしょう。

国家一般職［大卒］

## No. 36 土木計画　わが国の交通　令和5年度

わが国の交通に関する記述㋐～㋓のうち，妥当なもののみを挙げているのはどれか。

㋐ 費用便益分析は，政策評価手法の一つであり，社会・経済的な側面から事業の妥当性を評価するもので，わが国の多くの公共事業で実施されている。

㋑ 全国都市交通特性調査（旧全国都市パーソントリップ調査）は，全国の属性・地域別の交通特性や過去からの経年変化等を把握するため，毎年実施されている。

㋒ 市街地への自動車の流入を抑制するための対策で，市街地周辺部に駐車し，市街地では公共交通機関を利用するシステムを「パーク・アンド・ライド」という。

㋓ 高速自動車国道および自動車専用道路に設定できる設計速度の最高値は100km/hである。

**1** ㋐，㋑
**2** ㋐，㋒
**3** ㋑，㋒
**4** ㋑，㋓
**5** ㋒，㋓

## 解説

㋐：正しい。民間の事業であれば,「収益性」が大きな指標となるが, インフラ施設は, それそのものから収益を上げるわけではないため, 指標とすることはできない。そこで, 公共事業から得られる便益を, 社会的割引率を使って現在価値に直した金銭価値に置き換え, それと費用を比べることで, 公共事業の妥当性を客観的に判断する材料とするのが費用便益分析である。

㋑：誤り。全国都市交通特性調査はおおよそ5～6年に一度行われている。本試験実施時での直近では令和3年に実施されているが, それ以前は平成27年, 22年, 17年, 11年に行われた。

㋒：正しい。交通結節点付近に駐車場を設けて, そこからバスや列車などの公共交通での移動を促している。

㋓：誤り。道路構造令13条の規定では, 設計速度の最大値は120km/hとなっている（第1種第1級の道路）。

**正答 2**

**ポイント**

交通工学に関するさまざまな知識が問われています。このうち, ㋐, ㋑, ㋒は国土計画, 交通工学で過去にも出題のある内容です。一方, ㋓の規定についても, 一部の高速道路で法定速度が120km/hに引き上げられていることから, 設計速度も120km/hであることは容易に想像がついたのではないかと思います。

なお, ㋒については似た用語として「フリンジパーキング」というものもあります。これは, 都市外縁部に設けられる駐車場のことで, 駐車場から公共交通への乗り換えや徒歩を促すものです。両者の目的, 施設はかなりの部分で重なっていて, ほとんど同じ意味になっていますが,「パークアンドライド」は, 駐車してさらに乗り換えまでを含む用語という意味合いになります。「フリンジパーキング」は過去に国家総合職の記述式試験で問われていますが, この用語を知っていると, その違いにも気を遣う必要があったため, かえって難しくしたかもしれません。

国家一般職［大卒］

# No. 37 土木計画　わが国の河川　令和5年度

わが国の河川に関する記述㋐～㋓のうち，下線部が妥当なもののみを挙げているのはどれか。

㋐　国土の中央を脊梁山脈が縦貫することから河川が他国と比べて急勾配である。

㋑　流域面積が大きい河川で洪水によって国民経済上重大または相当な損害が生じるおそれのある河川を水位周知河川として国土交通大臣だけが指定している。

㋒　ハード・ソフトの両面から流域全体で治水対策に取り組む「流域治水」における「流域」は，集水域と河川区域を対象としたものであり，氾濫域は含まれない。

㋓　河川管理者は，樋門，水門，排水機場等の河川管理施設が洪水時等に所要の機能を発揮できるよう，施設の状態を把握し，適切な維持管理を行う必要がある。

**1**　㋐，㋑　　**2**　㋐，㋒

**3**　㋐，㋓　　**4**　㋑，㋒

**5**　㋑，㋓

## 解説

㋐：正しい。大陸の大河川と比べて河川勾配が急である。

㋑：誤り。記述中で説明されているのは水位周知河川ではなく，「洪水予報河川」である。洪水予報河川は，国土交通大臣のほかに都道府県も指定している。ここで行われる洪水予報は，氾濫注意情報，氾濫警戒情報，氾濫危険情報，氾濫発生情報の表題で発表されている。なお，水位周知河川は，洪水予報河川以外の河川で指定されるもので，氾濫危険水位に達した情報を出す河川のことである。これらはいずれも水防法で規定されている。

㋒：誤り。流域治水は，集水域，河川区域のみならず，氾濫域も含めて流域の関係者が一体となって水災害対策を行うものである。

㋓：正しい。『令和5年版国土交通白書 2023』p.196の記述そのものである。なお，河川法15条の2第1項では，「河川管理者又は許可工作物の管理者は，河川管理施設又は許可工作物を良好な状態に保つように維持し，修繕し，もつて公共の安全が保持されるように努めなければならない」と定められている。

**正答　3**

### ポイント

河川工学に関するさまざまな内容から出題されています。中には細かい記述も含まれていますが，㋒以外が常識的に判断できるため，正答率は非常に高かったようです。

㋐については，有名なのは常願寺川で，オランダ人技師ヨハネス・デ・レーケが，「これは川ではない，滝だ」と言ったとされるエピソードが残っていますが，これは，富山県知事が上申書に書いた内容だという指摘もあります（農林水産省 Web サイト〈https://www.maff.go.jp/j/nousin/sekkei/museum/m_izin/toyama_02/〉）。

国家一般職［大卒］ No. 38

## 土木計画　災害時の港湾の機能　令和5年度

災害時の港湾の機能に関する記述㋐～㋓のうち，下線部が妥当なもののみを挙げているのはどれか。

㋐　港湾は，発災後，船舶による緊急物資や避難者などの輸送拠点として機能する。

㋑　港湾は，自衛隊や国土交通省の船舶を活用した入浴・洗濯・給水などの生活支援の拠点として機能する。

㋒　大規模地震により被災地域の陸上交通機能が制限された場合，港湾は，被災地域を迂回した海上からの旅客の中継輸送の拠点として機能することで，災害時の輸送の維持に貢献する。

㋓　港湾は，災害により発生した産業廃棄物の輸送拠点として機能することで，被災地の早期の復旧・復興に寄与する。

**1**　㋐，㋑　　**2**　㋐，㋒
**3**　㋐，㋓　　**4**　㋑，㋒
**5**　㋑，㋓

### 解説

㋐：正しい。災害時の港湾の役割としてまず求められるものが，物資，人員の輸送拠点の機能である。災害時に陸上輸送が寸断される可能性があるからである。

㋑：正しい。近年ではこのような事例も多く行われている。たとえば，熊本地震でも給水などを行った。

㋒：誤り。船舶は，大規模輸送は可能ではあるが，旅客輸送の場合には，被災地域を迂回した陸上交通を使った輸送がされるのが普通である。

㋓：誤り。災害で発生した廃棄物は「産業廃棄物」ではなく「一般廃棄物」として取り扱われる。したがって，記述中の輸送拠点は「一般廃棄物の輸送拠点」が正しい。

**正答　1**

### ポイント

港湾の災害時の役割という，かなり狭い範囲からの出題でした。どれもあり得そうな記述で，非常に困ったのではないかと思います。

この中では，㋒に関しては「旅客輸送」となっていることに注意してほしいところです。通常時では旅客輸送としてフェリーなどが利用されていますが，災害時に大規模にフェリー輸送が行われるのかということに思い至れば，この記述が誤りであることは気づけるでしょう。㋓は相当細かい内容で，判断すべきポイントも絞りにくいため，かなり難しかったのではないかと思います。

ところで，この問題の出典は「命のみなとネットワーク形成」（国土交通省〈https://www.mlit.go.jp/report/press/port07_hh_000182.html〉）ではないかと思われます。

国家一般職［大卒］ No. 39 環境工学(土木)

# 地球環境問題

令和5年度

地球環境の保全に関する記述㋐〜㋓のうち，下線部が妥当なもののみを挙げているのはどれか。

㋐ 2015年に採択されたパリ協定には，世界共通の長期目標として，工業化前からの世界全体の平均気温の上昇を2℃より十分下方に抑えるとともに，1.5℃に抑える努力を継続することが盛り込まれている。

㋑ 国連気候変動枠組条約は，先進国に対して法的拘束力のある温室効果ガス削減の数値目標を設定し，目標達成の補足的な仕組みとして，海外での削減を目標達成に活用できるメカニズムについて定めている。

㋒ オゾン層破壊物質は，わが国では1989年以降，オゾン層を破壊する物質に関する京都議定書および特定物質等の規制等によるオゾン層の保護に関する法律に基づき規制が行われている。

㋓ 2020年に，わが国は2050年までにカーボンニュートラル，すなわち脱炭素社会の実現をめざすことを宣言した。

**1** ㋐，㋑
**2** ㋐，㋓
**3** ㋑，㋒
**4** ㋑，㋓
**5** ㋒，㋓

## 解説

㋐：正しい。パリ協定は，長期的に持続でき，先進国のみならず途上国も含めたすべての国が参加できる温室効果ガス削減の仕組みを定めたものである。

㋑：誤り。記述にある「先進国に対して法的拘束力のある数値目標」「海外での削減を目標達成に活用できるメカニズム」というのはCOP3で採択された京都議定書である。ここでいうCOPとは，国連気候変動枠組条約締結国会議のことで，京都議定書もパリ協定もこの会議で定められたものであるが，記述の内容は，条約の内容ではない。なお，京都議定書の約束期間（第一約束期間）は2012年までで，日本で「－6%削減」が目標となったのも，この京都議定書のことである。

㋒：誤り。京都議定書ではなくモントリオール議定書である。

㋓：正しい。記述は，2020年10月26日の菅義偉内閣総理大臣（当時）の所信表明演説におけるものである。加えて2021年4月の第45回地球温暖化対策推進本部において，2030年度に温室効果ガスを2013年度から46%削減することをめざし，さらに50%の高みに向けて挑戦を続けていくことを宣言した。これを踏まえ，2021年に地球温暖化対策の推進に関する法律が改正され，2条の2に「我が国における2050年までの脱炭素社会（略）の実現」を旨とすることが基本理念として定められた（参考：『令和5年版 環境・循環型社会・生物多様性白書』p.277）。

**正答 2**

**ポイント**

国家一般職［大卒］では環境問題が出題されますが，本問は基本的な内容です。特に本問の場合，京都議定書の理解が重要で，それが誤りの記述の㋑，㋒に関係します。京都議定書は，約束期間の2012年までは何度か出題がありましたが，近年は後継のパリ協定の出題が多かったため，準備していなかった受験生も多かったかと思われます。ただし，令和元年度国家一般職［大卒］No.39には国際条約についての出題もあったため，過去の条約等の名称と基本的な内容については覚えておきたいところです。

国家一般職 [大卒]

## No. 40 衛生工学 わが国の下水処理 令和5年度

わが国の下水処理に関する記述㋐〜㋓のうち，妥当なもののみを挙げているのはどれか。

㋐ 活性汚泥法は，好気性処理の原理を応用して有機物を除去する処理方式である。

㋑ 下水処理は一次処理，二次処理，高度処理に大別され，このうち二次処理は窒素やリンを除去するのが主な目的である。

㋒ 都市下水路は，主として市街地（公共下水道の排水区域外）において，もっぱら雨水排除を目的とするもので，終末処理場を有しないものをいう。

㋓ 令和2年度末時点で，下水道による汚水処理人口の総人口に対する普及率は約100％である。

**1** ㋐，㋑
**2** ㋐，㋒
**3** ㋐，㋓
**4** ㋑，㋓
**5** ㋒，㋓

### 解説

㋐：正しい。活性汚泥法では好気性処理を行っている。なお，嫌気性ではなく，好気性の処理を行うのは，大量の有機物処理を行えるからである。

㋑：誤り。二次処理は生物処理の段階である。窒素やリン処理は高度処理に含まれる。

㋒：正しい。下水道法2条の定義のとおりである。

㋓：誤り。記述の調査年の2年後の令和4年度末であっても，下水道の人口普及率は81.0％である。なお，下水道に加え，合併浄化槽，農山漁村下水道，コミュニティプラントなどを加えた汚泥処理人口普及率でも92.9％である。

**正答 2**

### ポイント

例年は上下水道両方から出題されることが多い衛生工学の問題ですが，令和5年度は下水のみの出題でした。

㋐，㋓は簡単に判断できるでしょうから，正答のポイントは㋑，㋒を知っていたかどうかです。㋑は過去に地方上級で，㋒は国家総合職を中心に出題のあった内容です。過去問演習がいかに大切であるかを痛感させられた問題といえるでしょう。

# 令和5年度

# 地方上級

## ●出題内訳表

| No. | 科目 | 出題内容 | No. | 科目 | 出題内容 |
|-----|------|----------|-----|------|----------|
| 11 | 応用力学 | 断面係数 | 26 | 土質工学 | 斜面安定 |
| 12 | | 梁の内力 | 27 | 測量 | 直接水準測量 |
| 13 | | 梁の内力とたわみ | 28 | | 最確値の計算 |
| 14 | | トラス | 29 | 都市計画 | 都市計画 |
| 15 | | ラーメンの支点反力 | 30 | | 土地区画整理事業 |
| 16 | | 棒材の力学 | 31 | 土木計画 | 道路設計 |
| 17 | 水理学 | 静水圧 | 32 | | リンクモデル |
| 18 | | 流れの分類 | 33 | | 河川防御計画 |
| 19 | | ベルヌーイの定理 | 34 | | 合理式 |
| 20 | | マニングの法則 | 35 | | 上水道の配水施設 |
| 21 | | オリフィスの流量 | 36 | | 下水道の生物処理 |
| 22 | | 段波 | 37 | 材料・施工 | コンクリート |
| 23 | 土質工学 | 土の基本的物理量 | 38 | | コンクリートの耐久性 |
| 24 | | コンシステンシー | 39 | | 杭基礎 |
| 25 | | 土圧 | 40 | 土木計画 | アローダイヤグラム |

図の長方形断面において，$nx$–$nx$ 軸まわりの AB，BC 縁に関する断面係数を $Z_x$，$ny$–$ny$ 軸まわりの AC，BD 縁に関する断面係数を $Z_y$ とするとき，$\dfrac{Z_y}{Z_x}$ として正しいのはどれか。

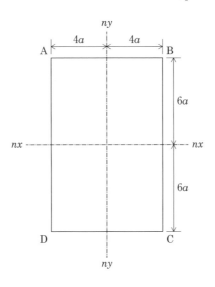

**1** $\dfrac{2}{3}$

**2** $\dfrac{4}{9}$

**3** $1$

**4** $\dfrac{3}{2}$

**5** $\dfrac{9}{4}$

**解説** ▬▬▬▬▬▬▬▬▬▬▬▬▬▬▬▬▬▬▬▬▬▬▬▬▬▬▬▬

断面係数 $Z$ は，図心軸まわりの断面 2 次モーメントを $I$，軸からの最大距離を $y$ とすると

$$Z = \frac{I}{y}$$

で定義される。

$nx$ – $nx$ 軸まわりの断面 2 次モーメントは，

$$I_x = \frac{8a \times (12a)^3}{12} = 1152a^4$$

最大距離は $6a$ となるので，

$$Z_x = \frac{1152a^4}{6a} = 192a^3$$

$ny$ – $ny$ 軸まわりの断面 2 次モーメントは，

$$I_y = \frac{12a \times (8a)^3}{12} = 512a^4$$

最大距離は $4a$ となるので，

$$Z_y = \frac{512a^4}{4a} = 128a^3$$

したがって求める比は，

$$\frac{Z_y}{Z_x} = \frac{128a^3}{192a^3} = \frac{2}{3}$$

正答　**1**

**ポイント**

断面係数を知っているかどうかの問題です。過去にも類題が多く出題されていて，確実に正答したい問題です。

断面幅が $b$，高さが $h$ の長方形断面の断面係数 $Z$ は，

$$Z = \frac{bh^2}{6}$$

で与えられます。これを使うと解説よりも速く答えを出せます。『公務員試験　技術系　新スーパー過去問ゼミ　土木』（実務教育出版）（以下，『技術系　新スーパー過去問ゼミ　土木』）p.111 を参照してください。また，求めるものが比のため，約分できることを見通しながら計算していくと，より計算が楽になります。

図の梁において，BC 間のせん断力の大きさとして正しいのはどれか。

**1** 24kN
**2** 27kN
**3** 30kN
**4** 33kN
**5** 36kN

解説

　左次図のように，分布荷重は等価な集中荷重に直して，A と C の支点反力をそれぞれ $R_A$，$R_C$ と置く。C まわりのモーメントのつりあいより，

$$R_A \times 10 + 60 \times 1.5 = 60 \times 7$$

$$\therefore \quad R_A = 33\text{kN}$$

次に BC 間で構造を切断して，せん断力を $Q_{BC}$ と置く。鉛直方向の力のつりあいより，

$$Q_{BC} + 60 = 33$$

$$\therefore \quad Q_{BC} = -27\text{kN}$$

大きさは 27kN である。

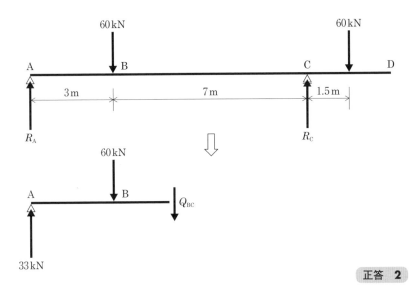

**ポイント**

梁の内力を求める典型的な問題です。内力を求める基本手法は，「切断してつりあいを考える」です。問題を見て，まずは BC 間で切断したことを想定します。解説では，A 側についての力のつりあいを立てることを想定して，まずは A の支点反力を求めています。解説はこの思考過程を逆から実行していることに注意してください。このように一つ一つ考えて効率よく計算をしていきます。

なお，せん断力図を描くことも難しくありません。下図に載せておきますので，参考にしてください。

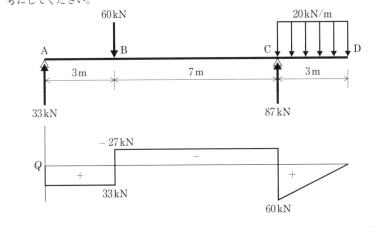

図の梁において，ヤング率が $1 \times 10^4\,\mathrm{N/mm^2}$，断面幅が $200\,\mathrm{mm}$，断面高さが $300\,\mathrm{mm}$ であるとき，梁の最大曲げモーメント $M$ と最大たわみ $\delta$ として正しいのはどれか。

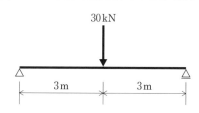

| | $M$ | $\delta$ |
|---|---|---|
| **1** | $45\,\mathrm{kN\cdot m}$ | $30\,\mathrm{mm}$ |
| **2** | $90\,\mathrm{kN\cdot m}$ | $30\,\mathrm{mm}$ |
| **3** | $45\,\mathrm{kN\cdot m}$ | $40\,\mathrm{mm}$ |
| **4** | $90\,\mathrm{kN\cdot m}$ | $40\,\mathrm{mm}$ |
| **5** | $180\,\mathrm{kN\cdot m}$ | $40\,\mathrm{mm}$ |

**解　説** ━━━━━━━━━━━━━━━━━━━━━━━━━━━━━━━━━━━━━━━━━━━━━

　最大曲げモーメントを考える。支点反力は対称性から荷重の半分の 15 kN である。したがって、下図のように、梁の中央で梁を切断してその左側（右側でもよい）について、切断面まわりのモーメントのつりあいを立てて、

　　$M = 15 \times 3 = 45 \, \text{kN·m}$

　次に単純梁の中央に載荷した場合の最大たわみ $\delta$ は、載荷点である中央で生じ、荷重を $P$、曲げ剛性を $EI$、梁の長さを $l$ とすると、

　　$$\delta = \frac{Pl^3}{48EI}$$

で与えられる。

　ここで、断面幅を $b$、断面高さを $h$ とすると $I = \dfrac{bh^3}{12}$ なので、

　　$$\delta = \frac{Pl^3}{4Ebh^3}$$

となる。ここで与えられた数値を代入して、

　　$$\delta = \frac{30 \times 10^3 \times (6 \times 10^3)^3}{4 \times 1 \times 10^4 \times 200 \times 300^3} = 30 \, \text{mm}$$

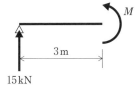

正答　**1**

**ポイント**

　単純梁の基本知識を問う問題です。最大曲げモーメントは、解説のように切断して求めることができますが、切断せずに 15 kN × 3 m ＝ 45 kN·m と計算できます。『技術系　新スーパー過去問ゼミ　土木』p.94 を参照してください。また、たわみについては、単位荷重の定理などを使って計算することもできますが、手間がかかり、計算ミスのおそれもあるので、解説のように有名なたわみは覚えて対処するのがよいでしょう。

**77**

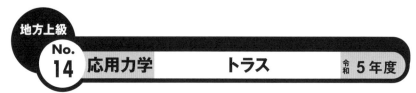

図のトラスの A の軸力として正しいのはどれか。

ただし，引張を正，圧縮を負とする。

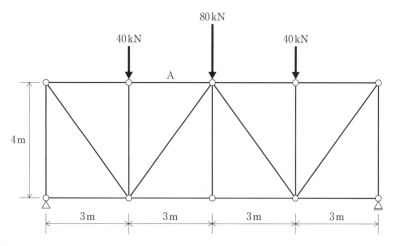

**1**  $-60\,\mathrm{kN}$

**2**  $-30\,\mathrm{kN}$

**3**  $0\,\mathrm{kN}$

**4**  $30\,\mathrm{kN}$

**5**  $60\,\mathrm{kN}$

**解説**

支点反力は対称性より，左右ともに全荷重の半分で

$$\frac{40 + 80 + 40}{2} = 80\,\text{kN}$$

となる。

そこで，下図のように，Aを含む鉛直面で構造を切断して，そのうち左側を考える（下図）。求める軸力を $N_A$ とする。図中のB点を中心とするモーメントのつりあいより，

$$N_A \times 4 + 80 \times 3 = 0$$
$$\therefore \quad N_A = -60\,\text{kN}$$

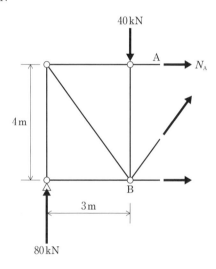

正答　**1**

**ポイント**

地方上級では，トラスの問題は毎年のように出題されています。本問も切断法で解く典型問題です。中心を工夫して決めてモーメントのつりあいを立てるところがポイントです。正負まで問われているため，慎重に式を立てる必要があります。

図のラーメンにおいて，支点 B の水平支点反力の大きさとして正しいのはどれか。

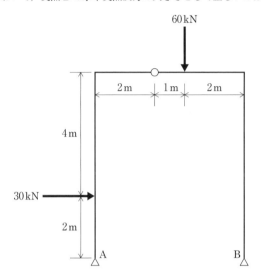

**1**　10 kN
**2**　12 kN
**3**　14 kN
**4**　16 kN
**5**　18 kN

力のつりあいを考慮して，左下図のように反力を置く。左反力を中心としたモーメントのつりあいを立てると，

$R \times 5 = 30 \times 2 + 60 \times 3$

∴ $R = 48\,\mathrm{kN}$

次に，構造をヒンジで切断して，その右側について考える（右下図）。ヒンジまわりのモーメントのつりあいより，

$H \times 6 + 60 \times 1 = 48 \times 3$

∴ $H = 14\,\mathrm{kN}$

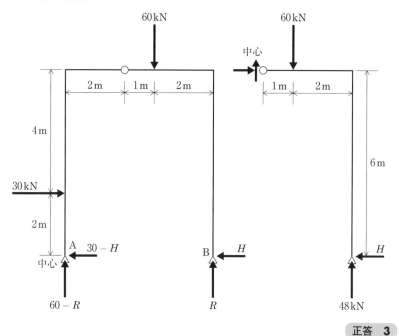

正答 3

81

　水平外力を含む３ヒンジラーメンの問題は，国家総合職を除いてはほとんど出題がなく，難しい問題といえます。鉛直外力しかない場合には容易に求めることができますが，今回は原則に戻って，「構造全体についてのつりあい」「ヒンジで構造を分けた左右それぞれについてのつりあい」を考えることになります。

　解説では，短い時間では計算ミスをしたり，落ち着いて計算できないことを考慮して，立式の時点でできる限り文字数が少なくなるように，あらかじめ縦，横の力のつりあいを考慮して文字を置きました。次いで「全体についてのモーメントのつりあい」「右側についてのヒンジまわりのモーメントのつりあい」を立てています。なお，どちらかに代えて「左側についてのヒンジまわりのモーメントのつりあい」を立てても解くことができます。ヒンジには力が伝わってきています。そのため，分けた後はヒンジをモーメント中心としないと，この力が影響してしまいます。

　なお，本問は重ね合わせの原理を使えば，一応簡単な計算で求めることもできます。いずれも破線の合力の作用線がヒンジを通ることを利用しています。参考までに図を載せておきます。左側の鉛直外力については『技術系　新スーパー過去問ゼミ　土木』p.54にあります。こちらは頻出問題なので用意してもよいでしょう。右側の水平外力はほとんど出題がないため，用意しておくのは難しいでしょう。

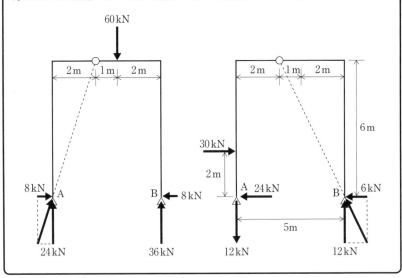

図のようにA，B 2つの材料を貼り合わせて作った棒がある。この棒の断面は図に示してある。この棒の下端に260kNの鉛直荷重を加えたときに，棒は1mm伸びた。Bのヤング率が$1.0 \times 10^5 \mathrm{N/mm^2}$のとき，Aのヤング率として正しいのはどれか。

ただし，自重は無視する。

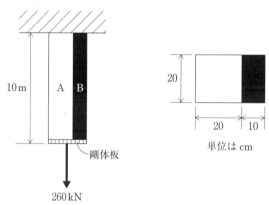

単位は cm

**1** $0.7 \times 10^4 \mathrm{N/mm^2}$
**2** $0.9 \times 10^4 \mathrm{N/mm^2}$
**3** $1.1 \times 10^4 \mathrm{N/mm^2}$
**4** $1.3 \times 10^4 \mathrm{N/mm^2}$
**5** $1.5 \times 10^4 \mathrm{N/mm^2}$

### 解法1：ばね定数を考える

棒Aのばね定数 $k_A$ は，求めるヤング率を $E_A$ として，

$$k_A = \frac{E_A \times 200 \times 200}{10 \times 10^3} = 4E_A \ [\text{N/mm}]$$

棒Bのばね定数 $k_B$ は，

$$k_B = \frac{1.0 \times 10^5 \times 200 \times 100}{10 \times 10^3} = 2.0 \times 10^5 \ [\text{N/mm}]$$

2つは並列の関係にあるので，両方を合成したばね定数 $k$ は，

$$k = k_A + k_B = 4E_A + 2.0 \times 10^5$$

ここで，フックの法則より，棒に260kNの引張力を加えたら1mm伸びたので，

$$k = \frac{260 \times 10^3}{1} = 260 \times 10^3 \ [\text{N/mm}]$$

したがって，

$$260 \times 10^3 = 4E_A + 2.0 \times 10^5 = 4E_A + 200 \times 10^3$$
$$\therefore \ E_A = 15 \times 10^3 = 1.5 \times 10^4 \ [\text{N/mm}^2]$$

### 解法2：応力，ひずみを考える

棒Bについて考える。棒Bのひずみ $\varepsilon$ は，伸びが1mmであることから，

$$\varepsilon = \frac{1}{10 \times 10^3} = 1.0 \times 10^{-4}$$

したがって，フックの法則より棒Bの応力 $\sigma_B$ は，

$$\sigma_B = 1.0 \times 10^5 \times 1.0 \times 10^{-4} = 10 \ [\text{N/mm}^2]$$

これより，棒Bに伝わる力 $P_B$ は，

$$P_B = \sigma_B \times 200 \times 100 = 200 \times 10^3 \text{N} = 200 \, \text{kN}$$

これより，棒Aに加わる力 $P_A$ は

$$P_A = 260 - 200 = 60 \ [\text{kN}] = 60 \times 10^3 \ [\text{N}]$$

であり，棒Aの応力 $\sigma_A$ は，

$$\sigma_A = \frac{60 \times 10^3}{200 \times 200} = 15 \times 10^{-1} \ [\text{N/mm}^2]$$

となるので，求めるヤング率は，

$$E_A = \frac{\sigma_A}{\varepsilon} = \frac{15 \times 10^{-1}}{1 \times 10^{-4}} = 1.5 \times 10^4 \ [\text{N/mm}^2]$$

正答 **5**

### ポイント

棒材の基本的な問題です。ばねと見ることができれば，並列合成を思いつくことは容易だと思われます。ただし，単位には注意して計算する必要があります。

## 地方上級 No.17 水理学 静水圧 令和5年度

図のように両側に水が蓄えられている止水壁に加わる水圧の合力として正しいのはどれか。

ただし，重力加速度を $9.8\,\mathrm{m/s^2}$ とする。

**1** 15 kN
**2** 34 kN
**3** 63 kN
**4** 103 kN
**5** 152 kN

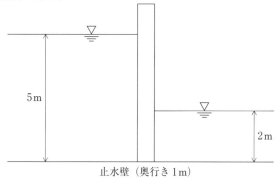

止水壁（奥行き 1 m）

### 解説

下図のように，静水圧を描く。ただし $\rho g = 9.8\,\mathrm{kN/m^3}$ は水の単位体積重量である。

水圧分布の面積が水圧の合力となるので，

$$P = \frac{1}{2} \times 5\rho g \times 5 - \frac{1}{2} \times 2\rho g \times 2 = \frac{21}{2}\rho g = \frac{21 \times 9.8}{2} = 102.9\,\mathrm{kN}$$

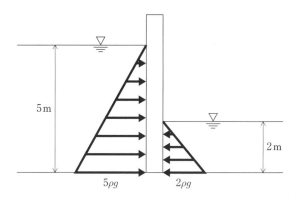

正答 **4**

### ポイント

　静水圧の基本問題です。まずは応力分布を描くことが大切で，これができれば，後は面積を求めるだけになります。

水理学　　　　流れの分類　　　令和 5 年度

水の流れに関する次の記述のうち正しいのはどれか。

**1** 時間的に変わらない流れを非定常流（不定流）という。

**2** 不等流の水面形は，常流の時は下流から上流に向かって描いていく。

**3** フルード数が 1 より大きいときの流れは常流である。

**4** 長波の伝播速度は水深には関係がない。

**5** 水深が限界水深のとき，比エネルギーの $\dfrac{1}{3}$ が水深となる。

**1**．誤り。時間的に変わらない流れは定常流（定流）と呼ばれる。非定常流は時間的に変化する流れである。

**2**．正しい。常流の流れは下流の影響を受けるため，下流から描いていくことになる。

**3**．誤り。フルード数が1より大きい流れは射流である。

**4**．誤り。長波の伝播速度は $\sqrt{gh}$（$g$：重力加速度，$h$：水深）なので水深と関係がある。

**5**．誤り。水深が限界水深 $h_c$ のとき，流速は限界流速 $\sqrt{gh_c}$ である。このとき，下に示すすように比エネルギーの $\dfrac{2}{3}$ が水深である。

つまり，

$$E = \frac{(\sqrt{gh_c})^2}{2g} + h_c = \frac{3}{2}h_c$$

$$\therefore \quad h_c = \frac{2}{3}E$$

正答 **2**

### ポイント

　流れの基本問題で，過去に出題されている内容がほとんどです。選択肢 **5** だけは少し細かったかもしれませんが，正しい選択肢である **2** を確実に判断したかったところです。なお，フルード数 $Fr$ は水深を $h$，流速を $v$，重力加速度を $g$ としたとき，

$$Fr = \frac{v}{\sqrt{gh}}$$

で表されます。

図のように上流側の断面積が $40\,\text{cm}^2$, 下流側の断面積が $10\,\text{cm}^2$ のベンチュリ管に流量 $1600\,\text{cm}^3/\text{s}$ の水が流れるとき, マノメータの水位差 $H$ として正しいのはどれか。

ただし, 重力加速度を $10\,\text{m/s}^2$ とする。

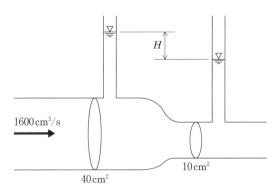

**1**　　3 cm

**2**　　6 cm

**3**　　9 cm

**4**　　12 cm

**5**　　15 cm

**解 説**

　上流側断面と下流側断面について，流速 $v$，水圧 $p$ をまとめると次のようになる。ただし，圧力は下流側を $0$ として圧力水頭で示している。

|  | 上流側 | 下流側 |
|---|---|---|
| 流速 | $\dfrac{1600}{40} = 40\,\text{cm/s}$ | $\dfrac{1600}{10} = 160\,\text{cm/s}$ |
| 圧力 | $H$ | $0$ |

流速の単位を m/s に直してベルヌーイの定理を立てると，

$$\frac{0.4^2}{2 \times 10} + H = \frac{1.6^2}{2 \times 10}$$

$$\therefore \quad H = \frac{2.56 - 0.16}{20} = 0.12\,\text{m} = 12\,\text{cm}$$

**正答 4**

**ポイント**

　ベルヌーイの定理の基本問題です。ベルヌーイの定理を立てる場合，速さ，圧力，高さを把握することが大切です。本問では高さは変わらないため，速さと圧力を把握します。

　なお，ベルヌーイの定理の立式は m 単位に直しましたが，重力加速度を $1000\,\text{cm/s}^2$ にすれば，cm 単位でも計算できます。

下図の断面1の径深を $R_1$ とし，断面2の径深を $R_2$ とする。また，2つの断面の粗度係数が等しく，水面勾配も等しいとしたときに流れる流量をそれぞれ $Q_1$，$Q_2$ とする。この場合の径深の比 $\dfrac{R_2}{R_1}$ と流量の比 $\dfrac{Q_2}{Q_1}$ を正しく組み合わせたのはどれか。

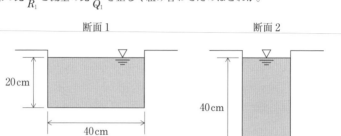

|  | $\dfrac{R_2}{R_1}$ | $\dfrac{Q_2}{Q_1}$ |
|---|---|---|
| **1** | $1$ | $1$ |
| **2** | $\dfrac{4}{5}$ | $\left(\dfrac{4}{5}\right)^{\frac{3}{2}}$ |
| **3** | $\dfrac{4}{5}$ | $\left(\dfrac{4}{5}\right)^{\frac{2}{3}}$ |
| **4** | $\dfrac{5}{4}$ | $\left(\dfrac{5}{4}\right)^{\frac{3}{2}}$ |
| **5** | $\dfrac{5}{4}$ | $\left(\dfrac{5}{4}\right)^{\frac{2}{3}}$ |

断面積はどちらの断面も $800\,\mathrm{cm}^2$ で等しい。潤辺は断面 1 が $20 + 40 + 20 = 80\,\mathrm{cm}$，断面 2 が $40 + 20 + 40 = 100\,\mathrm{cm}$ である。したがって，径深は，

$$R_1 = \frac{800}{80} = 10\,\mathrm{cm}$$

$$R_2 = \frac{800}{100} = 8\,\mathrm{cm}$$

よって，

$$\frac{R_2}{R_1} = \frac{8}{10} = \frac{4}{5}$$

また，断面積が等しいので，流量の比は流速の比に等しいが，マニングの公式より，

$$v = \frac{1}{n}R^{\frac{2}{3}}I^{\frac{1}{2}} \quad (n：マニングの粗度係数，I：水面勾配)$$

と表されるので，流量の比は径深の比の $\frac{2}{3}$ 乗になる。つまり，

$$\frac{Q_2}{Q_1} = \left(\frac{4}{5}\right)^{\frac{2}{3}}$$

正答 **3**

### ポイント

　マニングの公式の基本問題です。答えが分数のため，分母分子に注意して計算していくことになります。

図で模式的に表された潜りオリフィスの流量 Q として正しいのはどれか。ただし，上流側水面からオリフィス中心までの深さは 5.5 m，流量係数は 0.60 とし，重力加速度は 10 m/s²，$\sqrt{10} = 3.2$ とする。

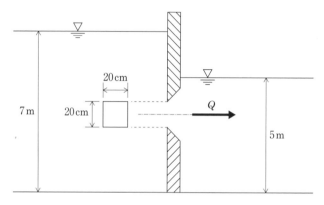

**1**　0.15 m³/s

**2**　0.20 m³/s

**3**　0.25 m³/s

**4**　0.30 m³/s

**5**　0.35 m³/s

解 説

潜りオリフィスの流量公式，

$$Q = Ca\sqrt{2g(H_1 - H_2)}$$

（$C$：流量係数，$a$：断面積，$g$：重力加速度，$H_1$：上流側水深，$H_2$：下流側水深）
に数値を代入して，

$$Q = 0.60 \times 0.2 \times 0.2 \times \sqrt{2 \times 10 \times (7 - 5)} = 0.048\sqrt{10} = 0.1536\,\mathrm{m^3/s}$$

正答 **1**

**ポイント**

潜りオリフィスの計算公式を知っているかどうかを問う問題です。設問中に余計な数値が書かれているため，注意が必要です。

流量が一定の流れの中の堰の開度を急に変えるなどの変化が起きると，水面の急変部が上流や下流に伝播するが，これは段波と呼ばれる。段波には模式的に下の図 1～図 4 で表される 4 種類があるが，次の A, B の状況で発生する段波を正しく組み合わせたのはどれか。

A　流量が一定の流れの堰の開度を急に小さくしたときに下流に伝わる段波

B　流量が一定の流れの堰の開度を急に大きくしたときに上流に伝わる段波

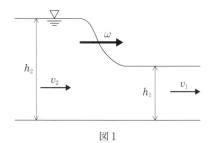

図 1

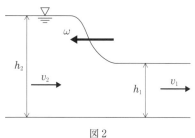

図 2

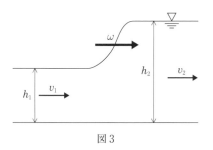

図 3

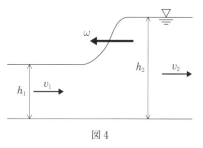

図 4

|   | A | B |
|---|---|---|
| **1** | 図 1 | 図 2 |
| **2** | 図 1 | 図 4 |
| **3** | 図 3 | 図 1 |
| **4** | 図 3 | 図 2 |
| **5** | 図 3 | 図 4 |

**解説**

**A について：**

　下流に伝わる段波なので図1か図3となる。堰の開度を急に小さくすると，下流には水が流れなくなる。つまり，水深の小さい部分が伝わる。これは図3である。

**B について：**

　上流に伝わる段波なので図2か図4となる。堰の開度を急に大きくすると，せき止められていた水が流れるため，流れ出した下流側から水深の小さい部分が上流に伝わってくる。これを表すのは図2である。

正答　**4**

**ポイント**

　他の試験ではあまり見られませんが，地方上級試験ではときどき見られる問題で，たとえば平成28年度地方上級で出題されています（『公務員試験　技術系　新スーパー過去問ゼミ　土木〈補習編〉』〈実務教育出版〉p.134）。まず伝わる方向を確認し，次に水深が上がるのか下がるのかを考えるとよいでしょう。

# 土質工学　土の基本的物理量 令和 5年度

含水比が 30%，間隙比が 1.6 の土の湿潤密度として正しいのはどれか。

ただし，土粒子の密度を $2.70\,\mathrm{g/cm^3}$ とする。

**1**　$1.25\,\mathrm{g/cm^3}$

**2**　$1.30\,\mathrm{g/cm^3}$

**3**　$1.35\,\mathrm{g/cm^3}$

**4**　$1.40\,\mathrm{g/cm^3}$

**5**　$1.45\,\mathrm{g/cm^3}$

## 解説

湿潤密度 $\rho_t$ は次の式で計算できる。

$$\rho_t = \frac{\rho_s + \dfrac{eSr\rho_w}{100}}{1 + e} \quad (e：間隙比，\ Sr：飽和度，\ \rho_w：水の密度，\ \rho_s：土粒子の密度)$$

また，含水比 $w$ を使うと，

$$w\rho_s = eSr\rho_w$$

が成立する。この式を上の式に代入すると，

$$\rho_t = \frac{\rho_s + \dfrac{w\rho_s}{100}}{1 + e}$$

ここに与えられた数値を代入して，

$$\rho_t = \frac{2.70 + \dfrac{30 \times 2.70}{100}}{1 + 1.6} = 1.35\,\mathrm{g/cm^3}$$

正答 **3**

### ポイント

　土の基本的物理量の問題です。毎年出題されている問題で，用意しておく必要があります。湿潤密度と含水比が与えられているため，解説で使った2つの公式を使うことがわかります。

コンシステンシーに関する次の A ～ D の文章のうち正しいものを組み合わせたのはどれか。

A　練り返した粗粒土についての流動や変形に対する抵抗性のことをコンシステンシーという。

B　含水比が塑性限界と液性限界の間にある土は塑性を示し，液性限界と塑性限界の差を塑性指数という。

C　液性限界は液性限界試験で求めた流動曲線から求める。

D　収縮限界と塑性限界では収縮限界のほうが大きい。

**1**　A，B
**2**　A，C
**3**　A，D
**4**　B，C
**5**　B，D

**解 説**

A：誤り。コンシステンシーは練り返した粘土，つまり細粒土の性質である。

B：正しい。液性限界は粘土が液状と塑性状を示す境界，塑性限界は塑性状と（半）固体状を示す境界の含水比である。

C：正しい。液性限界試験では，含水比を変えながら，粘性土を皿に入れて溝を切り，これに軽い振動を与えて，溝が埋まるまでの回数と含水比を測定する。この結果をまとめたのが流動曲線である。

D：誤り。収縮限界は，土を乾燥させていくときに体積が収縮しなくなる場合の含水比で，塑性限界よりも小さい。

正答　**4**

**ポイント**

　A がやや難しいですが，B，D は基本問題です。C の液性限界試験はあまり出題はありませんが，余裕があれば土質試験については簡単に見ておくとよいでしょう。

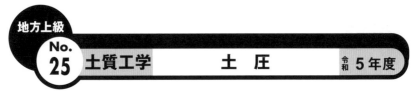

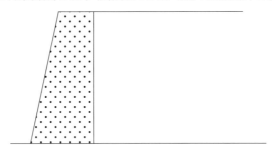

図のように背後の地盤を，背面土側が鉛直で摩擦のない擁壁で支える場合の受働土圧は主働土圧の何倍になるか。

ただし，土の内部摩擦力を $30°$，粘着力は $0$ とし，背後の地盤は水平とする。

**1**　3倍
**2**　6倍
**3**　9倍
**4**　12倍
**5**　15倍

主働土圧と受働土圧の違いは，主働土圧係数を掛けるか，受働土圧係数を掛けるかという点である。主働土圧係数 $K_A$ は，

$$K_A = \tan^2\left(45° - \frac{30°}{2}\right) = \frac{1}{3}$$

受働土圧係数 $K_P$ は，

$$K_P = \tan^2\left(45° + \frac{30°}{2}\right) = 3$$

$K_P$ は $K_A$ の $\dfrac{3}{\dfrac{1}{3}} = 9$ 倍なので，受働土圧も主働土圧の 9 倍である。

正答 **3**

**ポイント**

土圧の基本的な問題です。倍率だけが問われているため，実際に土圧を計算する必要はありません。

図のような無限に続く角度 $\alpha = 30°$ の斜面の深さ 1 m の位置に斜面と平行に無限に続くすべり面を想定する。この地盤内の斜面に沿って 1 m の区間の重量 18 kN の土塊を想定して斜面の安定性を調べる場合の安全率として最も近いのはどれか。

ただし，土の内部摩擦角を 20°，粘着力を 10 kN/m² とする。また，$\sin 30° = 0.50$，$\cos 30°$ $= 0.87$，$\tan 20° = 0.36$ とする。

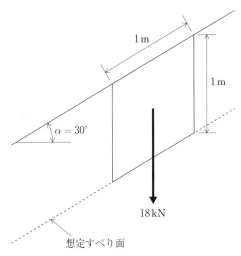

1 m

1 m

$\alpha = 30°$

18 kN

想定すべり面

**1** 1.54
**2** 1.64
**3** 1.74
**4** 1.84
**5** 1.94

**解 説**

　土塊の重量を斜面方向と斜面垂直方向に分けて考える。また，土塊が斜面から斜面に垂直に受ける力を $N$，平行な力を $R$ とする（下図）。

　斜面に垂直な方向の力のつりあいより，

$$N = 18\cos 30° = 18 \times 0.87 = 15.66$$

一方，土のせん断強度 $\tau_f$ と垂直応力 $\sigma$，粘着力 $c$ の間には次の関係式が成り立つ。

$$\tau_f = \sigma\tan 20° + c = 0.36\sigma + 10$$

応力に長さ（単位奥行き当たり）を掛けて力になることから $N = \sigma \times 1 = 15.66$ なので，

$$\tau_f = 0.36\sigma + 10 = 5.64 + 10 = 15.6376$$

ここで安全率 $Fs$ は滑らそうとする重力の斜面方向成分に対するせん断強度の比なので，

$$Fs = \frac{15.6376}{9} = 1.737 ≒ 1.74$$

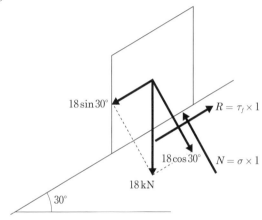

正答　**3**

**ポイント**

　斜面安定の問題ですが，粘着力が入ってくるため，用意していないと少し難しかったかもしれません。同内容の問題が平成22年度地方上級で出題されていて『技術系新スーパー過去問ゼミ　土木』p.282に掲載されています。

　基本は，物理の斜面上のつりあいの問題として考えることです。今回は長さが1mなのであまり問題になりませんが，応力と力を混同しないことも大切になります。

直接水準測量に関する次の文章のうち正しいのはどれか。

**1**　出発点に立てた標尺を到着点に立て，レベルの据え付けを奇数回とすることで，零目
　　盛誤差を消去することができる。

**2**　望遠鏡の十字線で前後の傾きは容易に見つけられるが，左右の傾きは確認しにくいた
　　め，標尺を左右に揺らしてその最大値を読む。

**3**　視準距離が大きいほど作業能率が上がるが，公共測量では1級水準測量で最大70m，
　　2級水準測量で最大60m，3級水準測量で最大50mとなっている。

**4**　望遠鏡の視準軸と気泡管軸が平行でないことが原因で起こる誤差は，前視と後視の視
　　準距離を等しくすることで消去できる。

**5**　誤差が許容誤差以内のとき，誤差を区間数で割って配分して，調整地盤高を求める。

**解説**

**1.** 誤り。零目盛誤差とは，標尺底面の摩耗などにより，目盛の0が正しくないために
　　生じる誤差で，レベルの据え付けを偶数回とすることで消去できる。

**2.** 誤り。左右と前後が逆になっている。また，標尺の最小値を読む。

**3.** 誤り。1級水準測量と3級水準測量が逆である。

**4.** 正しい。この誤差を視準軸誤差という。

**5.** 誤り。誤差は距離に比例するものとして配分して調整地盤高を求める。

正答　**4**

**ポイント**

　　水準測量の問題ですが，公務員試験ではなじみが薄い細かい内容が問われています。
　ただし選択肢**2**の内容はときどき問われていますし，**3**については，高精度が要求
　される1級測量で視準距離が大きくなるのはおかしいと判断することもできました。

A，B，C の 3 つの班が区間回数を変えて，ある区間の長さを測定したところ，次の表のような結果となった。長さの最確値として正しいのはどれか。

| 作業班 | 測定距離〔m〕 | 測定回数 |
|---|---|---|
| A | 50.518 | 1 |
| B | 50.521 | 2 |
| C | 50.524 | 3 |

**1**　50.519 m

**2**　50.520 m

**3**　50.521 m

**4**　50.522 m

**5**　50.523 m

**解　説**

A，B，C の軽重率 $p_A : p_B : p_C$ は測定回数に比例するので，

$p_A : p_B : p_C = 1 : 2 : 3$

50.520 m を基準として軽重率によって重みづけて最確値を計算すると，

$$50.520 + 0.001 \times \frac{-2 \times 1 + 1 \times 2 + 4 \times 3}{1 + 2 + 3} = 50.520 + 0.001 \times 2 = 50.522 \, \text{m}$$

正答　**4**

**ポイント**

　最確値の計算の基本的な問題です。軽重率は，距離や標準偏差との関係が問われることもありますが，今回は最も簡単な測定回数と比例することが問われています。解説では基準を決めて計算量を減らしていますが，確実に正答したい問題です。

都市計画に関する次の記述 A ～ D のうち，正しいものをすべて組み合わせたのはどれか。

A 都市計画は，農林漁業との健全な調和を図りつつ，健康で文化的な都市生活および機能的な都市活動を確保すべきこと，ならびにこのためには適正な制限のもとに土地の合理的な利用が図られるべきことを基本理念としている。

B 都市計画とは，都市の健全な発展と秩序ある整備を図るための土地利用，都市施設の整備および市街地開発事業に関する計画のことである。

C 地域地区は，市街化区域には少なくとも用途地域を定め，市街化調整区域には原則として用途地域を定めない。

D 都道府県は，都市計画区域について，おおむね 20 年ごとに，都市計画に関する基礎調査として，人口規模，産業分類別の就業人口の規模，市街地の面積，土地利用，交通量などの調査を行う。

**1** A，B，C

**2** A，B，D

**3** A，C

**4** B，C，D

**5** B，D

**解説**

A：正しい。都市計画法 2 条の内容である。

B：正しい。都市計画法 4 条 1 項の内容である。

C：正しい。都市計画法 13 条 1 項 7 号に書かれている内容である。

D：誤り。都市計画法 6 条 1 項の都市調査に関する内容である。都市調査はおおむね 5 年ごとに行うものとされている。

正答 **1**

**ポイント**

都市計画法の基本的な条文からの出題です。ほとんどの内容が正しい一方で，唯一出題の少ない都市調査についてのみ内容が誤っていました。A，B，C の記述を正しいと判断して正答を選びたいところです。

## No. 30 都市計画 土地区画整理事業 令和5年度

土地区画整理事業に関する次の記述 A ～ D のうち，正しいものをすべて組み合わせたのはどれか。

A 密集市街地で，土地の高度利用を行うことを目的として行われ，土地と建物の整備を常に同時に行う。

B 換地では，従前の土地と宅地の位置，地積，土質，環境等が照応するように定められ，従前の土地の権利（借地権，地上権等）がそのまま移動する。

C 地方公共団体のほか，個人や組合も施行者となれるが，建物移転や換地処分といった強い権能が与えられるため，法律で厳格な手続き規定が設けられている。

D 土地はすべて国や地方公共団体が買収するため，地権者が土地の無償の供出を行うことはない。

**1** A，B
**2** A，C
**3** A，D
**4** B，C
**5** B，D

### 解説

A：誤り。記述の内容に合致するのは，土地区画整理事業ではなく，市街地再開発事業である。なお，土地区画整理事業では，通常建物の整備は行わない。

B：正しい。前半の内容は照応の原則と呼ばれている。ただし，たとえば面積がまったく同じである必要はない。

C：正しい。記述中の法律とは土地区画整理法である。

D：誤り。公共用地，あるいは売却して費用に充てるために地権者が土地を無償で供出する制度があり，これを減歩という。

正答 **4**

### ポイント

土地区画整理事業は地方上級では非常によく出題されています。この問題も，換地と減歩という基礎的な内容からその多くが出題されています。正しく判断したい問題です。

住民が日常的用途で使う道路についての次の記述 A ～ D のうち，正しいものをすべて組み合わせたのはどれか。

A 歩行者と自動車を空間的に完全に分離するために，ハンプやシケインが使われる。

B 歩行者の安全かつ円滑な通行を図るためのバリアフリー化は，全体ではなく個別の道路ごとに行うほうが効果が高い。

C 道路のたまり機能を確保するために，歩行者の滞留施設やベンチなどを設ける場合がある。

D 無電柱化を行って景観に配慮するほか，道路の沿線住民との話し合いを行って，その意見をとり入れることも大切である。

**1** A，B

**2** A，C

**3** A，D

**4** B，C

**5** C，D

解説 ━━━━━━━━━━━━━━━━━━━━━━━━━━━━━━━━━━━━━━━━

A：誤り。歩行者と自動車を空間的に完全に分離する場合には、ハンプやシケインは用い
　られない。ハンプとは道路上の凹凸で、通過する自動車の速度を落とすことが目的で設
　けられる。また、シケインは道路の屈曲のことで、これも通過する自動車の速度を落と
　す目的で設けられる。いずれも歩車共存のために設けられ、完全に分離することが目的
　ではない。完全に分離するために設けられるのは車止めであるボラードである。
B：誤り。バリアフリー化は道路全体の連絡を考えて行わないと、必要な場合に使われな
　いことになる。
C：正しい。近年ではにぎわい空間としての道路の機能も重視される場合がある。
D：正しい。無電柱化の際には、交通障害が生じたり、停電が発生する場合もあるため、
　住民への説明会、あるいは話し合いなどを行い、理解を得ることも大切である。

正答　5

ポイント

　コミュニティ道路を中心とした出題です。国家公務員試験では珍しいですが、地方
上級では過去に出題があり、『公務員試験　技術系　新スーパー過去問ゼミ　土木（補
習編）』（実務教育出版）p.218 に内容がまとめられています。ただし、正しい記述は
判断しやすかったのではないかと思います。

図は，都市などの交通結節点を○のノードで，ノードを結ぶ道路を線で結んだリンクで表現したモデルで，4つのノードを5つのリンクで結んでいる。リンクの近くには，そのリンクの距離（ノード間距離）と移動速度を $\dfrac{\text{ノード間距離〔km〕}}{\text{移動速度〔km/h〕}}$ と表している。

このモデルに関する次の記述 A ～ D のうち，正しいものをすべて組み合わせたのはどれか。

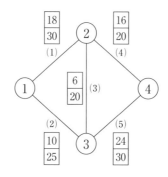

A　①から④へ行く場合には，(1)，(4)の経路を通るのが一番速い。

B　(2)が①から③のみの，(3)が③から②のみの一方通行になると④から①への移動時間は①から④への移動時間より大きくなる。

C　(3)が通行止めになると，②から③への移動は1時間以上増える。

D　(2)が通行止めになると，①から③への移動は，通行止めになる前の2倍以上になる。

**1**　A，B
**2**　A，C
**3**　A，D
**4**　B，C
**5**　B，D

本問を解くに当たっては，まずはそれぞれの経路（リンク）の時間を計算しておくと便利である。

経路(1)は，

$18 \div 30 \times 60 = 36$ 分

経路(2)は，

$10 \div 25 \times 60 = 24$ 分

経路(3)は，

$6 \div 20 \times 60 = 18$ 分

経路(4)は，

$16 \div 20 \times 60 = 48$ 分

経路(5)は，

$24 \div 30 \times 60 = 48$ 分

となる。これをもとに検討する。

A：誤り。(1)，(4)の経路では $36 + 48 = 84$ 分かかるが，(2)，(5)の経路では $24 + 48 = 72$ 分で済む。

B：正しい。①から④は A で検討した 72 分のままだが，④から①は(4)，(2)と通るのが最短となり，これは 84 分である。

C：誤り。通行止めがなければ(3)で 18 分である。一方，(3)を通らない場合には，(1)，(2)の経路で $36 + 24 = 60$ 分かかるが，1 時間以上増えるわけではない。

D：正しい。①から③へは，(2)で 24 分であるが，(1)，(3)となると，$36 + 18 = 54$ 分となり，2 倍以上になる。

正答　**5**

**ポイント**

リンクモデルの問題は見たことがなかった人も多かったでしょうが，実は平成 28 年度地方上級で出題があります。解説のように，まずは各経路の時間を計算しておくとその後の検討が簡単になります。知識は必要なく，いかに効率よく検討できるかがポイントでした。

河川防御計画に関する次の文章中の空欄ア，イ，ウに当てはまる語句の組合せとして正しいのはどれか。

「河川防御計画を立てる場合に計画の基準となる降雨は ア である。この降雨量をもとに，洪水流出モデルを用いて計画基準点の流量やハイドログラフを求め，これを洪水防御計画の対象とする。これを イ という。これを合理的に河道，ダム，遊水地といった河川施設に配分して求めたものが ウ で，主要地点の河道，ダム等の計画の基本となる」

| | ア | イ | ウ |
|---|---|---|---|
| **1** | 対象降雨 | 基本高水 | 計画高水流量 |
| **2** | 対象降雨 | 基本高水 | 施設流量 |
| **3** | 対象降雨 | 計画高水 | 施設流量 |
| **4** | 既往最大降雨 | 基本高水 | 計画高水流量 |
| **5** | 既往最大降雨 | 計画高水 | 施設流量 |

**解説**

　空欄アに当てはまるのは「対象降雨」である。対象降雨は基本高水を設定するために検討する降雨群と定義されている。対象降雨そのものは，計画の規模から定められる。

　空欄イに当てはまるのは「基本高水」である。基本高水は記述の説明のとおりであるが，洪水防御計画の対象となる洪水のことである。

　一方，基本高水を貯留したり河川施設に配分して，すなわち洪水対策の結果として河川に流すべき洪水流が計画高水で，その流量が「計画高水流量」であり，これが空欄ウに入る。

**正答　1**

**ポイント**

　河川防御計画における基本用語に関する知識問題です。洪水防御計画の手順は河川工学の基本的な知識です。河川工学の対策は後手後手に回りがちですが，優先的に対策したい分野からの出題といえます。なお，「基本高水」「計画高水流量」はいずれも河川整備基本方針で定められることも覚えておきましょう。

河川計画で使われる合理式に関する次の記述の空欄ア，イ，ウに当てはまる語句の組合せとして正しいのはどれか。

「合理式は，貯留施設のない中小河川において，洪水時のピーク流量 $Q_p$〔m³/s〕を求めるためのもので，次式で表される。

$$Q_p = \frac{1}{3.6} frA$$

ここで $A$ は，下図の破線で表されるようなピーク流量を求める基準点より上流側の河川の流域面積でその単位は ア である。また，$r$ は洪水継続時間における イ 〔mm/h〕である。一方，$f$ は流出係数で，土地の利用状況によって計算される量である。具体的には ウ では エ より大きな値をとる」

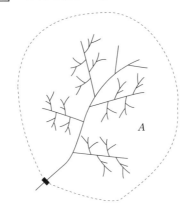

| | ア | イ | ウ | エ |
|---|---|---|---|---|
| **1** | ha | 最大降雨強度 | 急峻な山地 | 平坦な畑地 |
| **2** | ha | 平均降雨強度 | 平坦な畑地 | 急峻な山地 |
| **3** | km² | 最大降雨強度 | 急峻な山地 | 平坦な畑地 |
| **4** | km² | 平均降雨強度 | 急峻な山地 | 平坦な畑地 |
| **5** | km² | 平均降雨強度 | 平坦な畑地 | 急峻な山地 |

**解説** ━━━━━━━━━━━━━━━━━━━━━━━━━━━━━━━━━━━━

　空欄アには「km²」が入る。河川工学の合理式では，流域面積の単位は km² である。また，空欄イには「平均降雨強度」が入る。

　最後に，流出係数は，降った雨が土壌に浸透せずに河川に流出すると大きくなる。したがって，土壌に浸透しやすい平坦な畑地と比べ，流出しやすい急峻な山地のほうが大きくなる。以上から，空欄ウには「急峻な山地」，エには「平坦な畑地」が入る。

正答　**4**

**ポイント**

　合理式は地方上級ではときどき出題があり，以前にも平成 29 年度に出題されています。そのときも含め今回も，合理式の定数に関する細かい知識が問われています。事前に用意していないと迷ったのではないかと思います。過去問の傾向を知っていることが重要なのです。

## 土木計画　上水道の配水施設　令和5年度

配水施設に関する次の記述の空欄ア，イ，ウに当てはまる語句の組合せとして正しいのはどれか。

「配水施設は，大きく配水池と配水管に分かれる。配水池は水需要の時間変動をならすために設けられるもので，浄水施設の　ア　に設置される。配水池の有効容量は，　イ　の12時間分とすることが標準とされ，小規模な場合にはこれに火災用水量が加わる。

　配水管は，需要者に水を供給するためのもので，配水管は　ウ　に配置される」

|   | ア | イ | ウ |
|---|---|---|---|
| **1** | 前方 | 計画時間最大給水量 | 網目状 |
| **2** | 前方 | 計画1日最大給水量 | 樹枝状 |
| **3** | 後方 | 計画時間最大給水量 | 網目状 |
| **4** | 後方 | 計画時間最大給水量 | 樹枝状 |
| **5** | 後方 | 計画1日最大給水量 | 網目状 |

**解説**

　空欄アには「後方」が入る。配水池は浄水場からの送水を受けて，水道需要者の需要量に応じて必要量を必要な圧力で配水するための施設である。

　空欄イには「計画1日最大給水量」が入る。配水池の有効容量は，計画1日最大給水量の時間分を一定に送ってくる浄水場からの送水を受けて必要量の水を貯留することであるので，計画1日最大給水量が使われている。ここには時間変動に加え，上下流での事故発生時にも数時間分の余裕があること，また，火災時にも必要な水量を確保することから計画1日最大給水量の12時間分と決められている。ただし，人口5万人以下の場合には，火災用水量は別に加える。

　空欄ウには「網目状」が入る。網目状に配水管網を形成すると，仮にある場所で大量の水を使用した場合にも，全体として水圧を一定に保つことができる。行き止まり形式の樹枝状にすると，下流側の水圧に影響が出る場合がある。また，事故時にも網目状に配水管を形成することでその影響を受ける範囲を小さくすることができる。

正答　**5**

**ポイント**

　配水施設に関する基礎問題です。令和元年度地方上級でほぼ同一の問題が出題されています。特に配水池の有効容量については確実に覚えておく必要があります。正答したい問題といえます。

下水道の生物処理に関する次の記述の空欄ア，イ，ウに当てはまる語句の組合せとして正しいのはどれか。

- 標準活性汚泥法は，終末処理場で最もよく使われる方法で，　ア　を利用した方法である。
- オキシデーションディッチ法は，活性汚泥法の一種で主に　イ　な下水道で利用されている。
- 散水ろ床法は，砕石などのろ材の　ウ　に存在する生物を利用する方法である。

|   | ア | イ | ウ |
|---|---|---|---|
| **1** | 浮遊生物 | 小規模 | 内部 |
| **2** | 浮遊生物 | 小規模 | 表面 |
| **3** | 浮遊生物 | 大規模 | 内部 |
| **4** | 生物膜 | 大規模 | 表面 |
| **5** | 生物膜 | 小規模 | 内部 |

**解説**

　空欄アには「浮遊生物」が入る。標準活性汚泥法は，活性汚泥中の微生物の好気呼吸を利用した方法である。活性汚泥は，細菌類，原生動物，後生動物等の微生物のほかに非生物性の無機物や有機物から構成され，反応タンク内の水流によって浮遊状態に保たれている。

　空欄イには「小規模」が入る。オキシデーションディッチ法は，循環型の水路を反応タンクによって処理を行う方法で，最初沈殿池を設けない，管理が容易，流入負荷の時間変動に強いといった特徴があるが，単位水量当たりの面積が大きいため，小規模な場合のみに使われる。

　空欄ウには「表面」が入る。散水ろ床法は固定生物膜法のうちの一つで，円形の池に配置されたろ材の表面に付着した生物膜と下水を接触させて処理を行う方法である。

正答　**2**

**ポイント**

　生物処理のさまざまな方法についての知識が問われています。このうち散水ろ床法は公務員試験では問われることがあまりなく，まずは確実に 2 択まで絞ることが大切です。

　ただ，「ろ材の内部」ということになると，石の内部まで下水を浸透させる必要が出てくるため，おかしいのではないかと疑った人もいたかもしれません。

コンクリートに関する次の記述 A ～ D のうち，正しいものをすべて組み合わせたのはどれか。

A　コンクリートの設計の基準となる骨材の状態は，空気中乾燥状態である。

B　粉体は，コンクリート材料のうち，セメントと同程度またはそれ以上の粉末度を持つ固体で，石灰微粉末は含まれない。

C　コンクリートから粗骨材を取り除いたものをモルタル，モルタルから細骨材を取り除いたものをセメントペーストという。

D　混和剤は使用量が少なく，それ自体の容積がコンクリートの練り上がり容積に算入されない。

**1**　A，B

**2**　A，C

**3**　B，C

**4**　B，D

**5**　C，D

A：誤り。空気中乾燥状態ではなく，表面飽水乾燥状態（表乾状態）である。

B：誤り。粉体には石灰微粉末も含まれる。

C：正しい。結果的に，モルタルはセメント，水，細骨材（と混和材料）を混ぜたもの，セメントペーストはセメント，水（と混和材料）を混ぜたものとなる。

D：正しい。一方，混和材は使用量が多く，それ自体の容積がコンクリートの練り上がり容積に算入される。

正答　**5**

**ポイント**

コンクリートの基本問題です。地方上級のコンクリートの問題はかなり難しい場合もありますが，この問題は頻出事項ばかりのため，確実に正答したいところです。

# No. 38 材料・施工 コンクリートの耐久性 令和5年度

コンクリートの耐久性に関する次の記述 A ～ D のうち，正しいものをすべて組み合わせたのはどれか。

A　コンクリートの中性化は，空気中の二酸化炭素によってコンクリートが中性になる現象で，ただちにコンクリートの性能の機能に影響が出るわけではないが，内部の鉄筋の錆の原因となる。

B　アルカリシリカ反応は，反応抑制効果のある混合セメント（高炉セメントの B 種，C 種など）を用いることで抑制することができる。

C　コンクリートはアルカリ性であるため，酸によって有害な作用が現れることはない。

D　AE 剤は，凍結のおそれがあるとき以外には用いられない。

**1**　A，B

**2**　A，C

**3**　A，D

**4**　B，C

**5**　B，D

## 解説

A：正しい。鉄筋の不動態被膜が失われ，錆が発生する原因となる。

B：正しい。混合セメントの B，C 種にはアルカリシリカ反応の抑制効果がある。

C：誤り。コンクリートはアルカリ性であるため，酸と反応して腐食しやすい（化学的腐食）。

D：誤り。AE 剤は凍結融解作用抵抗性を持たせるために導入されるが，ワーカビリティーを改善させる効果もあるため，作業性の向上の目的で使用される場合もある。なお，AE 減水剤，高性能 AE 減水剤の使用が一般的であり，AE 剤そのものの使用量は多くはない。

正答　**1**

### ポイント

　頻出事項からの問題です。特に中性化とアルカリシリカ反応についてはどの試験でもよく出題されています。

杭基礎に関する次の記述 A ～ D のうち，正しいものをすべて組み合わせたのはどれか。

A　既製杭の工法のうち，射水による工法は，杭の先端や周辺から射水しながら地中に埋めていくものである。

B　場所打ち杭は既製杭と比べると，材料の輸送面からは有利であるが，基礎地盤内部を直接見ることはできない。

C　摩擦杭は，杭の周面の摩擦力や付着力で支持力を発揮するもので，良質な基礎地盤が得にくい場合に用いられる。

D　ドロップハンマーの打撃による方法は，振動，騒音が小さいため，市街地でも施工することができる。

**1**　A，B
**2**　A，C
**3**　A，D
**4**　B，C
**5**　B，D

### 解説

A：正しい。中掘り工法において，粘性土地盤の場合に射水しながら掘削を行うことで目詰まりを防ぐことができる。

B：誤り。場所打ち杭は，現地で地盤を掘削した中にコンクリート等で杭を形成する工法で，材料の輸送面から有利であることは確かであるが，掘削時に基礎地盤内部を直接見ることができる。

C：正しい。杭には先端支持力に期待する支持杭と，記述中で説明された摩擦杭がある。浅い位置に良質な地盤が得られれば支持杭が有利であるが，それが得られない場合には摩擦杭となる。

D：誤り。ドロップハンマーの打撃により，振動，騒音が発生するため，市街地での施工は困難である。

正答　**2**

### ポイント

　杭基礎の典型的な問題です。杭基礎はときどき出題があり，その原理，工法が問われます。後手に回りがちな項目ですが，一度目を通しておくとよいでしょう。本問に出題されたもののほか，ネガティブフリクション（負の周面摩擦）や群杭効果も出題されやすいといえます。

アローダイヤグラムとは，プロジェクト中の独立な作業の前後関係を矢印で結ぶことで，プロジェクト全体の工期や作業の余裕などを見積もるのに使われる図のことである。

たとえば，ある状態 $i$ から，$n$ 日の作業 X を終えると別の状態 $j$ になることを，アローダイヤグラムでは下図のように表現する。

$$i \xrightarrow[n\,日]{X} j$$

また，作業間の調整のため，作業日数 0 日に相当するダミー仕事を破線の矢印で入れる場合がある。

以下のアローダイヤグラムにおいて，状態 1 から状態 10 までの最短日数として正しいのはどれか。

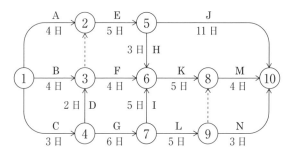

**1** 19 日
**2** 20 日
**3** 21 日
**4** 22 日
**5** 23 日

状態0から順に矢印に沿って作業日数を合計していく。ただし，2つ以上の作業が集まる場合には，最も日数の大きい値（日数のかかる作業）をその状態の日数とする。たとえば，状態3について，左のBからは4日で到達するが，下のDからは3＋2＝5日で到達するので，大きい5日を状態3の作業日数とする。

同様にして作ったのが以下の図である。

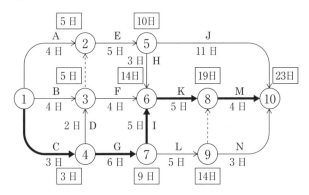

これより，最短日数は23日である。なお太い矢印が23日となる作業経路（クリティカルパス）である。

正答 5

**ポイント**

地方上級では毎年のように出題されている問題で，確実に正答したい問題です。設問に詳しい説明がありますが，年度によっては説明がないこともあり，これがなくても解けるように用意したいところです。

なお，『技術系　新スーパー過去問ゼミ　土木』p.486に平成27年度地方上級の問題と解答が掲載されています。

# 令和5年度

# 東京都・特別区

●東京都Ⅰ類A（土Ⅰまたは土Ⅱのいずれかを選択。3題必須解答。2時間30分）

| No. | 科目 |
| --- | --- |
| 土Ⅰ-1 | 水理学 |
| 土Ⅱ-1 | 土質工学 |
| 土Ⅰ-2, 土Ⅱ-2 | 構造力学 |
| 土Ⅰ-3, 土Ⅱ-3 | 都市・土木計画 |

●東京都Ⅰ類B［一般方式・一般方式（第2回）］（5題中3題を選択解答。2時間）

| No. | 科目 |
| --- | --- |
| 土-1 | 構造力学 |
| 土-2 | 水理学 |
| 土-3 | 土質工学 |
| 土-4 | 土木材料，土木施工 |
| 土-5 | 都市計画，上下水道 |

●特別区Ⅰ類［一般方式・一般方式（秋試験）］（6題中4題を選択解答。1時間30分）

| No. | 科目 |
| --- | --- |
| 問題1 | 応用力学 |
| 問題2 | 土質工学 |
| 問題3 | 測量 |
| 問題4 | 土木施工 |
| 問題5 | 道路・橋梁 |
| 問題6 | 都市計画 |

水理学に関する次の問いに答えよ。

(1) 小オリフィスと大オリフィスとの違いについて説明せよ。

(2) 下の図のように,直径 3.0 m の円形タンクの側壁に円形の管路を取り付け,放水している。管路の直径は 0.010 m,長さは 1.0 m,入口損失係数は 1.0,摩擦損失係数は 0.029 である。このタンクにおける水深 $H$ が 3.5 m から 1.5 m に低下するまでの時間を求めよ。ただし,重力加速度は 9.8 m/s$^2$ とし,計算の過程も示すこと。

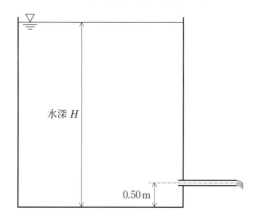

水深 $H$

0.50 m

解説

(1)

　小オリフィスは,断面積が小さく,オリフィスの流出時の流速分布を考慮せずに,一定流速とみなせる場合をいう。大オリフィスは,断面積が大きく,オリフィスの流出時の流速分布を考慮する必要がある場合をいう。

(2)

　まず流出する流速 $v$ を求める。この際,水深は $h + 0.5$ 〔m〕とする(管路から水面までの高さとなる)。このとき,損失を考慮したベルヌーイの定理を立てる。ただし,与えられている損失のほか,流出時に有する速度水頭を考慮する。

$$h = \left(1.0 + 0.029 \times \frac{1.0}{0.010}\right)\frac{v^2}{2 \times 9.8} + \frac{v^2}{2 \times 9.8} = 4.9 \times \frac{v^2}{2 \times 9.8} = \frac{v^2}{4}$$

$$\therefore \quad v = 2\sqrt{h}$$

これより，$d = 0.010\,\text{m}$ として，水の流量 $Q$ は，

$$Q = \frac{\pi d^2}{4} v = \frac{\pi d^2}{4} \times 2\sqrt{h}$$

続いて，$D = 3.00\,\text{m}$ として，タンク内の水の体積を $V$ とすると，

$$V = \frac{\pi D^2}{4} h$$

水の体積減少速度が流量に等しいので，

$$Q = -\frac{dV}{dt}$$

ここに上の関係式を代入して，

$$\frac{\pi d^2}{4} \times 2\sqrt{h} = -\frac{\pi D^2}{4} \cdot \frac{dh}{dt}$$

$$\therefore \quad dt = -\left(\frac{D}{d}\right)^2 \frac{dh}{2\sqrt{h}}$$

求める時間を $T$ とし，$h = 3 \rightarrow 1 \, (t = 0 \rightarrow T)$ で積分すると，

$$\int_0^T dt = T = -\int_3^1 \left(\frac{D}{d}\right)^2 \frac{dh}{2\sqrt{h}} = \left(\frac{D}{d}\right)^2 \int_1^3 \frac{1}{2} h^{-\frac{1}{2}} dh$$

$$= \left(\frac{D}{d}\right)^2 [h^{\frac{1}{2}}]_1^3 = \left(\frac{D}{d}\right)^2 (\sqrt{3} - 1)$$

ここに数値を代入し，$\sqrt{3} = 1.7$ とすると，

$$T \fallingdotseq \left(\frac{3}{0.010}\right)^2 \times 0.7 = 6.3 \times 10^4\,\text{s}$$

**ポイント**

　一見簡単そうに見えますが，いくつかの問題が組み合わされており，一筋縄ではいきません。やや難しめの問題です。

　小オリフィスと大オリフィスの違いは，平成 27 年度東京都 I 類 B で問われています。仮にわからなかったとしても配点は高くないと思われます。

　(2)の計算問題は簡単ではありません。まず，損失を考慮してベルヌーイの定理を立てる必要があります。なお，流出時の速度水頭を「出口損失」として算入しても構いませんが，最後に残った速度水頭と，出口損失の両方を式に入れては誤りになります。

　後半は水の流出時間の計算問題です。これは令和 3 年度東京都 I 類 A で出題されたばかりの問題でした。あらかじめ対策して臨みたいところです。

土質工学に関する次の問いに答えよ。

(1) 下の図のような擁壁について，地表面からの深さ $h = 2\,\mathrm{m}$，および $H = 5\,\mathrm{m}$ の位置の土圧強度を求め，主動土圧およびその作用位置を求めよ。なお，土圧係数 $K_a = 0.3$，土の単位重量 $\gamma = 1.75\,\mathrm{t/m^3}$，土の内部摩擦角 $\phi = 30°$，壁面と土との摩擦角 $\delta = 0°$，重力加速度 $g = 9.8\,\mathrm{m/s^2}$ とし，地表面は水平とする。ただし，計算の過程も示すこと。

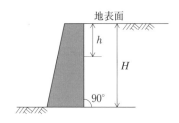

(2) 下の図のようなモデルの土試料について，次の問いに答えよ。ただし，重力加速度 $g = 9.8\,\mathrm{m/s^2}$ とし，計算の過程も示すこと。
   (ア) $h = 20\,\mathrm{cm}$ に保ったとき，土試料中心における有効応力 $\sigma'$ を求めよ。
   (イ) この土試料の限界動水勾配 $i_c$ を求めよ。
   (ウ) $h = 45\,\mathrm{cm}$ に保ったとき，クイックサンド現象が起こらないようにするために必要な土試料表面への押さえ荷重 $q$ を求めよ。

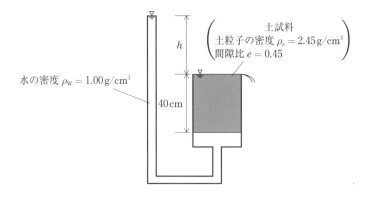

(1)

与えられた量のうち，土の単位重量については，土の密度が $\rho_t = 1.75\,\mathrm{g/cm^3}$ であると解釈する。まず，地表面から $h = 2\,\mathrm{m}$ の位置における鉛直応力 $\sigma_{v,\,2}$ は，

$$\sigma_{v,\,2} = 1.75 \times 2 \times 9.8 = 34.3\,\mathrm{kN/m^2}$$

したがって，この位置における主働土圧 $\sigma_{h,\,2}$ は，主働土圧係数を掛けて，

$$\sigma_{h,\,2} = 0.3 \times 34.3 = 10.29\,\mathrm{kN/m^2} \fallingdotseq 10.3\,\mathrm{kN/m^2}$$

次に，地表面から $H = 5\,\mathrm{m}$ の位置における鉛直応力 $\sigma_{v,\,5}$ は，

$$\sigma_{v,\,5} = 1.75 \times 5 \times 9.8 = 85.75\,\mathrm{kN/m^2}$$

したがって，この位置における主働土圧 $\sigma_{h,\,5}$ は，主働土圧係数を掛けて，

$$\sigma_{h,\,5} = 0.3 \times 85.75 = 25.725\,\mathrm{kN/m^2} \fallingdotseq 25.7\,\mathrm{kN/m^2}$$

ここで土圧分布は以下のようになる。この面積が擁壁に加わる主働土圧 $P_a$ なので，

$$P_a = \frac{1}{2} \times 5 \times 25.725 = 64.3125\,\mathrm{kN/m} \fallingdotseq 64.3\,\mathrm{kN/m}$$

作用位置は分布の図心の位置なので，地表面から深さ $5 \times \dfrac{2}{3} \fallingdotseq 3.33\,\mathrm{m}$ の位置である。

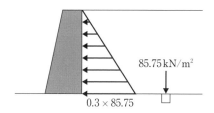

(2)

(ア)：$h = 20\,\mathrm{cm}$ のときの動水勾配 $i$ は，

$$i = \frac{20}{40} = 0.5$$

したがって，単位長さ当たりの土粒子が受ける透水力 $f_w$ は，

$$f_w = i\rho_w g = 0.5 \times 1.00 \times 9.8 = 4.9\,\mathrm{kN/m^3}$$

となる。

次に，土の水中単位体積重量 $\gamma'$ を求める。

$$\gamma' = \frac{\rho_s - \rho_w}{1+e}g = \frac{2.45 - 1.00}{1+0.45} \times 9.8 = 9.8\,\mathrm{kN/m^3}$$

求める土試料中心より上側の，単位面積当たりの土粒子全体（長さ 20 cm）について考える。加わる力は，土の有効重量，水から受ける透水力，これと中心にある土粒子から受ける上向き有効応力の 3 つでつりあっている（最後の図を参考にする）。つまり，「有効重量」＝「透水力」＋「有効応力」となるので，

$$9.8 \times 0.2 = 4.9 \times 0.2 + \sigma'$$
$$\therefore \quad \sigma' = (9.8 - 4.9) \times 0.2 = 0.98\,\mathrm{kN/m^2}$$

(イ)：限界動水勾配 $i_c$ は，水の単位体積重量を $\gamma_w = \rho_w g$ として，

$$i_c = \frac{\gamma'}{\gamma_w} = \frac{9.8}{9.8} = 1.0$$

(ウ)：土の深さ $z$〔m〕における有効応力を $\sigma'(z)$ とする。地表面から深さ $z$ の位置までの長さ $z$ の土（単位面積）に加わる力のつりあいを考えると，土の有効重量，押さえ荷重，透水力，底面から受ける有効応力の力のつりあいから，

$$\gamma' z + q = i \gamma_w z + \sigma'(z)$$
$$\therefore \quad \sigma'(z) = (\gamma' - i \gamma_w) z + q$$

ここでこの問題では動水勾配は $i = \dfrac{45}{40} = 1.125$ なので，

$$\sigma'(z) = (9.8 - 1.125 \times 9.8) z + q = -1.225 z + q$$

任意の場所で $\sigma'(z) \geqq 0$ となればクイックサンドは起きない。有効応力が最も小さいのは $z = 0.4$ なので，

$$-1.225 \times 0.4 + q \geqq 0$$
$$\therefore \quad q \geqq 0.49\,\mathrm{kN/m^2}$$

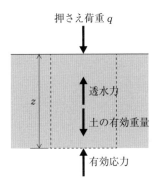

押さえ荷重 $q$

透水力

土の有効重量

有効応力

$z$

　(2)(ウ)以外は基本問題のように見えますが，問題の設定がわからずに悩んだ人も多かったのではないでしょうか。

　(1)について，まず求める「土圧強さ」が何なのかが明瞭ではありません。具体的には，鉛直応力なのか，水平応力なのか。また，水平応力だとすると，どの状態なのか（主働土圧，受働土圧，静止土圧いずれなのか）が書かれていません。解説では，「水平方向の主働土圧」と解釈しましたが，これが正しいのかどうかも不明です（途中で鉛直応力も求めています）。また，「土の単位重量」が何かが不明です。「土の湿潤単位体積重量」のことだとは思われますが，与えられた数値の単位が「t/m³」となっているため，「重量」なのか「密度」なのかがわかりません，重量ならば「kN/m³」または「tf/m³」となります。t（トン）＝ 1000 kg は質量なので，「t/m³」では素直に読めば「密度」を表していることになります。

　常識的な数値としては，1.75 kN/m³ は重量としては小さすぎるため，ここでは密度と解釈して解きました。1.75 tf/m³ はあり得ますが，その場合，重力加速度の出番がなくなります。しかし，本試験ではどんなに数値が非常識でも「与えられた数値で解くべき」という解釈も当然に成り立つと思います。(1)は難易度そのものは低いだけに，ここで減点があったとすると非常に残念です。

　(2)は簡単そうに見えて，単純に公式を覚えているだけでは(ア)，(ウ)を解くことができません。透水についての本質的な理解が必要になります。特に，力のつりあいが何度か使われています。透水力，土の有効重量は単位長さ当たりのため，長さを掛ける必要がありますが，押さえ荷重は上面，有効応力は底面にかかるだけなので，長さがかからないことには注意が必要です。なお，有効応力が上向きに加わっていることを不思議に思う人もいるかもしれません。有効応力は土粒子間にはたらく力であり，ここではすぐ下にある土粒子から受ける有効応力を考えていますので，上向きになります。

　なお，(1)，(2)ともに g/cm³ の単位で与えられた密度の数値に，重力加速度 9.8 m/s² をそのまま掛けると，重量が kN/m³ の単位で求まることを利用しています。たとえば，(2)(ア)の透水力 $f_w$ の計算は，単位を N，m に直して計算すると，1.00 g/cm³ ＝ 1.00 × $10^3$ kg/m³ なので，

$$f_w = i\rho_w g = 0.5 \times 1.00 \times 10^3 \times 9.8 = 4.9 \times 10^3 \, \text{N/m} = 4.9 \, \text{kN/m}$$

と解説の数値と一致します。

構造力学に関する次の問いに答えよ。ただし、計算の過程も示すこと。

⑴　下の図のような単純梁が支点Aに曲げモーメント$M$を受けるとき、中央におけるたわみおよび支点Aにおけるたわみ角を求めよ。ただし、曲げ剛性$EI$は一定とする。

⑵　下の図のような材質の異なった材料Ⅰ、Ⅱの両端に剛板を付けて、剛板を平行に保って両端を$P = 6.00\,\text{kN}$で引っ張るとき、材料Ⅰ、Ⅱがそれぞれ受け持つ引張力$P_Ⅰ$、$P_Ⅱ$を求めよ。ただし、材料Ⅰ、Ⅱそれぞれの断面積を$A_Ⅰ = 400\,\text{mm}^2$, $A_Ⅱ = 300\,\text{mm}^2$, 縦弾性係数を$E_Ⅰ = 1.95 \times 10^5\,\text{N/mm}^2$, $E_Ⅱ = 2.24 \times 10^5\,\text{N/mm}^2$とする。

(1)
　単位荷重の定理を使う。まず，中央のたわみ$\delta$を求める。このとき梁中央に単位鉛直荷重$P=1$を加えたときの曲げモーメント図を$\overline{M}$とする。
　$M$図と$\overline{M}$を描と次のようになる。

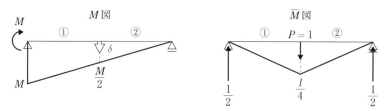

　積分区間を分けて計算する。ここで区間①の台形は，長方形と三角形に分けて分配法則を使うと，下のような経緯をたどり，3つの項に分けて計算される（使った積分公式はポイントを参照）。

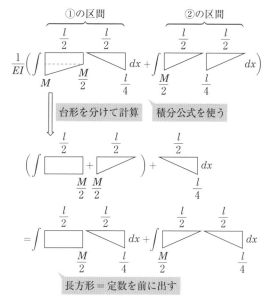

　これより，求めるたわみを$\delta$とすると，①の区間（1，2項），②の区間の順に計算して，

$$\delta = \frac{1}{EI}\left\{\frac{M}{2}\times\left(\frac{1}{2}\times\frac{l}{2}\times\frac{l}{4}\right)+\frac{1}{6}\times\frac{M}{2}\times\frac{l}{4}\times\frac{l}{2}+\frac{1}{3}\times\frac{M}{2}\times\frac{l}{4}\times\frac{l}{2}\right\}$$

$$= \frac{Ml^2}{16EI}$$

次に，たわみ角 $\theta$ を求める。このときの $M$ 図と $\overline{M}$ 図は下図のようになる。ただし，$\overline{M}$ 図はたわみ角を求める A に $M=1$ を加えたときの曲げモーメント図である。

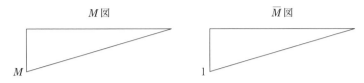

これより，求めるたわみ角は，単位荷重の定理を使って，

$$\theta = \frac{1}{EI} \times \frac{1}{3} \times M \times 1 \times l = \frac{Ml}{3EI}$$

**たわみについての別解：**

たわみについては，次のようにしてもよい。本問では，左側のみに $M$ が加わっているが，右側のみに $M$ が加わっても，中央のたわみは同じ $\delta$ である。したがって，両側に $M$ が加わった場合の中央のたわみは重ね合わせの原理より $2\delta$ である。

ここで単位荷重の定理を使う。$M$ 図については，両側に $M$ が加われば，$M$ で一定となる。$\overline{M}$ 図は上記の解説と同じである。単位荷重の積分計算では，長方形は一定値を表すので，積分の前に出せること，分布 1 つの積分は端に分布の面積になることに注意すると，次のようになる。

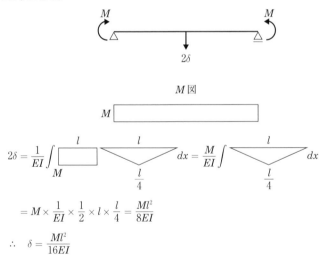

$$2\delta = \frac{1}{EI} \int \begin{array}{c} l \\ \rule{1cm}{0.01cm} \\ M \end{array} \begin{array}{c} l \\ \\ \frac{l}{4} \end{array} dx = \frac{M}{EI} \int \begin{array}{c} l \\ \\ \frac{l}{4} \end{array} dx$$

$$= M \times \frac{1}{EI} \times \frac{1}{2} \times l \times \frac{l}{4} = \frac{Ml^2}{8EI}$$

$$\therefore \quad \delta = \frac{Ml^2}{16EI}$$

(2)

棒材は，縦弾性係数を $E$，断面積を $A$，長さを $l$ とすると，ばね定数 $k = \dfrac{EA}{l}$ のばねとみなすことができる。そして，本問のような並列ばねの場合，各棒に加わる力はばね定数に比例するので，

$$P_{\mathrm{I}} : P_{\mathrm{II}} = E_{\mathrm{I}} A_{\mathrm{I}} : E_{\mathrm{II}} A_{\mathrm{II}} = 1.95 \times 4 : 2.24 \times 3 = 65 : 56$$

したがって,

$$P_{\mathrm{I}} = \frac{65}{65 + 56} \times 6.00 \fallingdotseq 3.22\,\mathrm{kN}, \qquad P_{\mathrm{II}} = \frac{56}{65 + 56} \times 6.00 \fallingdotseq 2.78\,\mathrm{kN}$$

**ポイント**

　たわみを求める問題,および棒材の問題が出題されています。

　(1)は正面からたわみを求められるかどうかを問うものです。中央のたわみについては『公務員試験　技術系　新スーパー過去問ゼミ　土木』(実務教育出版)(以下,『技術系　新スーパー過去問ゼミ　土木』) p.154 とまったく同じ問題です。解いていた受験生は有利でした。単位荷重の定理は容易ですが,他の方法でもよいでしょう。たとえば,通常であれば支配方程式を解くのは公務員試験では時間がかかりすぎるのですが,求めるものが2つあり,同時に求められるという利点のある本問では,十分に考えられたと思います。つまり,左端を原点とし,右向きに $x$ 軸をとると,

$$\frac{d^4 y}{dx^4} = 0 \quad (y\text{ がたわみ曲線})$$

となり,これはたわみ曲線が3次曲線になることを意味します。つまり,

$$y(x) = C_3 x^3 + C_2 x^2 + C_1 x + C_0$$

と置けます。ここで $y(0) = 0,\ y'(l) = 0,\ y''(l) = 0,\ -EIy''(0) = M$ の4つを代入すれば,

$$y(x) = \frac{Ml^2}{6EI}\left\{ \left(\frac{x}{l}\right)^3 - 3\left(\frac{x}{l}\right)^2 + 3\left(\frac{x}{l}\right) \right\}$$

と求められ,$y\left(\dfrac{l}{2}\right)$ と $y'(0)$ がそれぞれ求めるたわみとたわみ角になります。

　(2)は非常に易しい問題です。ここではばね定数を使いました。直感的で容易に解けます。詳しくは同書 p.14 を参考にしてください。ほかにも,力についての連立方程式を立てることもできます。

　いずれもひねった問題ではないため,しっかり解き切りたいところです。

　なお,(1)の単位荷重の定理の計算では,次の積分公式を使っています(同書 p.156)。

ちなみに,分布1つの積分は分布の面積になります。

近年，土木構造物の老朽化により，人々の生命や生活，産業をおびやかす事故が相次いで発生している。このような状況を踏まえ，次の問いに答えよ。

(1)　予防保全型管理について説明せよ。

(2)　高度経済成長期に一斉に整備された道路や橋梁，港湾施設などの都市インフラの多くが更新時期を迎えている中，東京の都市インフラの安全性を高め，安心できる社会を確立させるために，今後，行政が取り組むべき課題を挙げ，課題に対する解決策について，土木技術者の視点から，あなたの考えを論じよ。　　　　((2)は 800 字以上 1,200 字程度)

　例年どおり，小問3は用語説明と論文問題でした。

　(1)の「予防保全」は老朽化の問題ではよく使われる用語で，難易度は高くありません。まずは「予防保全」が「事後保全」と対になる用語であることは書きたいところです。事後保全は壊れてから修復すること，予防保全は，その前に的確に保全を行うことです。壊れてしまうと修繕するしかありませんが，事前段階では，補修にとどめたり，場合によっては交換を先延ばしにするなどさまざまな手段がとれるため，トータルコストを低減させることができます。予防保全には，具体的に「時間計画保全」「オン・コンディション保全（OC）」「コンディション・モニタリング保全（CM）」があります。時間計画保全は，一定時間ごとに保全，修繕を行うもので，必ずしも効率がよいとはいえません。OC方式は，一定時間ごとに保全ではなく「点検」を行い，必要に応じて交換を行うものです。最後のCM方式は，部品の状態を監視して一定の劣化度に達したときに修繕，交換を行うものです。効率はよいのですが，そのための状態監視の方法が必要となるため，設備ごとに適切な方法をとることが大切となります。

　(2)の論文については，この年は，東京都固有の問題ではなく，日本全体で問題となっている項目でした。たとえば，『令和2年版 国土交通白書』（https://www.mlit.go.jp/hakusyo/mlit/r01/hakusho/r02/pdf/np103200.pdf）でかなりのページ数を割いて議論されています（p.141～148）。問題では，「都市インフラ」と前提が付いていますが，たとえば水道法改正が話題となった水道分野，近年，流域治水などで注目を浴びる防災分野など，具体的に課題を挙げて論じるとよいでしょう。これらは，最近問題となっている建設業の人手不足の問題とも関連するため，これを念頭に論じることも可能だったのではないかと思います。

土木材料または構造力学に関する次の問いに答えよ。

(1) 金属における疲労と破壊の関係について，疲労限度にも言及したうえで説明せよ。

(2) 下の図のような等分布荷重 $w$ が作用している長さ $L$ の単純支持梁を解き，せん断力
図および曲げモーメント図を描け。ただし，計算の過程も示すこと。

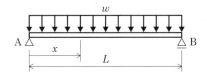

(1)

　疲労とは，金属に破壊強度よりも小さい応力振幅が繰り返し加わった場合に金属が破壊
する現象をいう。応力振幅 $S$ に対して疲労破壊までの載荷回数 $N$ を対数軸にプロットす
ると直線に近いデータが得られる（$S$ - $N$ 曲線）が，疲労破壊はある大きさの応力振幅以
下の振幅では起きなくなる。つまり $N \to \infty$ となる。この疲労破壊を起こさない応力振幅
の上限を疲労限度という。

(2)

　支点反力は対称性から左右とも鉛直上向きに $\dfrac{wL}{2}$ である。ここで，位置 $x$ の位置で構造
を切断して，A を含む側について考える。この際，分布荷重は等価な集中荷重に直す。せ
ん断力を $Q$，曲げモーメントを $M$ とすると下図のようになる。

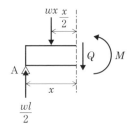

鉛直方向の力のつりあいより，

$$Q = \frac{wl}{2} - wx = \frac{w(l-2x)}{2}$$

切断面まわりのモーメントのつりあいより，

$$M = \frac{wl}{2} \times x - wx \times \frac{x}{2} = \frac{wx(l-x)}{2}$$

これを図示して次のようになる。

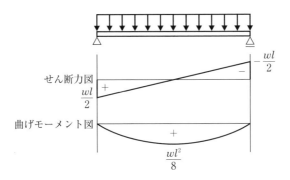

**ポイント**

　まず疲労については簡単な説明でよいでしょう。解説では疲労破壊のキーワードである $S$ – $N$ 曲線について触れていますが，設問に書かれていないため，疲労の説明と疲労限度の説明があれば十分と思われます。

　(2)も非常に簡単な内容で，描くだけなら数分で十分という受験生も多かったでしょう（本問は，『技術系　新スーパー過去問ゼミ　土木』p.129 の No.2 の解説に出てきたものとまったく同じです）。ただ，設問で $x$ 軸が与えられているため，解説では丁寧に切断して力のつりあい，モーメントのつりあいを立てました。いずれにしても，この(2)は満点を取りたいところです。

水理学に関する次の問いに答えよ。ただし，計算の過程も示すこと。

(1) 下の図のように，3つの水槽を潜りオリフィスとして連結している装置がある。オリフィス孔の断面積は，水槽Ⅰ Ⅱ間，Ⅱ Ⅲ間でそれぞれ $S_1$，$S_2$ であり，オリフィス孔の中心はそれぞれ底面から $H_1 = 2.0\,\mathrm{m}$，$H_2 = 1.0\,\mathrm{m}$ の位置にあり，$S_1 = 3S_2$ の関係にある。水槽Ⅰの水深が $h_1 = 12.0\,\mathrm{m}$，水槽Ⅲの水深が $h_3 = 2.0\,\mathrm{m}$ に保たれているとき，定常状態における水槽Ⅱの水深 $h_2$ を求めよ。ただし，オリフィス孔の断面積は水槽の断面積に比べて十分小さく，2つのオリフィスの流量係数 $C$ は 1.0 で等しく，水の密度 $\rho = 1.0\,\mathrm{g/cm^3}$，重力加速度 $g = 9.8\,\mathrm{m/s^2}$ とする。

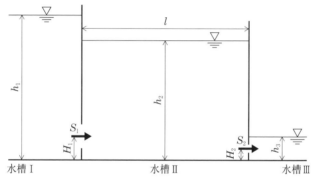

(2) 下の図のような側面ののり勾配 4 : 3 の台形断面を持つ開水路に関する次の問いに答えよ。

(ア) 開水路の流積 $A$，潤辺 $S$ および径深 $R$ を求めよ。

(イ) 開水路を流れる等流の流量 $Q$ をマニングの式を用いて求めよ。ただし，水面勾配 $I = 1/2500$，粗度係数 $n = 0.016$，$2.6^{\frac{1}{3}} = 1.38$ とする。

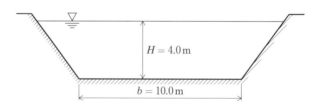

**解説**

(1)

水位差が $\Delta h$ の潜りオリフィスの流速 $v$ は，

$$v = \sqrt{2g\Delta h}$$

で与えられる。

　連続式から，水槽Ⅰから水槽Ⅱへの流量 $Q_{12}$ は，

$$Q_{12} = S_1\sqrt{2g(12-h_2)}$$

水槽Ⅱから水槽Ⅲへの流量 $Q_{23}$ は，

$$Q_{23} = S_2\sqrt{2g(h_2-2)}$$

　定常状態では水槽Ⅱの水位は変わらないので水槽Ⅱの流入量と流出量は等しい。つまり $Q_{12}=Q_{23}$ となる。したがって，

$$S_1\sqrt{2g(12-h_2)} = S_2\sqrt{2g(h_2-2)}$$

両辺を2乗して $S_1 = 3S_2$ の関係式を代入すると，

$$9(12-h_2) = (h_2-2)$$

$$\therefore \quad h_2 = 11.0\,\mathrm{m}$$

(2)

(ア)：下図より，

$$A = \frac{1}{2}\{(3+10+3)+10\}\times 4 = 52\,\mathrm{m}^2$$

$$S = 10+5+5 = 20\,\mathrm{m}$$

$$R = \frac{A}{S} = \frac{52}{20} = 2.6\,\mathrm{m}$$

(イ)：

$$Q = A\times\frac{1}{n}R^{\frac{2}{3}}I^{\frac{1}{2}} = 52\times\frac{1}{0.016}\times 1.38^2\times\frac{1}{50} = 123.786 \fallingdotseq 124\,\mathrm{m}^3/\mathrm{s}$$

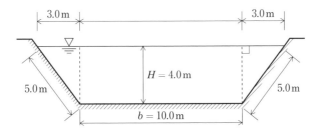

土質工学に関する次の問いに答えよ。

(1)　円弧すべりについて説明せよ。

(2)　不透水性の地盤の上に層厚 $H_1 = 4.0\,\text{m}$ の飽和粘土層があり，その上には層厚 $H_2 = 3.0\,\text{m}$ の透水性を有する砂層がある。上部構造物の建設により地表面に $\sigma_v = 50\,\text{kN/m}^2$ の載荷重が作用して均等に圧密が進行しているとき，この粘土層の最終圧密沈下量 $S$ および圧密度 $U$ が 50% となるまでの日数 $t$ を求めよ。ただし，この粘土層の体積圧縮係数 $m_v = 0.005\,\text{m}^2/\text{kN}$，圧密係数 $C_v = 0.020\,\text{m}^2/$日，圧密度が 50% となるときの時間係数 $T_v = 0.197$ であり，地盤，粘土層，砂層および地表面はすべて水平とし，計算の過程も示すこと。

━━━━━━━━━━━━━━━━━━━━━━━━━━━━━━━━━━━━━━━━━━━━━━

(1)

　斜面安定問題において，すべり面が円弧と仮定するのが円弧すべりである。一般に，円弧の中心と半径を変えながら，円弧の中心まわりの重力によるすべりモーメントとせん断抵抗力のつくる抵抗モーメントの比を考えて安定問題を考える。

(2)

　最終圧密沈下量について，与えられた体積圧縮係数を使って，

$S = m_v \sigma_v H_1 = 0.005 \times 50 \times 4.0 = 1.0 \, \text{m}$

　次に圧密時間については，片面排水なので，排水距離が粘土層厚に等しくなることに注意して，

$t = T_v \dfrac{H_1^2}{C_v} = 0.197 \times \dfrac{4^2}{0.020} = 158 \, \text{日}$

### ポイント

　斜面安定の用語説明と，圧密の基本的な計算問題です。他の問題と比べてもかなり難易度の低い問題なので，少なくとも(2)は満点をねらいたいところです。砂層の層厚はまったく使わないので注意してください。

## 土-4 記述式 土木施工，土木材料 令和5年度

土木施工または土木材料に関する次の問いに答えよ。

(1) コンクリートの混和剤の種類を2つ挙げ，それぞれ使用目的に言及したうえで説明せよ。

(2) 表1のようなコンクリートの計画配合表に対し，表2に示すような現場で入手した骨材をもとにした現場配合表を作成せよ。ただし，計算の過程も示すこと。

表1. 計画配合表

| 粗骨材の最大寸法 〔mm〕 | スランプ 〔cm〕 | 空気量 〔%〕 | 水セメント比 W/C 〔%〕 | 細骨材率 〔%〕 | 単位量 〔kg/m³〕 | | | |
|---|---|---|---|---|---|---|---|---|
| | | | | | 水 W | セメント C | 細骨材 S | 粗骨材 G |
| 25 | 10 | 5 | 45 | 40.3 | 180 | 400 | 668 | 1002 |

表2. 現場における骨材の状態

| 骨材の種類 | 5mmふるいを通過する質量〔%〕 | 5mmふるいにとどまる質量〔%〕 | 表面水率〔%〕 |
|---|---|---|---|
| 細骨材 | 92 | 8 | 3.6 |
| 粗骨材 | 4 | 96 | 1.2 |

解説

(1)
- AE剤：コンクリート内に微小な空気の泡であるエントレインドエアを連行させる混和剤で，ワーカビリティーを向上させ単位水量を減らす目的のほか，凍結融解作用抵抗性を持たせるために使用される。
- 減水剤：静電気的な力でセメント粒子を分散させることで，ワーカビリティを向上させ，単位水量を減らすことを目的に使用される。

(2)
現場配合の細骨材を $x$ 〔kg/m³〕，粗骨材を $y$ 〔kg/m³〕とする。このときに実際に含まれる細骨材について，表2から，

$0.92x + 0.04y = 668$ ∴ $23x + y = 16700$

$0.08x + 0.96y = 1002$ ∴ $x + 12y = 12525$

この連立方程式を解く。上の式を $y$ について解いて下の式に代入すれば，

$x + 12(16700 - 23x) = 12525$

∴ $x = \dfrac{12 \cdot 16700 - 12525}{12 \cdot 23 - 1} = \dfrac{7515}{11} \fallingdotseq 683.18 \, \mathrm{kg/m^3}$

下の式を $x$ について解いて上の式に代入すれば，

$23(12525 - 12y) + y = 16700$

∴ $y = \dfrac{23 \cdot 12525 - 16700}{12 \cdot 23 - 1} = \dfrac{10855}{11} \fallingdotseq 986.81 \, \mathrm{kg/m^3}$

ここで表面水率から粗骨材，細骨材に含まれる表面水量を計算すると，

$683.18 \times 0.036 + 986.81 \times 0.012 = 36.43 \, \mathrm{kg/m^3}$

となる。

これを水量から引いて，現場配合は次のようになる。

| 水<br>W | セメント<br>C | 細骨材<br>S | 粗骨材<br>G |
|---|---|---|---|
| 144 | 400 | 683 | 987 |

**ポイント**

(1)は平成25年度東京都Ⅰ類B，(2)は数値違いの問題が平成27年度東京都Ⅰ類Bで出題されています。これらを解いたことのあった受験生は有利だったでしょう。

(1)については，2つ挙げよとの指示ですから，AE剤と減水剤が適当かと思いますが，ほかにも着色剤，流動化剤などが考えられます。(2)は連立方程式を組んで解くことになります。計算量が多いため，計算ミスに注意する必要があります。

交通工学または衛生工学に関する次の問いに答えよ。

(1) 道路設計における視距について説明せよ。

(2) 浄水施設における浄水処理方式を4つ挙げ，それぞれ説明せよ。

**解説**

(1)
　視距とは，車線の中心線上 1.2 m の高さから，当該車線の中心線上にある高さ 10 cm の物の頂点を見通すことができる距離を，当該車線の中心線に沿って測った長さをいう。自動車の交通の安全性，円滑性を確保する観点から，必要とされる設計速度に応じ進行方向の前方に障害物等を認め，衝突しないように制動をかけて停止することができる道路の延長を視距として定めていて，この目的で定められる制動停止視距は，道路の全区間にわたって確保される必要がある。

(2)
- 消毒のみ：原水の水質が良好な場合には，ろ過を行わず消毒のみを行う。最も単純で管理もしやすい。
- 急速ろ過方式：硫酸アルミニウムを代表とする凝集剤を用いて，フロックを形成したうえで沈でん，および，急速ろ過池でろ過を行って懸濁物質を取り除く物理化学的処理方式である。
- 緩速ろ過方式：原水が良好で濁度が低い場合に用いられる方法で，普通沈でんの後，緩速ろ過池の砂ろ過層表面に存在する微生物によって懸濁物質や溶解性物質を酸化分解させる方法である。
- 膜ろ過方式：膜ろ過を行うことで，懸濁物質をはじめとする一定の大きさ以上の物質を物理的に取り除く方法で，膜交換は必要であるが，運転管理などは一般に容易である。

**ポイント**

　道路工学，衛生工学の説明問題です。基本的な内容ですが，満点は取りにくくなっています。
　視距については，数値も含め，解説の 1 行目は答えられるように用意したいところです。解説では視距の趣旨について触れていますが，その他制動停止視距や追越視距に触れることもできます。ただし，定義が書けていればかなりの評価は得られると思います。
　浄水方式は基本的なものですが，「4 つ」というところで困ったかもしれません。急速ろ過と緩速ろ過は書くとして，近年ときどき択一式試験で出題のある膜ろ過を思い出せるか，そして，過去にほとんどの試験で出題のない「消毒のみ」の方式を書けるかです。「消毒のみ」について書いている受験生は少ないでしょうから，残りの 3 つを書ければ高評価と思われます。

下の図のような片持ち梁に等分布荷重が作用するとき，次の問いに答えよ。ただし，梁は $400\,\mathrm{mm} \times 600\,\mathrm{mm}$ の縦長断面，弾性係数 $E$ は $10.0\,\mathrm{kN/mm^2}$ とし，計算の過程も示すこと。

(1) 片持ち梁を解き，せん断力図および曲げモーメント図を描け。

(2) 断面2次モーメント $I$ を求めよ。

(3) A点のたわみ角を求めよ。

(4) A点のたわみを求めよ。

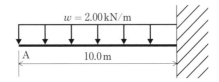

(1)

　Aを原点にとって固定端に向かって$x$軸をとる。位置$x$で構造を切断してAを含む側について考える。分布荷重は集中荷重に直すと下図のようになる。ただし，せん断力を$V$，曲げモーメントを$M$とする。力のつりあいより，

　　$V = -2x$

　切断面まわりのモーメントのつりあいより，

　　$M = -2x \times \dfrac{x}{2} = -x^2$

　これを図示して次のようになる。

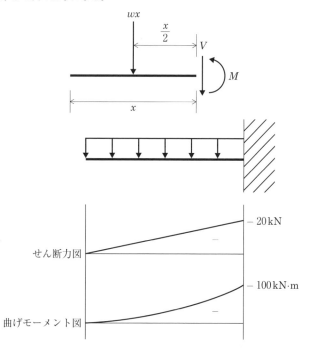

(2)

$$I = \frac{400 \times 600^3}{12} = 72 \times 10^8 \mathrm{mm}^4 = 7.2 \times 10^{-3} \mathrm{m}^4$$

(3)

　単位荷重の定理を使う。Aにたわみ角に対応する荷重であるモーメント$M = 1$を加えたときの曲げモーメントは

　　$\overline{M} = -1$

**147**

したがって，単位荷重の定理より，求めるたわみ角 $\theta$ は，

$$\theta = \frac{1}{EI}\int_0^{10}(-x^2)\times(-1)\,dx = \frac{1}{EI}\int_0^{10}x^2dx = \frac{1}{EI}\left[\frac{x^3}{3}\right]_0^{10} = \frac{10^3}{3EI}$$

ここで，弾性係数の単位を $kN/m^2$ に直して計算すると，

$$EI = 10.0\times10^6\times7.2\times10^{-3} = 7.2\times10^4 kN\cdot m^2$$

これより，

$$\theta = \frac{10^3}{3\times7.2\times10^4} \fallingdotseq 4.63\times10^{-3} rad$$

(4)

単位荷重の定理を使う。A にたわみに対応する荷重である鉛直荷重 $P=1$ を加えたときの曲げモーメントは，

$$\overline{M} = -x$$

したがって，単位荷重の定理より，求めるたわみ $\delta$ は，

$$\delta = \frac{1}{EI}\int_0^{10}(-x^2)(-x)\,dx = \frac{1}{EI}\int_0^{10}x^3dx = \frac{1}{EI}\left[\frac{x^4}{4}\right]_0^{10} = \frac{10^4}{4EI}$$

(3)と同様にして，

$$\delta = \frac{10^4}{4\times7.2\times10^4} \fallingdotseq 3.47\times10^{-2} m = 34.7\,mm$$

---

**ポイント**

片持ち梁の基本問題ともいえますが，単位の換算など細かいところで間違いやすく，計算量も多いため，簡単ではなかったのではないかと思います。

本問で問われているたわみ角，たわみは答えを覚えていた人も少なくなかったかと思われます。公式からいきなり答えを出した場合，減点されても文句は言えないでしょう。採点基準がわからないため，実際どうなのかわかりませんが，「計算の過程を示すこと」とあるため，解説のようにたわみの計算過程も記すべきです。

本問のように，片持ち梁の自由端のたわみやたわみ角は，単位荷重の定理が非常に便利です。このほかに，支配方程式

$$\frac{d^2y}{dx^2} = -\frac{M}{EI}$$

を解く方法もありますが，計算量は増えます。ただし，たわみ角とたわみを同時に求めることができます。

水理学に関する次の問いに答えよ。ただし，重力加速度 $g = 10.0\,\text{m/s}^2$ とし，計算の過程も示すこと。

(1) 内径 $D = 300\,\text{mm}$ の鋳鉄管に，流量 $Q = 0.0520\,\text{m}^3/\text{s}$ の水が流れているとき，次の問いに答えよ。ただし，摩擦損失係数 $f = 0.0268$，円周率 $\pi = 3.14$ とする。

(ア) 流積 $A$ を求めよ。

(イ) 平均流速 $v$ を求めよ。

(ウ) 管長 $1000\,\text{m}$ の間における摩擦損失水頭 $h_f$ を求めよ。

(2) 幅 $20.0\,\text{m}$，深さ $10.0\,\text{m}$ の矩形断面の開水路に流量 $Q = 729\,\text{m}^3/\text{s}$ の水が流れているとき，常流か射流かを判別せよ。

## 解説

(1)

(ア)：
$$A = \frac{\pi D^2}{4} = \frac{3.14 \times 0.3^2}{4} = 0.07065\,\mathrm{m^2} \fallingdotseq 7.07 \times 10^{-2}\,\mathrm{m^2}$$

(イ)：
$$v = \frac{Q}{A} = \frac{0.0520}{0.07065} \fallingdotseq 0.736023 \fallingdotseq 7.36 \times 10^{-1}\,\mathrm{m/s}$$

(ウ)：$l$ を管長として，

$$h_f = f\frac{l}{D}\cdot\frac{v^2}{2g} = 0.0268 \times \frac{1000}{0.3} \times \frac{0.736^2}{20.0} \fallingdotseq 2.4195 \fallingdotseq 2.42\,\mathrm{m}$$

(2)

連続式から流速 $v$ を求めると，

$$v = \frac{729}{20 \times 10} = 3.645\,\mathrm{m/s}$$

フルード数 $Fr$ を計算すると，

$$Fr = \frac{3.645}{\sqrt{10 \times 10}} = 0.3645 < 1$$

フルード数が1より小さいので常流である。

---

**ポイント**

　(1)，(2)ともに基本問題で，悩むところのない問題です。ただ，計算量が多いため，本試験では実際には手間取ったのではないかと思います。

　なお，(2)では，水路全体に水が流れているとして計算しています。そうでないと計算できないからですが，同じ表現で過去の地方上級では「水路の一部分にしか水が流れていない」として計算させた問題もあったため，注意が必要です。

**東京都Ⅰ類 B(第2回)**

**土-3　記述式　土質工学　令和5年度**

土質工学に関する次の問いに答えよ。

(1) 液状化の判定における $F_L$ 値について説明せよ。

(2) 液状化の発生を防ぐ工法を3つ挙げ，それぞれ原理に言及して説明せよ。

 **解説**

(1)

$F_L$ 値は以下の式で定義される。

$$F_L = \frac{R}{L}$$

ただし，$R$ は動的せん断応力比，$L$ は地震時せん断応力比である。

$F_L \leqq 1$ の場合には液状化すると判定する。

(2)

- グラベルドレーン工法：ドレーン工法によって，地震時に排水を促し，間隙水圧の上昇を防ぐ。
- 薬液注入工法：地盤の固結によって土にせん断変形が起こらないようにし，液状化を起こさない地盤にする。
- ディープウェル工法：地盤の地下水位を低下させることで，液状化を起こしにくくする。

**ポイント**

　令和4年度東京都Ⅰ類Aの問題とほとんど同じ問題です。大卒程度の試験としてはかなり難しい内容で，前年度のこの問題を見たことがあるかどうかが明暗を分けたのではないでしょうか。

土木施工または土木材料に関する次の問いに答えよ。

(1) コンクリートの中性化について説明せよ。

(2) マスコンクリートの施工に関する留意点を説明せよ。

**解 説** ━━━━━━━━━━━━━━━━━━━━━━━━━━━━━━━━━━━━

(1)

　コンクリート中の水酸化カルシウムが，空気中の二酸化炭素によって炭酸カルシウムに変化することで，コンクリートのアルカリ性が失われて中性になる現象をいう。アルカリ性の場合には，鉄筋を覆っていて錆を防いでいた不動態被膜が，中性になると失われる。結果，鉄筋の防錆性が失われる。鉄筋の劣化が問題となるため，コンクリートのかぶりが小さいと特に影響が大きくなる。中性化を完全に防ぐことは難しいため，フェノールフタレインを使って中性化の進行具合を点検し，必要に応じて補強を行うことが大切である。

(2)

　マスコンクリートとは，体積が大きいコンクリートのことで，セメントの水和熱による温度応力やこれに起因する温度ひび割れが問題となるため，これを抑制する必要がある場合をいう。そのため，まずは中庸熱ポルトランドセメントや低熱ポルトランドセメントといった水和熱を抑えるセメントの使用を検討すべきである。また，施工時や養生時にも温度を低く保つためのプレクーリングやパイプクーリングなどを用いることを検討する必要がある。

**ポイント**

　(1)，(2)ともコンクリートとしては基本的な内容で，ある程度のことは書けるのではないかと思います。
　(1)では後半に中性化への対応方法を，(2)ではどのような施工を行うべきかまで触れていますが，ここまで書けていなくても実戦的には十分ではないかと思われます。

都市計画または衛生工学に関する次の問いに答えよ。

(1)　パーソントリップ調査について説明せよ。

(2)　内水氾濫について概要，発生の原因および対策をそれぞれ説明せよ。

### 解説

(1)

　パーソントリップ調査とは，都市における人の移動に着目した調査で，世帯や個人属性に関する情報と1日の移動をセットで尋ねることで，「どのような人が，どのような目的で，どこからどこへ，どのような時間帯に，どのような交通手段で」移動しているかを把握することを目的としている。このとき，人の移動を1つの交通目的に従った移動である「トリップ」単位で把握することが特徴である。

(2)

　内水氾濫とは，都市内に局地的な大雨があった場合に，降雨が排水できず，道路や水路等に雨水があふれ出す現象である。都市内の降雨は通常，下水道や排水ポンプなどの排水施設を使って排水されるが，これらの施設に施設能力を超える排水量が集まることで排水できなくなり，内水氾濫に至る。そのため，対策としては，排水施設の能力を上げること，および排水施設への排水量を減らすことの2つが考えられる。後者については，たとえば，貯留施設を設けることで，同時間に大量の降雨が集まることを防ぎ，排水施設の能力を超過しないようにすることが考えられる。

### ポイント

　(1)，(2)いずれも基本的な用語で，ある程度書くことができたのではないかと思います。

　(1)は国土交通省の説明（https://www.mlit.go.jp/toshi/tosiko/toshi_tosiko_tk_000031.html）をもとに解答を作成しています。近年はインターネットを用いた調査も多くなっています。

　(2)は問われているとおりに，概要，原因，対策の順に書くことを心掛けるとよいでしょう。ただし，「概要」と「原因」は重なるところがあるため，解説では，概要は簡単な内容にとどめました。

次の問(1), (2)に答えよ。

(1) 次の図のようなゲルバー梁に，集中荷重 40 kN，等分布荷重 20 kN/m が作用するとき，次の問①〜③に答えよ。

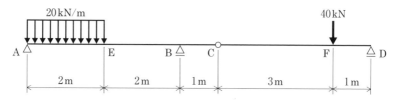

① 支点 A, B の反力 $R_A$, $R_B$ を求めよ。
② EB 間，BC 間のせん断力 $S_{EB}$, $S_{BC}$ を求めよ。
③ 点 B, F の曲げモーメント $M_B$, $M_F$ を求めよ。

(2) 次の図①〜③に示す構造物の不静定次数をそれぞれ答えよ。

① 

② 

③ 

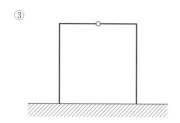

解説

(1)

①：下図のように分布荷重を等価な集中荷重に直し，構造を C で分けて，支点反力，および C に伝わる力を下図のように置く。CD について，D まわりのモーメントのつりあいより，

$R_C \times 4 = 40 \times 1$　∴　$R_C = 10\,\mathrm{kN}$

なお，このとき $R_D = 40 - 10 = 30\,\mathrm{kN}$ となる。

AC について，B まわりのモーメントのつりあいより，

$R_A \times 4 + 10 \times 1 = 40 \times 3$　∴　$R_A = 27.5\,\mathrm{kN}$

AC について鉛直方向の力のつりあいより，

$R_B + 27.5 = 40 + 10$　∴　$R_B = 22.5\,\mathrm{kN}$

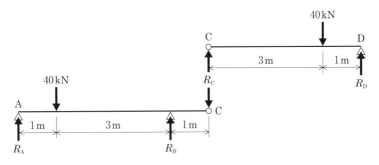

②：①で分けた構造の AC について考える（下図）。

まず，EB 間で切断して C を含む側について力のつりあいを考えると，

$S_{EB} + 22.5 = 10$　∴　$S_{EB} = -12.5\,\mathrm{kN}$（大きさでは 12.5 kN）

次に，BC 間で切断して C を含む側について力のつりあいを考えると，

$S_{BC} = 10\,\mathrm{kN}$

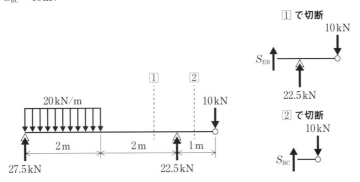

155

③：①で分けたうち CD について考える。F で構造を切断して FD 側について，F まわりのモーメントのつりあいを立てる（下図）。

$$M_F = 30 \times 1 = 30\,\text{kN·m}$$

　　次に，①で分けたうち AC について考え，B について切断して BC 側について，B まわりのモーメントのつりあいを立てる（下図）。

$$M_B = -10 \times 1 = -10\,\text{kN·m}\ (大きさなら 10\,\text{kN·m})$$

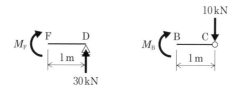

(2)

各構造物について，拘束度と自由度を求め，その差が不静定次数となる。

①：部材が 1 つであり，自由度は 3。拘束度は，固定端に 3，ローラー端に 1 あるので，合計 4。したがって，不静定次数は

$$4 - 3 = 1$$

②：部材はヒンジで分けて考えて 3 つあるので，自由度は $3 \times 3 = 9$。拘束度は，単純端 1 つに 2，中間ヒンジ 1 つに 2，ローラー端 1 つに 1 あるので，$2 \times 3 + 2 \times 2 + 1 \times 2 = 12$ となる。したがって，不静定次数は

$$12 - 9 = 3$$

③：部材はヒンジで分けて考えて 2 つあるので，自由度は $3 \times 2 = 6$。拘束度は，中間ヒンジ 1 つに 2，固定端 1 つに 3 あるので，$2 \times 1 + 3 \times 2 = 8$ となる。したがって，不静定次数は

$$8 - 6 = 2$$

---

**ポイント**

　前半はゲルバー梁の内力の問題，後半は不静定次数の計算問題です。前半については，例年の特別区 I 類の出題傾向どおりの問題で，準備して解きたいところです。

　(1)のゲルバー梁では，解説ではできる限り計算量が減るように，注目する物体に工夫をしています。原理的には，未知外力を文字で置いて力のつりあい，モーメントのつりあいの連立方程式を解けばよいのですが，実際には，計算で手間取ったりミスをする例が少なくありません。普段から，計算量を減らすためには何に注目していくとよいのか考えるとよいでしょう。

　(2)の不静定次数は公式を丸暗記しても解くことができますが，解説のように，自由度と拘束度の関係を考えると少ない記憶量で計算できます。『技術系　新スーパー過去問ゼミ　土木』p.157 を参照してください。

次の問(1)～(3)に答えよ。

(1) 次の①，②は土質力学に関する記述であるが，文中の空所 A ～ D に該当する語を解答欄に記入せよ。

① 地すべり対策工は，　A　工と　B　工に大別され，　A　工は，地形や地下水などの自然条件を変化させて地すべり運動を停止させ，または緩和させる工法であり，　B　工は，構造物を設け，その抵抗力により地すべり運動を停止させようとする工法である。

② 機械的な方法で土に力を加えて，間隙中の空気を追い出し，土の密度を高めることを土の　C　という。　C　曲線は含水比と乾燥密度の関係をグラフに描いたもので，この曲線の頂点が示す乾燥密度の最大値を最大乾燥密度といい，そのときの含水比を　D　含水比という。

(2) 円弧すべりにおける斜面の破壊の種類を 3 つ挙げ，それぞれ説明せよ。

(3) 次の図のような透水実験装置の容器に，厚さ 20 cm の砂試料が詰められている。砂の間隙比 $e$ を 0.60，土粒子の密度 $\rho_s$ を 2.65 g/cm$^3$ および水の密度 $\rho_w$ を 1.00 g/cm$^3$ としたとき，次の①，②を計算の過程を示して求めよ。

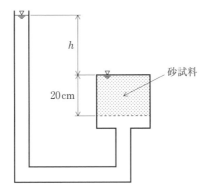

① 砂試料の限界動水勾配 $i_c$

② 水頭差 $h$ を 50 cm に保ったとき，クイックサンドが起こらないようにするため，砂試料の表面に必要となる押え荷重 $q$

(1)

| A | 抑制 |
|---|---|
| B | 抑止 |
| C | 締固め |
| D | 最適 |

(2)

- 斜面内破壊：すべり面の先端が斜面内に出てくるもので，斜面内に硬い地盤がある場合に起きる。
- 斜面先破壊：すべり面の先端が斜面の先端に出てくるもので，斜面の傾斜が急な場合に起きる。
- 底部破壊：すべり面の先端が斜面の先に到達するもので，斜面の傾斜が緩く，斜面の下の浅い部分に硬い地盤がある場合に起こる。

(3)

①：砂の水中単位体積重量 $\gamma'$ は，重力加速度を $g$ とし，

$$\gamma' = \frac{\rho_s - \rho_w}{1+e}g = \frac{2.65 - 1.00}{1 + 0.60}g = \frac{33}{32}g \fallingdotseq 1.031g$$

したがって，求める限界動水勾配は，水の単位体積重量を $\gamma_w$ として，

$$i_c = \frac{\gamma'}{\gamma_w} = \frac{\gamma'}{\rho_w g} \fallingdotseq 1.031$$

②：砂試料底部でクイックサンドが起きなければよい。そこで，砂試料底部の有効応力を求める。そこで，長さ20cmの砂試料全体（の土粒子）についての力のつりあいを考える。ただし，面積は1m²とする。この場合に土粒子に加わる力は，有効重量 $W$，長さ20cm分の透水力，底部に加わる有効応力 $\sigma'$，押さえ荷重 $q$ の4つである。

土の有効重量 $W$ は，①で計算した水中単位体積重量の0.2m分なので，

$$W = \frac{33}{32}g \times 0.2 = \frac{3.3}{16}g$$

透水力 $F$ は，動水勾配 $i$ が $i = \frac{50}{20} = 2.5$ なので，

$$F = i\gamma_w \times 0.2 = 0.5g$$

したがって，力のつりあいは，

$$W + q = F + \sigma'$$

$$\therefore \quad \sigma' = W - F + q = \frac{3.3}{16}g - 0.5g + q = -\frac{4.7}{16}g + q \geqq 0$$

ここで $g = 10.0 \, \text{m/s}^2$ としてこの不等式を解くと，

$$q \geqq \frac{47}{16} = 2.9375 \fallingdotseq 2.94 \, \text{kN/m}^2$$

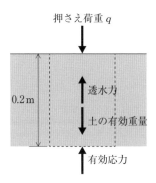

押さえ荷重 $q$

0.2 m

透水力

土の有効重量

有効応力

次の問(1)〜(3)に答えよ。

(1) 次の①〜③は，平板測量における平板の標定に関する記述であるが，文中の空所Ａ〜Ｃに該当する語を解答欄に記入せよ。

　① 地上の測点と図紙上の測点を同一鉛直線上に一致させることを　Ａ　という。

　② 平板を　Ｂ　にすることを整準という。

　③ 図紙上の測線の方向と地上の測線の方向を一致させることを　Ｃ　という。

(2) 光波測距儀の器械定数を点検するために，一直線上にある点Ａ，Ｂ，Ｃ間の距離を測定し，次の表の結果を得た。このとき，光波測距儀の器械定数を求めよ。ただし，各点における器械高および反射鏡高は同一とし，反射鏡定数は −0.030 m とする。また，測定距離は気象補正済みとし，測定誤差はないものとする。

| 区　　間 | 測定距離 |
|---|---|
| AB | 330.787 m |
| BC | 239.352 m |
| AC | 570.141 m |

(3) 次の表は，水準測量における器高式野帳の記入例であるが，表中の空所ア〜エに該当する数値を解答欄に記入せよ。

(単位　m)

| 測　点 | 距　離 | 後　視 (BS) | 器械高 (IH) | 前視 (FS) もりかえ点 (TP) | 前視 (FS) 中間点 (IP) | 地盤高 (GH) |
|---|---|---|---|---|---|---|
| No.0 |  | 1.537 | ア |  |  | 31.574 |
| No.1 | 20.0 |  |  |  | 1.291 | 31.820 |
| No.2 | 20.0 |  |  |  | 0.988 | イ |
| No.3 | 20.0 | ウ | 33.388 | 1.787 |  | 31.324 |
| No.4 | 20.0 |  |  |  | エ | 32.275 |
| No.5 | 20.0 |  |  | 1.651 |  | 31.737 |

(1)

| A | 致心（または，求心） |
|---|---|
| B | 水平 |
| C | 定位（または，指向） |

(2)

　反射鏡定数の補正は，測定するごとに必要となる。したがって，反射鏡定数の補正をすると，測定距離は次のようになる。

| 区　　間 | 測定距離 | 補正後 |
|---|---|---|
| AB | 330.787 m | 330.757 m |
| BC | 239.352 m | 239.322 m |
| AC | 570.141 m | 570.111 m |

　次に，器械定数も1回の測定ごとに発生するが，AC間を1回で測定すれば1回，AB＋BCで計算すれば2回補正が必要となる。すなわち，器械定数を $\Delta$ とすると，

　　$AC + \Delta = (AB + \Delta) + (BC + \Delta)$
　　$\Delta = AC - (AB + BC) = 570.111 - (330.757 + 239.322) = +0.032\,\mathrm{m}$

(3)

　ア：$31.574 + 1.537 = 33.111$
　イ：$31.574 + (1.537 - 0.988) = 32.123$
　ウ：$33.388 - 31.324 = 2.064$
　エ：$33.388 - 32.275 = 1.113$

**ポイント**

　(1)は平成28年度特別区Ⅰ類で，(3)は平成27年度特別区Ⅰ類で出題された問題で，他の公務員試験には出題がありませんが，特に特別区を志望していた人なら用意しておいてもよかったかもしれません。一方，(2)は現行制度となった平成21年度以降まったく出題がなく，非常に珍しい出題のため，用意していなかった受験生がほとんどでしょう。

　(3)は，択一式試験では昇降式の出題がほとんどですが，特別区Ⅰ類だけは以前から器高式で出題されています。器高式でも「後視－前視」で計算するのが基本ですが，器械高のところに「地盤高＋後視」が計算されているため，こちらから前視を引くと，直接地盤高が求まります。

次の問(1)〜(3)に答えよ。

(1) 次の①，②は，プレストレストコンクリートに関する記述であるが，文中の空所ア，イに該当する語を解答欄に記入せよ。

① 　ア　方式とは，型枠と鉄筋を組みシースを配置し，コンクリートを打設，硬化後にシース内に PC 鋼材を通して緊張し，その両端で定着して，コンクリートにプレストレスを与えることである。

② 　イ　方式とは，あらかじめ PC 鋼材に引張力を与えておき，コンクリートを打設，硬化後に PC 鋼材の引張力を解放し，コンクリートと PC 鋼材の付着力により，コンクリートにプレストレスを与えることである。

(2) フレッシュコンクリートの性質に関する次の①〜③を説明せよ。

① コンシステンシー

② フィニッシャビリティー

③ ポンパビリティー

(3) 360 m³ の砂質土の盛土を造成するのに必要な地山の土量およびほぐした土量を求めよ。ただし，ほぐした土量の変化率 $L = 1.20$，締め固めた土量の変化率 $C = 0.90$ とする。

(1)

| ア | ポストテンション |
|---|---|
| イ | プレテンション |

(2)

①：主として水量の多少によって左右されるフレッシュコンクリートの変形または流動に対する抵抗性。

②：粗骨材の最大寸法，細骨材率，細骨材の粒度，コンシステンシーなどによってこて仕上げの容易さを示すフレッシュコンクリートの性状のこと。

③：コンクリートのポンプ圧送を可能，または容易にするフレッシュコンクリートの性状のこと。

(3)

地山の土量は $C$ を使って，

$$\frac{360}{0.9} = 400 \, \text{m}^3$$

ほぐした土量は $L$ を使って，

$$400 \times 1.20 = 480 \, \text{m}^3$$

**ポイント**

土木施工，材料についての問題です。(1)，(2)は基本的な用語説明の問題で，いずれも用意しておきたいところです。

(3)では，締固め率，ほぐし率の定義が与えられていませんでした。

$$締固め率 \, C = \frac{締め固めた体積}{地山の体積}$$

$$ほぐし率 \, L = \frac{ほぐした体積}{地山の体積}$$

がその定義ですが，分母がいずれも「地山」であることを覚えておくとよいでしょう。過去に何度も出題されている問題ですが，定義は与えられるときも，与えられないときもあったため，与えられないと考えて用意すべきところでした。

次の問(1)～(3)に答えよ。

(1) 次の①, ②は, 道路に関する記述であるが, 文中の空所 A ～ D に該当する語を解答
欄に記入せよ。

① 道路標識のうち, [ A ] 標識は, 目的地の方向や距離, 著名地点, サービス施設
などを示すもので, 設置は道路管理者が行い, [ B ] 標識は, 通行止め, 駐車禁止
などを示すもので, 設置は道路管理者, [ C ] または, その両者が行う。

② [ D ] は, 一般道路の沿道にあり, 駐車場, トイレ等の「休憩機能」, 道路情報
や地域情報の「情報発信機能」, 活力ある地域づくりを行うための「地域の連携機能」
の3つの機能を併せ持つ施設である。

(2) 鋼橋に用いる高力ボルト接合の種類を3つ挙げよ。

(3) 歩車共存道路に関する次の①, ②を説明せよ。

① ハンプ

② シケイン

(1)

| A | 案内 |
|---|------|
| B | 規制 |
| C | 公安委員会 |
| D | 道の駅 |

(2)

　支圧接合，摩擦接合，引張接合

(3)

①：道路に設けた凸部のことで，通行する自動車の速度の低下を目的として設けられる。

②：意図的に設けた屈曲部のことで，通行する自動車の強制的な減速を目的として設けられる。

**ポイント**

　道路工学の問題ですが，かなり細かい問題，かつ，特別区Ⅰ類の過去問を含め，ほかでも出題されない部分からの出題を含み，これを全部解くことができた受験生はかなり少なかったと思われます。

　(1)，(2)は答えを書くだけでよいのですが，どれも用意するのが難しいところです。ただし，道の駅については常識的にわかったかもしれません。

　(3)のハンプ，シケインは地方上級でときどき出題がみられます。『公務員試験　技術系　新スーパー過去問ゼミ　土木（補習編）』（実務教育出版）p.218 も参照してください。

次の問(1)～(3)に答えよ。

(1) 次の①～③は，交通に関する記述であるが，文中の空所 A ～ D に該当する語を解答
　欄に記入せよ。

　　① 交通流における交通密度 $K$ と交通量 $Q$ の関係を示す $K$-$Q$ 曲線において，交通量
　　の極大値を最大交通量といい，このときの交通密度を　 A 　という。

　　② 交通流の状態は最大交通量を境に異なり，　 A 　より交通密度が小さい状態を
　　 B 　流領域といい，大きい状態を　 C 　流領域という。

　　③ 縦断線形が下り勾配から上り勾配に変化する　 D 　では，上り勾配にさしかかっ
　　た車が気づかないうちに速度低下し，後続の車に伝播し，　 C 　を発生させる。

(2) 都市計画法11条に規定する都市施設を3つ挙げよ。

(3) 都市再開発法に基づく，第一種市街地再開発事業および第二種市街地再開発事業の手
　法について，それぞれ説明せよ。

**解 説**

(1)

| A | 臨界密度 |
|---|---|
| B | 自由 |
| C | 渋滞 |
| D | サグ |

(2)

　道路，公園，下水道，駐車場，緑地，広場，河川，運河，病院，図書館などから選ぶ。

(3)

　第一種市街地再開発事業は，通常の再開発の場合に用いられ，権利変換方式が使われる。これは，現在の土地や建物の権利を，再開発でできるビルや部屋の床に変換することをいう。第二種市街地再開発事業は災害時などの緊急時に用いられ，管理処分方式（用地買収方式）がとられる。これは対象となる土地，建物を買収して再開発を行うことをいう。

**ポイント**

　交通工学，都市計画からの出題です。(3)の一部がやや難しいですが，ほかは基本的な出題で答えやすいのではないかと思います。
　(2)は，都市計画法11条を一度でも読んだことがあれば数多くの施設が該当することに気づいたことでしょう。中でも，市街化区域には道路，公園，下水道を定めることになっています。都市計画は都市計画法の条文が重要です。(3)は第二種事業については細かい内容ですが，第一種事業については書けるようにしたいところです。

次の問(1), (2)に答えよ。

(1) 次の図のようなワーレントラスの部材応力 $L$, $D_1$, $D_2$, $U$ を, それぞれ格点法により計算の過程を示して求めよ。ただし, 引張力は正 (＋), 圧縮力は負 (－) とし, 数値は根号 ($\sqrt{\ }$) を用いて表記してよい。

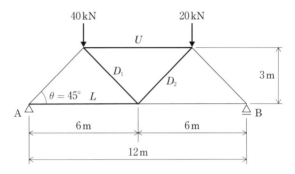

(2) 次の図のような断面に関する次の問①, ②に答えよ。
① $x$ 軸に関する断面1次モーメント $Q_x$ および図心 G の位置 $y_0$ を求めよ。
② 図心軸 $nx$ に関する断面2次モーメント $I_{nx}$ を求めよ。

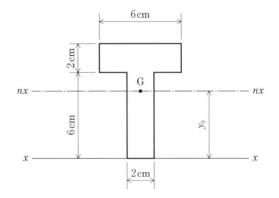

(1)

　下図のように支点反力を置く。また，節点の名前 C，D も図のように決める。A まわりのモーメントのつりあいより，

$$R_{\rm B} \times 12 = 40 \times 3 + 20 \times 9$$

$$\therefore \quad R_{\rm B} = 25\,{\rm kN}$$

鉛直方向の力のつりあいより，

$$R_{\rm A} = 40 + 20 - R_{\rm B} = 35\,{\rm kN}$$

　次に節点 A についての力のつりあいを考える。AD 間の軸力を $N_{\rm AD}$ とする。鉛直方向の力のつりあいより，

$$\frac{N_{\rm AD}}{\sqrt{2}} + 35 = 0$$

$$\therefore \quad N_{\rm AD} = -35\sqrt{2}\,{\rm kN}$$

水平方向の力のつりあいより，

$$L + \frac{N_{\rm AD}}{\sqrt{2}} = L - 35 = 0$$

$$\therefore \quad L = 35\,{\rm kN}$$

次に節点 D について力のつりあいを考える。鉛直方向の力のつりあいより，

$$40 + \frac{D_1}{\sqrt{2}} = 35$$

$$\therefore \quad D_1 = -5\sqrt{2}\,{\rm kN}$$

水平方向の力のつりあいより，

$$U + \frac{D_1}{\sqrt{2}} + 35 = U - 5 + 35 = 0$$

$$\therefore \quad U = -30\,{\rm kN}$$

最後に節点 C について，鉛直方向の力のつりあいより，

$$5 = \frac{D_2}{\sqrt{2}}$$

$$\therefore \quad D_2 = 5\sqrt{2}\,{\rm kN}$$

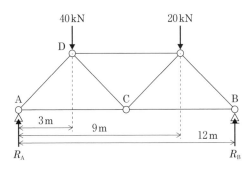

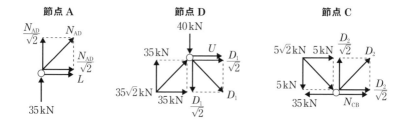

**節点 A** | **節点 D** | **節点 C**

(2)

①：下図のように，幅を力にたとえてモーメントを計算する。

　　分布荷重を集中荷重に直す。

　　　$Q_x = 12 \times 3 + 12 \times 7 = 120\,\text{cm}^3$

　　さらにこれを 1 つの荷重に直したときの作用点を考える。断面 1 次モーメントが等しくなるように作用点位置を決めると，

　　　$120 = 24 \times y_0$

　　　$\therefore \quad y_0 = 5\,\text{cm}$

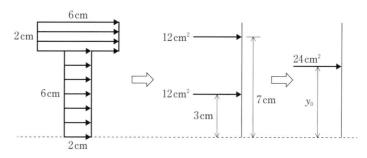

②：平行軸の定理を使う。下図のように，上の長方形と下の長方形に分けて計算して，

$$I_{nx} = \left(\frac{6\cdot2^3}{12} + 12 \times 2^2\right) + \left(\frac{2\cdot6^3}{12} + 12 \times 2^2\right) = 4 + 48 + 36 + 48 = 136\,\text{cm}^4$$

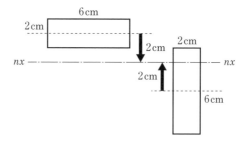

令和5年度の秋試験は過去問に類題のある問題ばかりで，たとえば，本問の(1)は平成28年度特別区Ⅰ類でほとんど同じ問題が出題されています。

(1)は格点法（節点法）と解法が指定されています。ただ，節点法では非常に計算が面倒で，正負も含めて短い時間内に正答を導くことは簡単ではありません。計算を始める前に，どの節点に注目するのか見通しをつけて立てることが大切です。また，本問では明らかに切断法のほうが，簡単に計算できます。本試験では，下書きで切断法で正答を出しておいたほうが，見通しもよいでしょう。

(2)も誘導どおりに計算していれば解くことができます。ここではわかりやすいように力にたとえていますが，もちろん解答ではたとえて説明する必要はありません。

次の問(1)～(3)に答えよ。

(1) 次の①～④は土質に関する記述であるが，文中の空所A～Eに該当する語を解答欄に記入せよ。

① ［ A ］は，完新世の時代に堆積した土層をいい，堆積時代が新しいため，一般に軟弱である。

② 粒径加積曲線の通過質量百分率が10％，30％，60％のときの粒径を $D_{10}$〔mm〕，$D_{30}$〔mm〕，$D_{60}$〔mm〕とするとき，曲線の傾きを示す ［ B ］ 係数を $U_c = D_{60}/D_{10}$ で表し，曲線のなだらかさを示す ［ C ］ 係数を $U'_c = (D_{30})^2/(D_{10} \times D_{60})$ と表す。

③ ［ D ］は，水頭差によって土中に生じる水の流れの経路を示す流線と，流線上の水頭の等しい点を結んだ等ポテンシャル線との曲線群からなっている。

④ 地盤が破壊することなく荷重を支える能力を支持力といい，地盤が支持できる最大の荷重を ［ E ］ という。この ［ E ］ を所要の安全率で割った値を許容支持力という。

(2) ある土の体積 $V$ と質量 $m$ を測定したところ，それぞれ $V = 54.00\,\text{cm}^3$，$m = 95.76\,\text{g}$ であり，この土の炉乾燥後の質量は $m_s = 74.86\,\text{g}$ になった。このとき，この土に関する次の①～③を求めよ。

ただし，土粒子の密度 $\rho_s = 2.65\,\text{g/cm}^3$ とする。

① 含水比 $w$

② 乾燥密度 $\rho_d$

③ 間隙比 $e$

(3) 地中における有効応力について説明せよ。

(1)

| A | 沖積層 |
|---|---|
| B | 均等 |
| C | 曲率 |
| D | フローネット |
| E | 極限支持力 |

(2)

①：水の質量を $m_w$ とすると，

$$w = \frac{m_w}{m_s} \times 100 = \frac{m - m_s}{m_s} \times 100 = \frac{95.76 - 74.86}{74.86} \times 100 \fallingdotseq 27.9\%$$

②：
$$\rho_d = \frac{m_s}{V} = \frac{74.86}{54.00} \fallingdotseq 1.386 \fallingdotseq 1.39 \, \mathrm{g/cm^3}$$

③：
$$\rho_d = \frac{\rho_s}{1 + e}$$

より，

$$e = \frac{\rho_s}{\rho_d} - 1 = \frac{2.65}{1.386} - 1 \fallingdotseq 0.9119 \fallingdotseq 0.912$$

(3)

　土全体が伝える力を面積で割ったものを全応力という。土は土粒子，空気，水からなるが，空気は力を伝達しないため，全応力を伝達するのは土粒子と水のみである。そこで土全体が伝える力のうち土粒子が伝える力を，土全体の面積で割った値を有効応力という。全応力を $\sigma$，有効応力を $\sigma'$，間隙水圧を $u$ とすると，

$$\sigma = \sigma' + u$$

というテルツアギの式が成立する。

**ポイント**

　土質力学の基本問題が並んでいます。用語問題にはやや難しい問題もありますが，いずれも過去に出題のあるものばかりです。

　(3)の有効応力についてはどこまで答えればよいのかが明確ではありませんが，単純に「有効応力」とだけ問われているため，その定義を答えるのがよいでしょう。

次の問(1)〜(3)に答えよ。

(1) 次の①〜③は，測量に関する記述であるが，文中の空所 A 〜 E に該当する語を解答
欄に記入せよ。

① トラバースの調整には， A 法則と B 法則がある。 A 法則は，角
測量と距離測量の精度が同程度のときに用いられ，緯距および経距の誤差を各測線長
に比例して配分する方法であり， B 法則は，角測量の精度が距離測量の精度よ
り高いと考えられる場合に用いられ，緯距および経距の誤差をそれぞれの絶対値に比
例して配分する方法である。

② C は，人工衛星からの信号を用いて位置を決定する衛星測位システムの総称
であり，GPS（米国），GLONASS（ロシア），準天頂衛星（日本）などの衛星測位
システムがある。

③ D は，地図空間情報を総合的に管理・加工して，視覚的に表示し，高度な分
析や迅速な判断を可能にする技術で，さまざまな情報を項目ごとの E に分け，
重ね合わせて表示することができる。

(2) 水平角の測定方法を3つ挙げよ。

(3) 次の図は，ある路線の横断測量によって得られた No.1 〜 No.3 の断面図と，その断
面における切取り断面積（*CA*）および盛土断面積（*BA*）を示したものである。各測点
間の距離を 20 m とするとき，この区間における盛土量と切取り土量との差を求めよ。

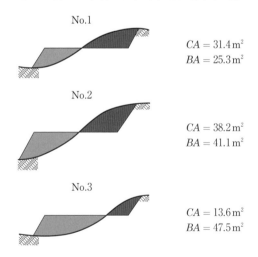

No.1

$CA = 31.4\,\mathrm{m}^2$
$BA = 25.3\,\mathrm{m}^2$

No.2

$CA = 38.2\,\mathrm{m}^2$
$BA = 41.1\,\mathrm{m}^2$

No.3

$CA = 13.6\,\mathrm{m}^2$
$BA = 47.5\,\mathrm{m}^2$

(1)

| A | コンパス |
|---|---|
| B | トランシット |
| C | GNSS |
| D | GIS（または，地理情報システム） |
| E | レイヤー |

(2)

　単測法，倍測法，方向法

(3)

　各区間について，断面積は両端の断面積の平均をとり，これに距離を掛ければ体積が求められる。そこで，盛土量は，

$$\frac{25.3 + 41.1}{2} \times 20 + \frac{41.1 + 47.5}{2} \times 20 = 664 + 886 = 1550\,\mathrm{m}^2$$

切取り土量は，

$$\frac{31.4 + 38.2}{2} \times 20 + \frac{38.2 + 13.6}{2} \times 20 = 696 + 518 = 1214\,\mathrm{m}^2$$

したがって，盛土量と切取り土量の差は，

$$1550 - 1214 = 336\,\mathrm{m}^3$$

**ポイント**

　近年問われていないものもありますが，いずれも過去に問われた内容です。

　(3)については，区間数が多い場合には，たとえば盛土量は，

$$\left( \frac{25.3 + 47.5}{2} + 41.1 \right) \times 20 = 1550$$

のように両端だけ平均をとり，あとは合計することで計算量を減らして計算することができます。また，解説のように盛土量と切り取り土量を別に計算していますが，先に差をとっても構いません。解説ではわかりやすさを考慮して，別々に計算しています。

次の問(1)〜(3)に答えよ。

(1)　次の①〜③は，土木施工に関する記述であるが，文中の空所 A 〜 C に該当する語を解答欄に記入せよ。

①　　A　　工法は，軟弱地盤上に構造物をつくる場合，あらかじめ盛土などによって荷重をかけて圧密沈下を完了させ，地盤の強度を増加させた後に荷重を取り除き，構造物を築造する方法である。

②　軟弱な粘土質地盤に土留めを施工すると，背面土砂の重量が大きな場合に，掘削底面が膨れ上がることがある。この現象を　　B　　という。

③　特定の粒度を持つ粗骨材を型枠に詰め，その空隙に特殊なモルタルをポンプで注入してつくるコンクリートを　　C　　コンクリートといい，水中コンクリート工事などに用いられる。

(2)　場所打ち杭の工法を 3 つ挙げよ。

(3)　ポルトランドセメントの種類を 3 つ挙げ，それぞれ特徴と用途を説明せよ。

**解説**

(1)

| A | プレローディング |
|---|---|
| B | ヒービング |
| C | プレパックド |

(2)

　アースドリル工法，リバースサーキュレーション工法，オールケーシング工法（ベノト工法），深礎工法から3つ挙げる。

(3)

　次の中から3つ選べばよい。
- 早強ポルトランドセメント：普通ポルトランドセメントの28日強度を7日間で発揮するセメントで，寒中コンクリートや緊急工事のときに用いられる。
- 超早強ポルトランドセメント：早強ポルトランドセメントの3日強度を1日間で発揮するセメントで，寒中コンクリートや緊急工事のときに用いられる。
- 中庸熱ポルトランドセメント：普通ポルトランドセメントよりも水和熱を低減させたセメントで，暑中コンクリートやマスコンクリート，あるいは放射線遮蔽用のコンクリートで使われる。
- 低熱ポルトランドセメント：中庸熱ポルトランドセメントよりも水和熱を低減させたセメントで，暑中コンクリートやマスコンクリート，あるいは放射線遮蔽用のコンクリートで使われる。
- 耐硫酸塩ポルトランドセメント：硫酸塩に対して反応しにくいセメントで，硫酸塩を含む土壌地帯での工事で用いられる。

**ポイント**

　土木施工と材料の基本的な問題が並んでいます。この秋試験ではほかでも，過去に出題されたことのある問題が登場しており，過去問を解いていれば大変有利だったでしょう。(1)Aは盛土「など」とあり，盛土に限定されていないため，「盛土載荷」は不正解になります。
　『技術系　新スーパー過去問ゼミ　土木』のp.298に場所打ち杭の工法が，p.462にポルトランドセメントの説明があります。ポルトランドセメントにはほかに「普通ポルトランドセメント」があります。最もよく使われているセメントですが，逆に特徴については書きにくいのではないかと思います。

次の問(1)～(3)に答えよ。

(1) 次の①，②は，道路に関する記述であるが，文中の空所A～Dに該当する語または数値を解答欄に記入せよ。

① 制動停止　　A　　とは，運転手が道路上の物体を認めてから停止するまでに必要な距離のことをいい，車線の中心線上 1.2 m の高さから，その車線の中心線上にある高さ　　B　　cm の物の頂点を見通すことができる距離を車線の中心線に沿って測った長さをいう。

② 　　C　　とは，道路上で車両や歩行者の交通の安全を確保するために，ある一定の幅と高さの範囲内には障害となるような物を置いていけないという空間確保の限界をいい，普通道路の車道の高さについては設計車両の高さ 3.8 m に余裕高を加えて　　D　　m としている。

(2) 舗装におけるタックコートの施工について，散布量を含めて説明せよ。

(3) 橋梁における支承部の機能を2つ述べよ。

解 説

(1)

| A | 視距 |
| B | 10 |
| C | 建築限界 |
| D | 4.5 |

(2)

　基層面や古い舗装面上に舗装する場合に，付着をよくするために散布する粘性土の低い瀝青材料をタックコートという。一般には，0.3 ～ 0.6L/m² 程度散布する。

(3)

　次の中から2つ書けばよい。
- 上部構造の鉛直方向荷重を下部構造物に伝達すること（鉛直力支持機能）
- 水平方向荷重を支持すること（水平力支持機能）
- 温度変化による伸縮にスムーズに追随すること（水平移動機能）
- 上部構造の変形にスムーズに追随すること（回転機能）
- 地震のエネルギーを減衰させること（減衰機能）

**ポイント**

　道路工学の問題ですが，他の科目と比べて細かい数値や内容まで問われており，かなり難しい問題といえます。よほど専門的に勉強していない限り事前に数値まで覚えることは難しく，また，小問数も少ないため，選択しにくい問題だといえます。

次の問(1)～(3)に答えよ。

(1) 次の文は，環境影響評価に関する記述であるが，文中の空所ア～ウに該当する語を解答欄に記入せよ。

　　環境影響評価とは，事業の実施が環境に及ぼす影響について環境の構成要素に係る項目ごとに ┌ ア ┐，┌ イ ┐ および評価を行い，環境保全のための措置を検討するもので，措置が講じられた場合における環境影響を総合的に評価することをいい，環境 ┌ ウ ┐ ともいう。

(2) 土地区画整理事業に関する次の①～③を説明せよ。
　① 換地
　② 減歩
　③ 保留地

(3) 都市計画法に規定する高度利用地区について説明せよ。

解 説

(1)

| A | 調査 |
|---|------|
| B | 予測 |
| C | アセスメント |

(2)
①：従前の土地に関する権利を，新しい土地の上にそのまま移転することをいう。換地を
　　する場合，従前の土地と新しい土地が，位置，地積，土質，水利，利用状況，環境など
　　の点で照応しなければならない。
②：地権者が，公共用地に充てるため，または売却して区画整理の費用に充てるために無
　　償で土地を供出すること。またはその土地のことをいう。
③：土地区画整理事業の事業者が，売却して費用に充てるために取得した土地のこと。

(3)
　用途地域内の市街地における，土地の合理的かつ健全な高度利用と都市機能の更新を図
るため，建築物の容積率の最高限度および最低限度，建築物の建蔽率の最高限度，建築物
の建築面積の最低限度ならびに壁面の位置の制限を定める地区のことをいう。

> ### ポイント
> 　環境影響評価と都市計画に関する問題です。環境影響評価の空欄補充のうちウは簡
> 単ですが，ア，イはさまざまなところで引用される説明文そのものとはいえ，一般名
> 詞が入るので，かえって難しかったのではないでしょうか。(2)の③はやや難しいです
> が，①，②は用意したいところです。(3)は都市計画法9条19項の文言です。これを
> そのまま答えることはできないでしょうが，条文には目を通しておいて，ある程度は
> 書けるようにしたいところです。

令和4年度

# 国家総合職

●出題内訳表

| No. | 科目 | | 出題内容 |
|---|---|---|---|
| 61 | 構造力学（土木）・土木材料・土木施工 | 構造力学（土木） | 梁のたわみ |
| 62 | | 構造力学（土木） | 梁の曲げ応力 |
| 63 | | 構造力学（土木） | 重ね合わせの原理 |
| 64 | | 土木材料 | コンクリート |
| 65 | | 土木施工 | 土の基本的物理量 |
| 66 | 土質力学・水理学 | 水理学 | 静水圧 |
| 67 | | 水理学 | 急拡 |
| 68 | | 水理学 | 相似則 |
| 69 | | 土質力学 | フローネット |
| 70 | | 土質力学 | せん断破壊 |
| 71 | 環境工学（土木）・衛生工学 | 衛生工学 | わが国の上水道 |
| 72 | | 衛生工学 | わが国の下水道 |
| 73 | | 環境工学（土木） | わが国の水環境 |
| 74 | | 環境工学（土木） | 地球温暖化対策 |
| 75 | | 環境工学（土木） | 廃棄物 |
| 111 | 土木計画 | | 費用便益分析 |
| 112 | | | 全国都市交通特性調査 |
| 113 | | | わが国の都市計画 |
| 114 | | | 河川工学 |
| 115 | | | 海岸・港湾工学 |

図のように，長さ $2L$ の Gerber 梁に集中荷重 $P$ が作用している。このとき，載荷点におけるたわみとして最も妥当なのはどれか。

ただし，梁の曲げ剛性は $EI$ で一定，たわみは下向きを正とし，梁の自重は無視できるものとする。

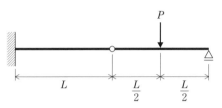

**1** $\dfrac{PL^3}{48EI}$

**2** $\dfrac{PL^3}{16EI}$

**3** $\dfrac{5PL^3}{48EI}$

**4** $\dfrac{3PL^3}{16EI}$

**5** $\dfrac{17PL^3}{48EI}$

**解 説**

単位荷重の定理を使う。これによると，求めるたわみを $\delta$ と置くと，

$$\delta = \int_0^L \frac{M\overline{M}}{EI}dx = \frac{1}{EI}\int_0^L M\overline{M}dx$$

となる。ただし，$M$ は曲げモーメント図，$\overline{M}$ は，求めたいたわみに対応する単位荷重のみを加えたときの，曲げモーメント図である。ただし，本問では，求めたいたわみは，載荷点の載荷重と同じ方向のたわみであるため，$\overline{M}$ は，曲げモーメント図において $P=1$ にしたものと一致する。

したがって，まずは本問の曲げモーメント図を求める。そのために支点反力を求める。次図（一番上）のように，ヒンジで構造を2つに分けると，ヒンジの右側は単純梁とみることができるため，右支点反力は対称性より$\dfrac{P}{2}$となる。また，ヒンジの左側は片持梁とみることができるため，図のような支点反力となる。

これをもとに$V$図，$M$図を描くと下図のようになり（$V$図は左から鉛直方向外力を逆向きに接続する。$M$図は$V$図の符号付面積として求める。ただし，左端の曲げモーメントは固定端モーメントと一致させる）。$\overline{M}$図は$M$図で$P=1$としたものである。

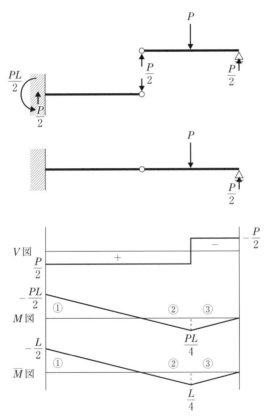

これをもとにたわみを計算する。区間①，②，③に分けて積分を計算する。ここで以下の計算公式を用いる（$M$, $m$は分布の端の大きさ，$L$は区間の長さ）。

$$\int \begin{array}{c}M\\ \end{array}\begin{array}{c}m\\ \end{array} dx = \frac{1}{3}MmL$$

各区間についてこの公式を使う。ただし，②と③は対称性から同じ値となる。したがっ

て，求めるたわみは，

$$\delta = \frac{1}{EI}\left\{\frac{1}{3} \times \left(-\frac{PL}{2}\right) \times \left(-\frac{L}{2}\right) \times L + 2 \times \frac{1}{3} \times \frac{PL}{4} \times \frac{L}{4} \times \frac{L}{2}\right\}$$

$$= \frac{1}{EI}\left(\frac{PL^3}{12} + \frac{PL^3}{48}\right) = \frac{5PL^3}{48EI}$$

正答 **3**

**ポイント**

「静定構造物のたわみを求めよ」というストレートな出題です。ゲルバー梁のたわみを求める類題は，平成30年度国家総合職のNo.63で出題されています。事前に用意していたかどうかが大きい問題です。

たわみを求める方法はいくつかありますが，ここでは短時間で求める必要があります。そのためには，まずはゲルバー梁の曲げモーメント図を素早く描く必要があります。解説では構造を分けて支点反力を求めています。詳しくは支点反力について『公務員試験　技術系　新スーパー過去問ゼミ　土木』（実務教育出版）（以下，『技術系新スーパー過去問ゼミ　土木』）p.59以降，曲げモーメント図について p.78 または p.94 を参照してください。

たわみを求める方法として，解説では単位荷重の定理を使っています。この場合，積分公式を利用することで簡単に計算できます。これについても同書 p.156 を参照してください。

図のように，長方形形状を組み合わせた断面を有する梁がある。この断面に $x$ 軸まわりの曲げモーメント $M$ が作用しているとき，この断面に生じる垂直応力（曲げ応力）の絶対値の最大値として最も妥当なのはどれか。

ただし，軸力ははたらいていないものとする。

**1** $\dfrac{9M}{340b^3}$

**2** $\dfrac{9M}{220b^3}$

**3** $\dfrac{3M}{50b^3}$

**4** $\dfrac{9M}{110b^3}$

**5** $\dfrac{3M}{25b^3}$

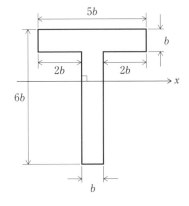

曲げ応力の大きさ $\sigma$ は次の式で表される。

$$\sigma = \frac{M}{I}y$$

$I$ は図心軸まわりの断面2次モーメント，$y$ は図心軸からの距離である。

まず，図心の位置を求める。これを下端から $z$ だけ上の位置にあるとする。次図のように，2つの長方形に分けて断面1次モーメントを計算して（次図にあるとおり，幅を力にたとえて計算するとよい），

$$5b^2 \times \frac{5}{2}b + 5b^2 \times \frac{11}{2}b = 10b^2 \times z$$

$$\therefore \quad z = 4b$$

となる。

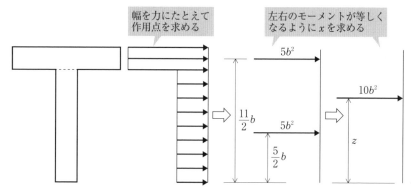

図心高さからは下端と上端では下端との距離のほうが大きい（下端が $4b$，上端が $2b$）ので，最初の公式には $y = 4b$ を代入する。

また，図心まわりの断面2次モーメントは，平行軸の定理から，

$$I = \left\{ \frac{5b \times b^3}{12} + 5b^2 \times \left( \frac{3}{2}b \right)^2 \right\} + \left\{ \frac{b \times (5b)^3}{12} + 5b^2 \times \left( \frac{3}{2}b \right)^2 \right\} = \frac{100}{3}b^4$$

以上から，求める最大曲げ応力は，

$$\sigma = \frac{M}{\dfrac{100}{3}b^4} \times 4b = \frac{3M}{25b^3}$$

正答 **5**

　問題そのものは基本的で，断面の図心を求め，図心まわりの断面2次モーメントを計算して，曲げ応力を計算すれば正答が出てきます。ただし，計算量が多いため，一つ一つの計算を正確にこなす必要があります。

　なお，図心の計算に当たって，分けた2つの長方形の面積が等しいため，求める全体の図心位置は，分けた長方形の図心の中点の位置に来ます。これに気づけば計算が少し簡単になります。

　また，図心の計算に当たって，幅を力にたとえてモーメントを計算していますが，これについては『技術系　新スーパー過去問ゼミ　土木』p.106 を参照してください。このたとえを使わなくても式は同じになります。ここで計算したモーメントに相当するものが「断面1次モーメント」と呼ばれるものです。基準からの図心位置 $y_c$ は，基準まわりの断面1次モーメントを $J$，断面積を $A$ として，

$$y_c = \frac{J}{A}$$

の公式に代入して計算することになります。

等方線形弾性体の材料から切り取った図のような断面積 $A = 50\,\mathrm{mm}^2$ の細長い試験片の一軸引張試験を行った。試験片の軸方向を $x$ 軸として図のように直交座標系を定義する。$x$ 軸方向の引張荷重 $P$ が 4000 N のとき，$x$ 軸方向の垂直ひずみを計測するひずみゲージ $g_1$ により計測された垂直ひずみの値は $400 \times 10^{-6}$，$y$ 軸方向の垂直ひずみを計測するひずみゲージ $g_2$ により計測された垂直ひずみの値は $-100 \times 10^{-6}$ であった。

この材料に $x$ 軸方向の垂直応力 $\sigma_x = 120\,\mathrm{N/mm}^2$ と $y$ 軸方向の垂直応力 $\sigma_y = 80\,\mathrm{N/mm}^2$ が発生しており，他の応力成分が発生していないとき，$x$ 軸方向の垂直ひずみ $\varepsilon_x$ として最も妥当なのはどれか。

ただし，応力，ひずみは引張り方向を正，圧縮方向を負とする。

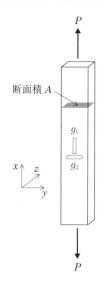

断面積 $A$

$g_1$

$g_2$

$x$　$z$　$y$

**1**　$420 \times 10^{-6}$
**2**　$500 \times 10^{-6}$
**3**　$580 \times 10^{-6}$
**4**　$660 \times 10^{-6}$
**5**　$740 \times 10^{-6}$

**解 説** ━━━━━━━━━━━━━━━━━━━━━━━━━━━━━━━━━━

　一軸引張試験の結果から，ある軸（$x$軸）方向に応力 $\sigma_x = \dfrac{P}{A} = \dfrac{4000}{50} = 80\,\text{N/mm}^2$ が加わっ

たとき，軸方向に $400 \times 10^{-6}$，軸に垂直な方向に $-100 \times 10^{-6}$ のひずみが加わっている。

　ここで，設問で問われている $\varepsilon_x$ と同じ方向に $\sigma_x = 120\,\text{N/mm}^2$，垂直方向に $\sigma_y = 80\,\text{N/mm}^2$ の応力が加わっている。したがって，2 つの応力によるひずみを重ね合わせて，

$$\varepsilon_x = 400 \times 10^{-6} \times \frac{120}{80} - 100 \times 10^{-6} \times \frac{80}{80} = 500 \times 10^{-6}$$

正答　**2**

**ポイント**

　ひずみゲージや一軸引張試験など，あまりなじみのない用語が出てきて難しく感じた受験生も少なくなかったと思いますが，問題そのものは重ね合わせの原理を使うだけで，計算量も少なく，易しい問題といえます。やや長めの設問を丁寧に読んで，状況をつかんで整理することが大切です。

国家総合職

## No. 64 土木材料 コンクリート 令和4年度

コンクリートに関する記述㋐，㋑，㋒のうち，妥当なもののみをすべて挙げているのはどれか。

㋐ コンクリートは，他の材料にみられるように，温度の上昇，下降により伸び縮みする性質を有する。下端が拘束された壁などでは厚さがおよそ50cm以上の場合において，セメントの水和熱による内部の温度変化に伴って生じる応力の影響を考慮する必要がある。

㋑ 寒冷地では，コンクリート中の水が夜間に凍結することでコンクリート内部に膨張圧力が生じ，日中は日射による融解を繰り返すことで，コンクリートの表面の剝落などの現象が起きる。その対策として，水セメント比を大きくすることや吸水率の高い骨材を使用することが挙げられる。

㋒ スランプ試験とは，コンシステンシーを測定する方法であり，高さ30cmのスランプコーンにフレッシュコンクリートを充塡した後に，スランプコーンを引き上げ，自重によって変形した後のフレッシュコンクリートの高さをスランプ値として計測する。

**1** ㋐
**2** ㋐，㋑
**3** ㋐，㋒
**4** ㋑，㋒
**5** ㋒

## 解説

㋐：正しい。「セメントの水和熱による内部の温度変化に伴って生じる応力の影響を考慮する必要がある」とは，マスコンクリートとして取り扱うという意味である。記述にあるとおり，下端が拘束された壁などでは，厚さが50cm以上を目安としてマスコンクリートとして取り扱うことになっている。

㋑：誤り。記述の前半は凍結融解作用の説明として正しい。しかし，後半の対策は誤っている。凍結融解作用は水の凍結で起こるため，水量は減らす必要がある。そのため，水セメント比は低く保ち，吸水率の高い骨材は用いないのがよい。特に吸水率の高い骨材は，凍結による膨張でポップアウトを起こす必要がある。なお，凍結融解作用の対策としては微細な空気泡を連行させることも重要で，この目的でAE剤が使用される。

㋒：誤り。スランプ試験で計測するのは，フレッシュコンクリートの高さではなく，頂部の沈下量である。

**正答 1**

**ポイント**

コンクリートについての知識問題です。全体としては標準的な難易度です。㋐については，受験生としては「50cm」という数値も気になるところで，ここも含めて正しいと判断することは難しかったのではないかと思います。しかし，㋑，㋒は基本的な内容で判断が易しいといえます。㋑について「水セメント比を大きくすべき」という対策はまずあり得ないと考えてよいでしょう。㋒については一見細かそうですが，スランプ試験ではよく問われる内容で，対策をしていれば正誤は判断できたのではないかと思います。

土取場での土の湿潤密度が $1.60\,\mathrm{g/cm^3}$ で含水比が $20.0\%$ である。土取場から土を採取し，仕上がり時の乾燥密度が $1.80\,\mathrm{g/cm^3}$ で $10000\,\mathrm{m^3}$ の盛土工事を行う。このとき，土取場から採取する土の量として最も妥当なのはどれか。

**1**　$11500\,\mathrm{m^3}$

**2**　$12000\,\mathrm{m^3}$

**3**　$12500\,\mathrm{m^3}$

**4**　$13000\,\mathrm{m^3}$

**5**　$13500\,\mathrm{m^3}$

**解 説** ━━━━━━━━━━━━━━━━━━━━━━━━━━━━━━━━━━━━

　仕上がり時の乾燥密度が $1.80\,\mathrm{g/cm^3} = 1800\,\mathrm{kg/m^3}$ であることと体積が $10000\,\mathrm{m^3}$ であることから，取ってくる土の土粒子の質量は，

$$1800 \times 10000 = 1.8 \times 10^7\,\mathrm{kg}$$

となる。

　ここで土取場の土の含水比が 20 %というのは，この土の土粒子の質量を 100 としたときに，水の質量が 20，土全体の質量が 120 ということを意味する。したがって，土取場から取ってくる土の質量は，

$$\frac{120}{100} \times 1.8 \times 10^7 = 2.16 \times 10^7\,\mathrm{kg}$$

となる。したがって，求める体積は，湿潤密度の値を使って，

$$\frac{2.16 \times 10^7}{1.60 \times 10^3} = 13500\,\mathrm{m^3}$$

正答　**5**

**ポイント**

　土質力学の土の 3 相モデルの計算問題です。多少複雑ですが，乾燥密度，湿潤密度の違いに注意して計算することが大切です。また，土取場と仕上げ時では，密度，水の量は違いますが，土粒子の質量は変わらないことには注意が必要です。そのため，まずは土粒子の質量を求めにいくことになります。

水深 $H$ の貯水池において長方形ゲートで水をせき止める際に，図のようにゲートを $n$ 個の水平帯に分割し，それぞれの水平帯が受ける全水圧 $P_n$ が等しくなるように設置した。水面から $m$ 番目の水平帯の下端までの水深 $h_m$ として最も妥当なのはどれか。

**1** $\left(\dfrac{m}{n}\right)^2 H$

**2** $\left(\dfrac{m}{n}\right) H$

**3** $\left(\dfrac{m}{n}\right)^{\frac{1}{2}} H$

**4** $\left(\dfrac{m}{n}\right)^{\frac{1}{4}} H$

**5** $\left(\dfrac{m}{n}\right)^{\frac{1}{8}} H$

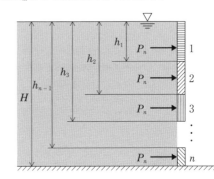

## 解説

### 解法 1：三角形分布から求める

$\rho$ を水の密度，$g$ を重力加速度とする。まず，左次図のように，水面から水深 $z$ の深さまである長方形ゲートに加わる全水圧 $P$ を求めると，左次図の静水圧（三角形分布）の面積が合力となるので，

$$P = \frac{1}{2} \times \rho g z \times z = \frac{1}{2} \rho g z^2$$

これを使う。

まず，深さ $H$ までの長方形ゲート全体に加わる全水圧は $P_n$ が $n$ 個あるので，

$$nP_n = \frac{1}{2} \rho g H^2$$

$$\therefore \quad P_n = \frac{1}{2n} \rho g H^2$$

次に，深さ $h_m$ までの全水圧（1 番目から $m$ 番目までのゲート）が $mP_n$ になることから，

$$mP_n = \frac{m}{2n} \rho g H^2 = \frac{1}{2} \rho g h_m^2$$

$$\therefore \quad h_m = \left(\frac{m}{n}\right)^{\frac{1}{2}} H$$

### 解法 2：漸化式を立てる

ゲートの各部分に加わる全水圧が等しくなることを考える。ゲートの $k+1$ 番目の水圧（台形分布）を右次図に記した。この面積が全水圧 $P_n$ なので，

$$P_n = \frac{1}{2}(\rho g h_k + \rho g h_{k+1})(h_{k+1} - h_k) = \frac{\rho g}{2}(h_{k+1}^2 - h_k^2)$$

ただし，ゲート1の計算では $h_0 = 0$ として計算する。

$P_n$ は等しいので，結局，

$$h_{k+1}^2 - h_k^2 = h_k^2 - h_{k-1}^2 = \cdots = h_1^2$$

となる。これは，数列 $\{h_k^2\}$ が公差 $h_1^2$ の等差数列になることを意味する。したがって，

$$h_m^2 = m h_1^2$$

$$\therefore \quad h_m = \sqrt{m}\, h_1$$

ここで，$m = n$ のときに $h_n = H$ となるので，

$$H = \sqrt{n}\, h_1$$

以上の2つから，

$$h_m = \left(\frac{m}{n}\right)^{\frac{1}{2}} H$$

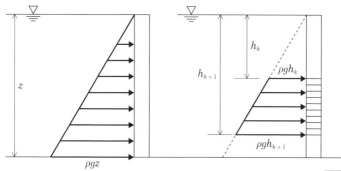

正答 **3**

**ポイント**

　静水圧の有名問題で，同じ問題を掲載している教科書も多いのではないかと思います。ただ，静水圧の計算というよりは，数学的にどのように処理するのかがポイントとなる問題です。

　解法1が簡単な解き方で，うまく三角形分布の計算だけで答えを導いています。なお，解説では同じような計算となる静水圧の合力の計算は，最初にまとめて公式のようにして使っています。

　解法2は，設問から誘導されそうな解法で，漸化式を解いています。ただし，こちらでは解説にあるような「等差数列」に気づかないと難しくしてしまいます。もっとも，全水圧が水深の2乗に関係するような場面が多く出てくるため，途中で正答は類推できたかもしれません。

　ここでは扱いませんでしたが，少しずるい解法として，$n = 2$，$m = 1$ の場合を考える，というのも本試験ではあり得たかもしれません。

図のような急拡大部を持つ円管路の圧力差を最も小さくする断面平均流速比 $\frac{v_2}{v_1}$ と，その

ときの損失水頭 $h_l$ の組合せとして最も妥当なのはどれか。

　　ただし，重力加速度の大きさを $g$ とし，拡大前の管路での圧力，管径を $p_1$, $D_1$, 拡大
後のそれらを $p_2$, $D_2$ とする。また，図中の断面 I–I と断面 I′–I′ での圧力は等しく，断
面 II–II は剥離域から十分に離れているものとする。さらに，管路壁面での摩擦力は無視
でき，エネルギー補正係数および運動量補正係数はいずれも 1.0 とする。

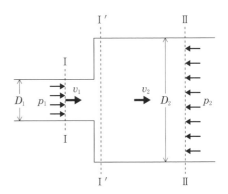

| | $\dfrac{v_2}{v_1}$ | $h_l$ |
|---|---|---|
| **1** | $\dfrac{1}{3}$ | $\dfrac{v_1^2}{8g}$ |
| **2** | $\dfrac{1}{3}$ | $\dfrac{v_1^2}{4g}$ |
| **3** | $\dfrac{1}{2}$ | $\dfrac{v_1^2}{8g}$ |
| **4** | $\dfrac{1}{2}$ | $\dfrac{v_1^2}{4g}$ |
| **5** | $\dfrac{1}{2}$ | $\dfrac{3v_1^2}{8g}$ |

解説

　上流側断面積を $A_1 = \dfrac{\pi D_1^2}{4}$，下流側断面積を $A_2 = \dfrac{\pi D_2^2}{4}$ と置く。運動量保存則より，

$$\rho A_1 v_1^2 + p_1 A_2 - p_2 A_2 = \rho A_2 v_2^2$$

これより，

$$p_1 - p_2 = \frac{\rho (A_2 v_2^2 - A_1 v_1^2)}{A_2}$$

ここで連続式より，

$$A_1 v_1 = A_2 v_2$$

　これは，断面積と流速が反比例することを意味しているので，$v_2 = kv_1$, $A_2 = \dfrac{A_1}{k}$ と置

いて，これを運動量保存の式に代入すると，

$$p_1 - p_2 = \rho v_1^2 (k^2 - k) = \rho v_1^2 \left\{ \left( k - \frac{1}{2} \right)^2 - \frac{1}{4} \right\}$$

したがって，圧力差 $p_1 - p_2$ が最小となるのは $k = \dfrac{1}{2}$ のときであり，

$$\frac{v_2}{v_1} = \frac{1}{2}$$

が求める条件となる。なお，このとき，

$$p_1 - p_2 = -\frac{1}{4}\rho v_1^2$$

ここで，損失水頭は，

$$h_l = \left(\frac{v_1^2}{2g} + \frac{p_1}{\rho g}\right) - \left(\frac{v_2^2}{2g} + \frac{p_2}{\rho g}\right) = \frac{v_1^2}{2g} + \frac{p_1 - p_2}{\rho g} - \frac{v_1^2}{2g}\left(\frac{v_2}{v_1}\right)^2$$

$$= \frac{v_1^2}{2g} - \frac{v_1^2}{4g} - \frac{v_1^2}{8g} = \frac{v_1^2}{8g}$$

正答 **3**

### ポイント

　急拡を題材にした問題です。題材自体は非常に有名な問題ですが，ヒントがあるとはいえ，事前に準備していないとなかなか解き切れない問題で，易しくありません。また，後述する理由により，設問の意味自体に曖昧なところがあるため，戸惑った人も少なくなかったかと思います。その場合は不運でした。

　解説では，損失水頭を丁寧に計算していますが，

$$h_l = \frac{(v_1 - v_2)^2}{2g}$$

を覚えていれば，選択肢の中に **3** しか辻褄の合うものがないことがわかるため，容易に正答を選ぶことができます。これが最も簡単に正答を選べる方法です。この公式については，『技術系　新スーパー過去問ゼミ　土木』p.359 にあります。また，本問では管径 $D_1$，$D_2$ が与えられているにもかかわらず，断面積を文字で置いて解いています。これは「断面積で計算したほうが計算が易しい」ことを知らないとできないことです。同書の該当ページの解説を参照してください。

　ところで，本問は「どの条件の下」で最小化するのかが明確ではありません。解説では，正答の選択肢と辻褄が合うように「上流部の流速 $v_1$，$D_1$ が一定」の下で解きました。これがたとえば「流量 $Q$ が一定」となると，$v_1$，$v_2$ を消去することになりますが，この場合には正答が出てこなくなります（$A_1$ に依存する）。下流側流速が一定という条件の場合も同様です。このあたりの式変形で苦労した人もいたかもしれません。

　さらにいえば，本問では「圧力差を最も小さくする」となっていますが，実は最小になる $p_1 - p_2$ は負の値で，絶対値（$p_2 - p_1$）としては最大となります。ここでも，悩んだ人がいたかもしれません。

国家総合職

# No. 68 水理学 相似則 令和4年度

水理模型実験の相似則に関する次の記述の㋐，㋑に当てはまるものの組合せとして最も妥当なのはどれか。

「重力と[㋐]力のみに支配される現象を対象とする場合，原型と模型においてフルード数を一致させる必要がある。たとえば，原型に対して縮尺が$\frac{1}{25}$のダム模型において，継続時間30分の越流実験を実施した場合，原型での継続時間は[㋑]分となる」

| | ㋐ | ㋑ |
|---|---|---|
| **1** | 慣性 | 150 |
| **2** | 慣性 | 200 |
| **3** | 慣性 | 250 |
| **4** | 粘性 | 150 |
| **5** | 粘性 | 200 |

## [解][説]

フルード数 $Fr$ の定義は，

$$Fr = \frac{v}{\sqrt{gh}} \quad (v：流速，g：重力加速度，h：水深)$$

であり，重力と慣性力の比を意味している。したがって，㋐には「慣性」が入る。

以下，原型を表す場合には文字に何も付けず，模型を表すときにはダッシュを付ける。長さに関しては縮尺の条件から，$L$ をある物の長さとして

$$\frac{L'}{L} = \frac{1}{25}$$

となる。長さに関する量はすべてこの比が成り立つ。フルード数を一致させるため，

$$Fr = \frac{v}{\sqrt{gh}} = \frac{v'}{\sqrt{gh'}}$$

$$\therefore \quad \frac{v'}{v} = \sqrt{\frac{h'}{h}} = \sqrt{\frac{1}{25}} = \frac{1}{5}$$

ここで，求める時間を $t$，$t'$ とすると，

$$\frac{t'}{t} = \frac{\dfrac{L'}{v'}}{\dfrac{L}{v}} = \frac{L'}{L} \cdot \frac{v}{v'} = \frac{1}{25} \times 5 = \frac{1}{5}$$

したがって，求める時間は

$t = t' \times 5 = 150$ 分

**正答　1**

**ポイント**

水理学では相似則の出題は非常に珍しく，平成 9 年度国家Ⅰ種（現国家総合職）以来の出題となりました。その問題とまったく同じく，フルード数の時間について問うています。相似則自体は国家一般職［大卒］，地方上級では出題がありますが，時間については珍しい出題で，用意していなかった受験生もいたかもしれません。ただ，内容を理解していれば解くことは難しくありません。

ポイントは，長さについては相似であるためすべて縮尺が $\frac{1}{25}$ になるということです。速さは「距離」÷「時間」ですが，この距離にもこの比を使って計算して構いません。

図のように，不透水板で仕切られた透水係数が一定の地盤内を 2 次元浸透流が上流から下流に向かって流れている。不透水板より上流側の水深は 5.0 m，下流側の水深は 2.0 m である。流線網を描き透水量を算出する際に，描かれた流線網の流線の本数が 5 本と等ポテンシャル線の本数が 9 本のとき，単位奥行き当たりの 1 時間の全透水量として最も妥当なのはどれか。

　ただし，透水性地盤の透水係数は $5.0 \times 10^{-6}$ m/s とする。また，水位差は変化しないものとする。

　なお，図に流線網は描かれていない。

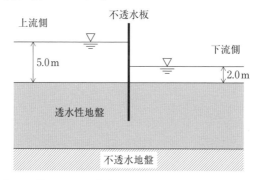

**1**　$2.5 \times 10^{-2}$ m³　　　**2**　$2.7 \times 10^{-2}$ m³
**3**　$3.0 \times 10^{-2}$ m³　　　**4**　$3.2 \times 10^{-2}$ m³
**5**　$3.5 \times 10^{-2}$ m³

　流線網を描いた後の，流線で挟まれた区間の数を $N_f$，等ポテンシャル線で挟まれた区間の数を $N_d$ とする。流線網は正方形フローネットで描いたものとして，その長さを $a$ とし，上下流の水位差を $H$ とする。このとき，動水勾配 $i$ は，

$$i = \frac{H}{aN_d}$$

　したがって，ダルシーの法則より，単位時間当たりの流量 $Q$ は，透水係数を $k$ として，

$$Q = k\frac{H}{aN_d} \times aN_f = kH\frac{N_f}{N_d}$$

　これに 3600 を掛ければ 1 時間当たりの流量となる。そこで，$N_f$，$N_d$ を求めるために，流線を 5 本，等ポテンシャル線を 9 本描くと次図のようになる。なお，A，B，C は描かないものとする。したがって，$N_f = 5$，$N_d = 10$ となる。これに加えて与えられた $H = 5.0 - 2.0 = 3.0$ m，$k = 5.0 \times 10^{-6}$ m/s を代入すると，求める流量は，

$$3600 \times Q = 3600 \times 5.0 \times 10^{-6} \times 3.0 \times \frac{5}{10} = 2.7 \times 10^{-2}\text{m}^3$$

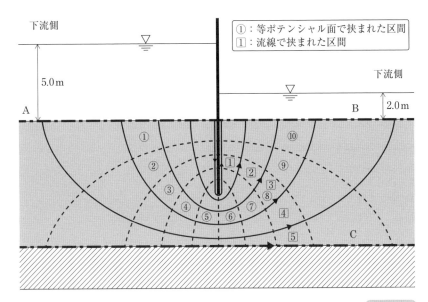

下流側

5.0m

A

| ① | : 等ポテンシャル面で挟まれた区間 |
| 1 | : 流線で挟まれた区間 |

下流側

2.0m

B

C

正答 **2**

**ポイント**

　フローネットの問題は記述式ではときどき出題が見られましたが，択一式では国家一般職［大卒］，地方上級を含めてもまったく見られませんでした。そのため，準備していた人は少なかったかと思います。基本的には，解説中に示した流量の公式をその場で導くか覚えておくことになります。

　しかし，この問題は実際には解答は不可能ではなかったかと思います。問題は，「描いた」流線，等ポテンシャル線がどこまでかが解答者にはわからない点にあります。実は解説は公表された正答番号から逆算したものです。すると，明らかな等ポテンシャル線である A，B（地盤表面），および明らかな流線である「不透水地盤表面」は（解説の図では）「描かなかった」ことになります。そうなると，もともと設問に示された図にあらかじめ描かれた線は描かなかったとも思われますが，一方で，同じくもともと描かれなかった「矢板背後」の流線は描いています。これは不自然です。実際にはこの流線も描かない人が多いでしょう（なお，出題者が C と矢板背後のどちらの流線を省いたのかは不明です）。つまり，出題者が描いたと考えた流線や等ポテンシャル線が何であるかが不明であるため，現実的には解答不能です。そのうえ，たとえば $N_d = 9$ として計算した値は選択肢 **3** に存在します。通常であれば，問題となるのは流線や等ポテンシャル線ではなく，$N_f$ や $N_d$ ですから，問題となっている A，B，C や矢板背後の流線を描くのか描かないのかは，答えに影響のない，細かい話ともいえます。

　なお，解説の図は「正方形」には見えませんが，答えには影響ありませんのでご容赦ください。

203

**国家総合職**

**No. 70　土質力学　　せん断破壊　　令和 4 年度**

モール・クーロンの破壊規準を適用した場合，有効応力表示の粘着力 20 kN/m²，せん断抵抗角 30° の土がある。この土の圧密非排水三軸圧縮試験を側圧（圧密応力）50 kN/m² で実施したところ，破壊時の過剰間隙水圧は 20 kN/m² であった。有効数字 2 ケタで計算したとき，破壊時の軸差応力（鉛直応力と側圧の差）として最も妥当なのはどれか。

**1**　100 kN/m²

**2**　110 kN/m²

**3**　120 kN/m²

**4**　130 kN/m²

**5**　140 kN/m²

求める軸差応力を $\Delta\sigma$ と置く。側圧が $50\,\mathrm{kN/m^2}$ で，破壊時の過剰間隙水圧が $20\,\mathrm{kN/m^2}$ なので，破壊時の側圧の有効応力は $50 - 20 = 30\,\mathrm{kN/m^2}$ となり，鉛直応力は $30 + \Delta\sigma\,[\mathrm{kN/m^2}]$ となる。

これをもとに破壊時のモール円とクーロンの破壊規準を描くと右下図のようになる。図中の $\triangle\mathrm{ABC}$ が $\angle\mathrm{A} = 30°$ の直角三角形であることから，

$$\left(20\sqrt{3} + 30 + \frac{\Delta\sigma}{2}\right) \times \frac{1}{2} = \frac{\Delta\sigma}{2}$$

$$\therefore \quad \Delta\sigma = 40\sqrt{3} + 60 \fallingdotseq 129.2\,\mathrm{kN/m^2} \fallingdotseq 130\,\mathrm{kN/m^2}$$

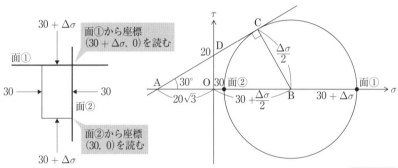

正答 **4**

**ポイント**

モール円の問題としては典型的な問題ですが，公務員試験ではあまり出題が見られないこと，苦手意識を持っている人が多いことから，正答率は高くなかったのではないかと思います。

与えられているのが有効応力基準のため，破壊時の有効応力の状況をつかむ必要があります。これが解説の左図となります。モール円の問題ではこのような図を描くとよいでしょう。この図からモール円を描くことになります。土がせん断破壊しているため，これがクーロンの破壊規準と接することになります。クーロンの破壊規準は $\sigma$ 軸の下側にも上下対称にありますが，ここでは煩雑になるため省略しています。破壊時のモール円では $\triangle\mathrm{ABC}$ を考えるのは定石です。

最後に，図が細かくなるため図中に示さなかった部分の長さについて補足します。まず，OB はモール円の中心の $\sigma$ の値ですが，これは面①，②の中点のため，$\dfrac{30 + 30 + \Delta\sigma}{2} = 30 + \dfrac{\Delta\sigma}{2}$ となります。次に BC はモール円の半径ですが，モール円の直径が面①，②の差になるため，$\dfrac{30 + \Delta\sigma - 30}{2} = \dfrac{\Delta\sigma}{2}$ となります。さらに OA が $20\sqrt{3}$ であることについては $\triangle\mathrm{AOD}$ で OD = 20 であることから求まります。

国家総合職

# No. 71 衛生工学 わが国の上水道 令和4年度

わが国の上水道に関する記述㋐，㋑，㋒のうち，妥当なもののみをすべて挙げているのはどれか。

㋐ 水道水は，水道法に規定された水質基準に加え，水質管理目標設定項目および要検討項目として定めた基準に適合するものでなければならず，水道法により，水道事業体などに水質検査の義務が課されている。

㋑ 膜ろ過方式は，原水に所要の圧力を掛けて膜を通過させることにより不純物を分離するもので，主に小規模浄水場に採用され，懸濁物質やコロイドなどの除去を目的としている。

㋒ 配水管の受け持つ給水区域内の計画給水人口が100,000人以下の場合は，原則として，当該配水管の管径は，消火用水量を加算して設計を行う。

**1** ㋐
**2** ㋐，㋑
**3** ㋑
**4** ㋑，㋒
**5** ㋒

## 解説

㋐：誤り。水質基準は水道法4条（具体的内容は厚生労働省令）に定められ，基準を満たすこと，およびその検査が義務づけられている。一方，水質管理目標設定項目は，現時点では基準が設けられるほどの濃度で検出されていないが，今後検出される可能性があり管理上留意すべきであったり，よりよい水質をめざして設定された項目，要検討項目は，現時点で毒性や検出実態が定まっておらず，水質基準や水質管理目標設定項目に分類されなかったりするもので，今後必要な情報や知見を収集すべきものである。したがって，これらについては，水道水が適合すべき基準とはされていない。

㋑：正しい。記述にあるとおり，膜ろ過方式とは，細かい穴の通った膜を使うことで懸濁物質やコロイドを物理的に除去する方式で，たとえばクリプトスポリジウム対策として導入される場合がある。現在では急速ろ過方式で見られる大規模浄水場ではほとんど使われておらず，主に小規模浄水場で採用されている。

㋒：正しい。配水管の管径を定める流量計算では，人口100,000人以下の場合には，原則として，計画1日最大給水量に消火用水量を加算して検討することとされている。なお，人口100,000人を超える場合には，計画時間最大配水量に十分余裕があるため，平常時と同様に計算する。

**正答 4**

**ポイント**

水道の問題は，比較的基本的な出題が多く見られますが，この年の問題はかなり難しかったといえます。

水道水質基準は，国家総合職ではその内容について細かい数値が問われることがありましたが，本問では水質基準ではなく，水質管理目標設定項目や要検討項目といった，基準外の項目まで問われています。過去には出題のなかった項目であり，水道水質基準を厚生労働省のWebサイトで実際に見ていないと，答えられなかったのではないかと思います（なお，令和6年4月から水道は国土交通省に移管されます）。膜ろ過方式は過去に何回か出題があります。最後の火災用水量ですが，過去には配水池で問われています。ただ，配水池容量では「人口5万人以下」の場合に消火用水量を加算することとなっていて，配水池容量の過去問しか知らないと，誤りと判断してしまったかもしれません。

国家総合職

## No. 72 衛生工学 わが国の下水道 令和4年度

わが国の下水道に関する記述㋐～㋓のうち，妥当なもののみを挙げているのはどれか。

㋐ 下水の排除は自然流下が原則であるので，下流にいくほど管渠(かんきょ)の埋設深さが増大し，それに伴って工事費や維持管理費が著しく増加する場合は，ポンプ場を設置して対応する。

㋑ 合流式管渠の設計に用いる計画下水量は，「計画雨水量」と「計画時間最大汚水量」を比較し，多いほうを採用する。

㋒ 嫌気好気活性汚泥法は，活性汚泥微生物による窒素の過剰摂取現象を利用して流入水中から生物学的に窒素を除去する方法である。

㋓ 汚泥の利活用は，地球温暖化防止対策や省エネルギー対策として重要な役割を担っており，平成27年の下水道法改正で汚泥を燃料または肥料にすることが努力義務とされ，消化ガスや固形燃料化，肥料としての利活用などが進められている。

**1** ㋐，㋑
**2** ㋐，㋒
**3** ㋐，㋓
**4** ㋑，㋒
**5** ㋒，㋓

## 解説

㋐：正しい。下水の排除が自然流下を原則とすることは正しい。自然流下方式では，下流の水位を下げないといけないため，場合によっては管渠の埋設深さが増大することがある。このような場合にはポンプ場の設置を検討する。

㋑：誤り。合流式管渠の計画下水量は，「計画雨水量」に「計画時間最大汚水量」を加えた流量である。実際の雨天時にも，雨水だけを流すわけではないからである。

㋒：誤り。嫌気好気活性汚泥法は，リン処理の方法であり，窒素処理の方法ではない。窒素処理には循環式消化脱窒法を用いる。また，嫌気好気活性汚泥法と循環式消化脱窒法を組み合わせた嫌気無酸素好気法という方式もある。この場合はリンと窒素の両者を除去することになる。

㋓：正しい。下水道法21条の2第2項である。「公共下水道管理者は，発生汚泥等の処理に当たつては，脱水，焼却等によりその減量に努めるとともに，発生汚泥等が燃料又は肥料として再生利用されるよう努めなければならない」と定められている。「努めるとともに」「努めなければならない」と定められた事項を努力義務という。

**正答　3**

### ポイント

㋐，㋑，㋒は基本知識です。合流式の計画下水量の計算は出題頻度が低いため，知らなかった受験生もいたかもしれませんが，㋓との比較で正答できた受験生もいたのではないかと思います。

㋓は法改正に関係する部分で，内容はあってもおかしくないことですが，「平成27年の法改正事項なのか」「努力義務なのか」については知らなかった受験生が多かったのではないかと思います。ただ，他の選択肢との比較の問題で，正しいと判断したかもしれません。

わが国の水環境に関する記述㋐，㋑，㋒のうち，下線部が妥当なもののみをすべて挙げているのはどれか。

㋐ 「生活環境の保全に関する環境基準」の一つである溶存酸素量（DO）は，河川の利用目的の適応性に応じて分類された<u>水域類型のすべてにおいて，基準値が定められている</u>。

㋑ 環境に負荷される水質汚濁の原因となる物質の量（汚濁負荷量）は，<u>排出負荷量，流出負荷量，流達負荷量の順番で小さくなる</u>。

㋒ 湖沼などの閉鎖性水域での富栄養化は，流入河川水などに含まれる<u>窒素やリンなどの栄養塩により藻類が異常増殖し水質汚濁が進行する現象である</u>。

1 ㋐，㋑
2 ㋐，㋒
3 ㋑
4 ㋑，㋒
5 ㋒

## 解説

㋐：正しい。溶存酸素量（DO）および水素イオン濃度（pH）に関しては，水域類型のすべてにおいて，基準値が定められている。

㋑：誤り。負荷量とは，排出された物質の質量を指し，具体的には，「濃度」×「流量」で計算されるものである。これには「排出負荷量」「流達負荷量」「流出負荷量」の3つがある。まず，排出負荷量は実際に排出された負荷量である。次に流達負荷量は，排出された負荷が水路などを通して河川に到達したときの負荷量で，水路の途中で沈殿することにより排出負荷量よりも小さくなる。最後に流出負荷量は，河川に到達した後，水質測定地点で計測される負荷量のことである。測定地点までに減少するため，流達負荷量よりも小さくなる。したがって，排出負荷量，流達負荷量，流出負荷量の順番で小さくなる。

㋒：正しい。藻類の異常繁殖により，水中の酸素濃度が低下して生態系に影響が出たり，悪臭の原因になることがある。

**正答 2**

**ポイント**

水環境の問題はほぼ毎年出題されています。㋒は易しい問題といえますが，ここで選択肢 **2**，**4**，**5** が残った後，正答を絞るのは難しいところです。

㋐の溶存酸素量についてはあまり出題がなく，難しい問題といえます。ただ，近年，環境基準については細かい出題が相次いでいるため，出題のない部分も含めてよく見ておく必要があるといえます。

国家総合職

## No. 74 環境工学(土木) 地球温暖化対策 令和4年度

地球温暖化対策に関する記述㋐，㋑，㋒のうち，下線部が妥当なもののみをすべて挙げているのはどれか。

㋐ わが国は，パリ協定に定める目標（世界全体の平均気温の上昇を工業化以前よりも2℃高い水準を十分下回るものに抑えることおよび世界全体の平均気温の上昇を工業化以前よりも1.5℃高い水準までのものに制限するための努力を継続）等を踏まえ，第204回国会において成立した「地球温暖化対策の推進に関する法律（平成10年法律第117号）の一部を改正する法律」において，長期的目標として2050年までに80％の温室効果ガスの排出削減，環境・経済・社会の統合的向上，国民をはじめとした関係者の密接な連携等を地球温暖化対策を推進するうえでの基本理念として定めた。

㋑ わが国の温室効果ガスの総排出量は，2019年度で，約12億1,200万トン（$CO_2$換算。以下同じ）であり，前年度比で2.9％減少，2013年度比で14.0％減少，2005年度比で12.3％減少した。その要因としては，エネルギー消費量の減少（製造業における生産量減少等）や，電力の低炭素化（再エネ拡大）に伴う電力由来の$CO_2$排出量の減少等が挙げられる。

㋒ 電気事業分野は，わが国全体の$CO_2$排出量の約4割を占める最大の排出源であり，他部門の排出削減努力にも大きく影響を及ぼすことから，わが国においては，平成30年7月に閣議決定された第5次エネルギー基本計画において，火力発電所の新設を認めないこととしている。

**1** ㋐
**2** ㋐，㋑
**3** ㋐，㋒
**4** ㋑
**5** ㋑，㋒

## 解説

㋐：誤り。改正された地球温暖化対策の推進に関する法律では，2条の2に基本理念が示されている。ここでは長期的目標として「2050年までの脱炭素社会の実現」が書かれているが，80％の温室効果ガスの排出削減は書かれていない。なお，2050年までの80％の温室効果ガスの排出削減は，2016年の（旧）地球温暖化対策計画に明記されていたものである。ただし，地球温暖化対策計画は2021年に改正されている。現在の地球温暖化対策では2050年までの数値目標は書かれていない。

㋑：正しい。記述の内容は，『令和3年版環境・循環型社会・生物多様性白書』のp.122そのものである。なお，2019年度以降は，新型コロナ感染症を原因とする経済状況の変化によって，排出量も増減している。

㋒：誤り。第5次エネルギー基本計画において，火力発電所の新設を認めないとはされていない。第5次エネルギー基本計画においては，非効率な石炭火力については，新設の制限を含むフェードアウトを促す仕組みを導入することになっているが，高発電効率の最新鋭の石炭火力発電の新設はむしろ導入を進めることになっている。なお，エネルギー基本計画は令和3年に第6次に変わっているが，出題部分については大きな違いはない。

**正答 4**

**ポイント**

地球温暖化については，時事問題対策で準備している受験生が多いでしょうが，この問題は，ニュースなどで話題となっている事項について，正確な理解が問われていました。そのため，準備をしていないと「何となく聞いたことがある」で誤答を選びやすくなっており，簡単な問題ではありませんでした。

具体的には㋐の「2050年までの温室効果ガスの80％削減」や「火力発電所の削減方針」についてはニュース報道がされていました。しかし，見出しを見ただけでその意味を理解していないと，㋐，㋒を「正しい」と判断してしまう可能性がありました。この科目を選択する場合，その内容を理解してニュース記事などを読む必要があります。

㋑は，『環境・循環型社会・生物多様性白書』からの出題です。特に出題可能性の高い部分からの出題ですが，年によって動向が変わりますので，最新のものを読んでおく必要があります。

廃棄物の輸出入に関する次の記述の㋐～㋓に当てはまるものの組合せとして最も妥当なのはどれか。

「先進国で発生した廃棄物が,開発途上国に輸出され,現地で環境汚染が生じるという課題に対処するため,『有害廃棄物の国境を越える移動及びその処分の規制に関する ㋐ 条約』が 1989 年に採択され,1992 年に発効した。㋐ 条約では,有害廃棄物を輸出する場合には,あらかじめ,㋑ に対して当該輸出の概要について事前に通告し,㋑ から輸出の同意を得ないと輸出できないことを規定している。

 わが国では ㋐ 条約の担保法として 1992 年に制定された『特定有害廃棄物等の輸出入等の規制に関する法律』に基づき,特定有害廃棄物等を輸出しようとする場合には,㋒ の確認等が必要となる。

 また,2019 年に開催された ㋐ 条約第 14 回締約国会議では,汚れた ㋓ を同条約の規制対象物に追加すること等を決定した」

|   | ㋐ | ㋑ | ㋒ | ㋓ |
|---|----|----|----|----|
| **1** | ストックホルム | 通過国・輸入国 | 外務大臣 | 紙ごみ |
| **2** | ストックホルム | 輸入国 | 環境大臣 | プラスチックごみ |
| **3** | バーゼル | 通過国・輸入国 | 環境大臣 | プラスチックごみ |
| **4** | バーゼル | 通過国・輸入国 | 外務大臣 | プラスチックごみ |
| **5** | バーゼル | 輸入国 | 環境大臣 | 紙ごみ |

## 解説

㋐:「バーゼル」が入る。1989年に採択されたのは「有害廃棄物の国境を越える移動及びその処分の規制に関するバーゼル条約」である。ストックホルム条約とは，2001年に採択された「残留性有機汚染物質に関するストックホルム条約」のことである。

㋑:「通過国・輸入国」が入る。バーゼル条約では，あらかじめ，通過国・輸入国に対して，輸出の概要について連絡を行い(事前通告)，同意を得ないと輸出できないことになっている。

㋒:「環境大臣」が入る。日本では，特定有害廃棄物等を輸出する場合，環境大臣の確認が必要となる（特定有害廃棄物等の輸出入等の規制に関する法律4条3項)。具体的には，この確認がないと，外国為替及び外国貿易法による経済産業大臣の承認が出ないため，輸出ができない。

㋓:「プラスチックごみ」が入る。記述にあるとおり，有害なプラスチックごみが規制対象となった。なお，紙ごみは付属書Ⅸによって，バーゼル条約の対象外であることが明記されている。

**正答 3**

**ポイント**

条約に関する問題は従来多くはありませんでしたが，令和3年度国家総合職のNo.75でも出題されており，2年連続でした。そこでも，「ストックホルム条約」が「有害な廃棄物の越境移動による環境汚染を防止する」ための条約かどうかが問われており，まったく同じ内容が2年連続で出題されたことになります。言い方を変えれば，㋐はこの科目を選択するのであれば，確実に正答したいところでした。ただ，㋑は非常に細かい問題で，内容について熟知していないと判断できない問題です。実際，経済産業省を含む多くのWebサイトでも単に「輸出国の同意」についてのみ説明する場合が多く，実際に令和3年度の問題文でも「有害廃棄物を輸出する場合の輸入国に対する事前通告制度」としかありませんでした（誤りの記述ではありますが)。

ただ，プラスチックごみについては，近年さまざまな問題点が指摘されている一方，紙ごみについて近年新たに国際問題になったわけではないことを考えれば，㋐との関係で，選択肢を除外できたかもしれません。さらに㋒については，条約を結ぶ段階はともかくとして，結んだ後に条約の内容を実行する段階で，外務大臣の確認が必要となるというのはおかしい話だということは想像できたのではないでしょうか。

国家総合職

# No. 111 土木計画　費用便益分析　令和 4 年度

費用便益分析に関する記述㋐，㋑，㋒のうち，妥当なもののみをすべて挙げているのはどれか。

㋐　公共プロジェクトがもたらす効果は，ストック効果とフロー効果の 2 種類があり，費用便益分析が対象とするのはフロー効果である。

㋑　単一の公共プロジェクトの採否の評価において，純現在価値 $\geqq 0$，費用便益比 $\geqq 1$，内部収益率 $\geqq$ 社会的割引率であることは，等価な関係として成立する。

㋒　複数の公共プロジェクトを対象に投資の優先順位を評価する場合，純現在価値，費用便益比，内部収益率のいずれの異なる評価指標を用いても優先順位の結果は変わらない。

**1**　㋐
**2**　㋐，㋑
**3**　㋑
**4**　㋑，㋒
**5**　㋒

## 解説

㋐：誤り。ストック効果とは，整備された社会資本が機能することで，整備直後から継続的かつ中長期にわたって得られる効果のことである。一方で，フロー効果とは，公共投資の事業自体によって生産，雇用や消費といった経済活動が派生的につくり出され，短期的に経済全体を拡大させる効果のことである。費用便益分析が対象とするのはストック効果である。

㋑：正しい。純現在価値とは，現在価値に直した場合の便益から費用を引いたもので，これが正であることは社会的に意義があることになる。費用便益費は，B/C と書かれるもので，費用に対する便益の比を表す。この2つが等価であることはすぐにわかる。社会的割引率は，将来価値を現在価値に割り引くときに用いられる比率のことである。一方で，内部収益率は，便益と費用をともに現在価値に割り引くときに，費用と便益がつりあう割引率である。言い換えると，投資した費用を，便益で返済するときに，費用に見合う便益が得られる最大の割引率である（割り引かれると便益が減少する）。したがって，内部収益率が社会的割引率より大きいということは，費用より便益が大きいことを意味しており，純現在価値が0以上であることと等価である。

㋒：誤り。優先順位の決定は，使う指標によって変化する。たとえば，純現在価値は，費用，便益の絶対的な差が大きいほど大きくなるため，巨大なプロジェクトのほうが値が大きくなる。一方，費用便益比は割り算であるため，プロジェクトの大きさにはよらない。

**正答 3**

### ポイント

費用便益分析についての問題です。費用便益分析自体の出題は珍しくありませんが，かなり細かい内容の出題です。令和以降，国土交通省の費用便益分析の各種マニュアルが改訂されていますが，これを踏まえた出題なのかもしれません。なお，全体的なことについては国土交通省の Web サイトにまとまった資料があります（https://www.mlit.go.jp/common/001373914.pdf）

この問題は，難しいわけではありませんが，他の試験では出題されにくい分野だけに，確信を持って判断できた人は少なかったかもしれません。なお，フロー効果，ストック効果については国土交通省の Web サイトの説明（https://www.mlit.go.jp/sogoseisaku/region/stock/stockeffect.html）を引用しています。

国家総合職

# No. 112 土木計画 全国都市交通特性調査 令和4年度

表は，全国都市交通特性調査（旧全国都市パーソントリップ調査）による2015年の平日の三大都市圏と地方都市圏のそれぞれの代表交通手段分担率を示したものである。表中の㋐～㋓に当てはまる代表交通手段の組合せとして最も妥当なのはどれか。

| | ㋐ | ㋑ | ㋒ | ㋓ | 徒歩・その他 |
|---|---|---|---|---|---|
| 三大都市圏 | 31.4% | 16.3% | 28.5% | 2.3% | 21.5% |
| 地方都市圏 | 58.6% | 16.1% | 4.3% | 3.1% | 17.8% |

| | ㋐ | ㋑ | ㋒ | ㋓ |
|---|---|---|---|---|
| **1** | 自動車 | 鉄道 | 二輪車 | バス |
| **2** | 自動車 | 二輪車 | 鉄道 | バス |
| **3** | 自動車 | バス | 鉄道 | 二輪車 |
| **4** | 鉄道 | 自動車 | 二輪車 | バス |
| **5** | 鉄道 | バス | 二輪車 | 自動車 |

**解 説**

　2015 年（平成 27 年）全国都市交通特性調査によると，㋐は「自動車」，㋑は「二輪車」，㋒は「鉄道」，㋓は「バス」である。

正答　**2**

ポイント

　資料に関する単純知識問題のため，解説も結論のみを述べました。知っていれば即座に答えられますが，知らなければその場で考えるしかありません。

　まず，三大都市圏のみで顕著に分担率の高い交通手段が「鉄道」であることは，三大都市圏には縦横に鉄道網が張り巡らされていることを考えれば，容易に想像がつくでしょう。また，逆に地方都市圏で分担率が高いのが「自動車」であることも容易に想像ができると思います。ここまでで㋐，㋒がわかり，2 択になります。残りは，三大都市圏と地方都市圏で違いがなく，人によっては難しく感じたかもしれません。実は「二輪車」には「自動二輪車」だけではなく「自転車」も含まれます。このことを考えると，バスよりも自転車のほうが比率が高いことに気づけたかもしれません。あるいは，地方都市圏で，鉄道とほぼ同じ割合になるのがバスであることから判断できたかもしれません。

　なお，この分担率については，このほかにも表中の割合が「トリップ数の割合」であることに注意が必要です。たとえば，貨物の機関分担率で出題の多いのは「トン・キロ」単位のものです。つまり，本問では，距離が長くても短くても「1 トリップ」であることに注意が必要です。

　最後に全国都市交通特性調査は，2021 年調査が最新です。その速報値は次のようになります。

|  | 自動車 | 二輪車 | 鉄道 | バス | 徒歩・その他 |
|---|---|---|---|---|---|
| 三大都市圏 | 31.9% | 15.5% | 24.4% | 2.2% | 25.9% |
| 地方都市圏 | 61.0% | 13.2% | 3.7% | 2.6% | 19.6% |

　全国都市交通特性調査については，国土交通省の Web サイトに詳細が掲載されています（https://www.mlit.go.jp/toshi/tosiko/toshi_tosiko_tk_000033.html）。

わが国の都市計画に関する記述㋐～㋓のうち，妥当なもののみを挙げているのはどれか。

　㋐　地方公共団体は，都市計画に災害危険区域を定め，災害防止上必要な建築物の建築に関する制限を定めることができる。

　㋑　都市計画に定められた道路や公園等の都市計画施設の区域内においては，建築物を建築しようとする者は，都道府県知事等の許可を受けなければならない。

　㋒　市町村は，都市計画に地区施設の配置等を定める地区計画を定めることができる。

　㋓　市町村は，都市計画区域の整備，開発および保全の方針を都市計画として定める。

**1**　㋐，㋑

**2**　㋐，㋒

**3**　㋑，㋒

**4**　㋑，㋓

**5**　㋒，㋓

### 解説

㋐：誤り。災害危険区域は「条例」で定めるものであり，「都市計画に」定めるものではない。災害危険区域について定めた建築基準法 38 条 1 項には「地方公共団体は，条例で，津波，高潮，出水等による危険の著しい区域を災害危険区域として指定することができる」とある。なお，災害危険区域は都市計画法上のいわゆる「災害レッドゾーン」の一つであり，開発行為にはさまざまな制約を受ける（都市計画法 33 条 1 項 8 号参照）。

㋑：正しい。都市計画施設の区域または市街地開発事業の施行区域内において建築物の建築をしようとする者は，都道府県知事等の許可を受けなければならない（同法 53 条 1 項）。

㋒：正しい。都市計画には，地区計画を定めることができる（同法 12 条の 4）が，その主体は市町村である（同法 15 条 1 項）。

㋓：誤り。都市計画区域の整備，開発および保全の方針を定めるのは都道府県である（同法 15 条 1 項）。

正答　**3**

### ポイント

　都市計画法からの出題です。すべてが法律の条文からですが，㋐は最近の改正事項（令和 2 年改正）に関係する問題で，条文は都市計画法ではなく建築基準法の内容のため，知っていた人は少なかったでしょう。誤りのポイントとしても「条例」と「都市計画」の違いであり，細かい問題といえます。ただ，残りの㋑～㋓は，都市計画の問題としては基本的です。㋓は，いわゆる「都市計画区域マスタープラン」のことです。マスタープランにはこのほかに，「市町村の都市計画に関する基本的な方針（市町村マスタープラン）」があります（都市計画法 18 条の 2 第 1 項）。この 2 つの違いは過去に何度も出題されており，用意しておく必要があります。

国家総合職

## No. 114 土木計画 河川工学 令和4年度

わが国の河川整備に関する記述㋐，㋑，㋒のうち，妥当なもののみをすべて挙げているのはどれか。

㋐ 河道の洪水位を低下させる方法として，河岸や高水敷の掘削，堤防の新設，ダムや遊水地などの洪水調節施設の整備が挙げられる。

㋑ 河川整備基本方針においては，洪水防御に関する計画の基本となる洪水である基本高水や，基本高水の河道および洪水調節施設への配分，主要な地点における計画高水流量や計画高水位といった，河川の整備の基本となるべき事項を定めることとされている。

㋒ 高規格堤防は，堤防の高さの30倍程度の幅を有する堤防であり，堤防決壊を防ぐことで壊滅的な被害を回避できることから，一級水系の半数程度において，密集市街地を防御するために，まちづくりと連携した整備が進められている。

**1** ㋐　**2** ㋐，㋑　**3** ㋐，㋒　**4** ㋑　**5** ㋑，㋒

### 解説

㋐：誤り。河岸や高水敷の掘削，ダムや遊水地などの洪水調節施設の整備は，洪水位を低下させる方法といえるが，堤防の新設をしても洪水位は低下しない。堤防の新設は高い洪水位に対して氾濫させないようにする対策である。

㋑：正しい。このほかに，主要な地点における計画横断形に係る川幅に関する事項，主要な地点における流水の正常な機能を維持するため必要な流量に関する事項（正常流量のこと，河川法施行令10条の2）を定めることになっている。

㋒：誤り。高規格堤防についての前半部分（「被害を回避できる」まで）は正しい。しかし，もともと高規格堤防は東京，大阪などの5水系6河川で計画されていたものであり，さらにその後の事業仕分け（平成22年）を機に大幅見直し，縮小となっており，以降，優先度が高く，住民の理解が得られた限られた地域でのみ整備されている。したがって，「一級水系の半数程度」の記述は誤りである。

**正答 4**

### ポイント

基本的な知識で解くことができる問題です。ただし，漫然と文章を読んでいると，判断すべきポイントを見逃すことになります。

㋑，㋒は易しく判断できると思われます。㋑は過去に何回も出題のある事項で，確実に覚える必要があります。㋒について，平成22年当時は，高規格堤防が社会的にかなり批判を浴びたのですが，その当時を知っている人は少なかったかもしれません。当時と比べ，現在は「流域治水」の考え方が広まり，高規格堤防を取り巻く状況も変わりましたが，整備が進んでいるわけではありません。

㋐は，よく考えれば判断できる事項ですが，それだけに難しかったかもしれません。挙げられた具体例について，一つ一つ確認すれば誤りだと判断できたでしょう。

国家総合職

## No. 115 土木計画　海岸・港湾工学　令和4年度

海岸工学・港湾工学に関する記述㋐，㋑，㋒のうち，妥当なもののみをすべて挙げているのはどれか。

㋐　砕波の形は，一般に崩れ波，巻き波，砕け寄せ波の３種類に大別されるが，このうち，巻き波は，構造物に強烈な衝撃性の力を作用させるなどの現象をもたらす。

㋑　わが国では，海図や港湾工事における全国統一の基準面として，東京湾平均海面（東京湾中等潮位）が用いられている。

㋒　離岸堤とは，岸から離れててい線に平行に設けられた構造物であり，その背後にはトンボロを形成させる。

**1**　㋐
**2**　㋐，㋑
**3**　㋐，㋒
**4**　㋑
**5**　㋑，㋒

### 解説

㋐：正しい。巻き波は，波頂が前面に出てくる形の砕波で，記述のとおり，構造物に衝撃性の力を作用させる場合がある。

㋑：誤り。海図や港湾工事では，その場所の最低海面や平均海面が基準ととられており，全国統一の基準は使われていない。

㋒：正しい。なお，トンボロとは，この場合には陸地と離岸堤を結ぶように形成された砂州のことをいう。

**正答　3**

### ポイント

過去に出題のない事項が多く，非常に難しい問題といえます。この中では㋒は地方上級を中心によく出題されているもので，これは正しいと判断したいところです。これで２択となりますが，㋐，㋑はどちらも専門的学習をしないと出てこないため難易度はかなり高めです。

令和4年度

# 国家一般職
# ［大卒］

## ●出題内訳表

| No. | 科目 | | 出題内容 |
|---|---|---|---|
| 21 | 構造力学（土木）・水理学・土質力学・測量 | 構造力学（土木） | 静定ラーメン |
| 22 | | 構造力学（土木） | 不静定力法 |
| 23 | | 構造力学（土木） | 座屈 |
| 24 | | 構造力学（土木） | 2次元応力 |
| 25 | | 水理学 | 浮力 |
| 26 | | 水理学 | 比エネルギー |
| 27 | | 水理学 | 堰の流量 |
| 28 | | 土質力学 | 土のコンシステンシー |
| 29 | | 土質力学 | 鋭敏比 |
| 30 | | 土質力学 | クイックサンド |
| 31 | | 測量 | 鋼巻尺の補正 |
| 32 | 土木材料・土木設計・土木施工 | 土木材料 | コンクリート |
| 33 | | 土木設計 | コンクリート構造物の設計 |
| 34 | | 土木施工 | 地すべり対策工 |
| 35 | 土木計画 | | わが国の都市計画 |
| 36 | | | わが国の交通 |
| 37 | | | 河川工学 |
| 38 | | | 突堤 |
| 39 | 環境工学（土木）・衛生工学 | 環境工学（土木） | 環境一般 |
| 40 | | 衛生工学 | わが国の上下水道 |

図のように，静定ラーメンに集中荷重が作用するとき，支点 A における水平反力 $H_A$ と支点 D における鉛直反力 $R_D$ の大きさの組合せとして最も妥当なのはどれか。

ただし，部材の自重は無視するものとする。

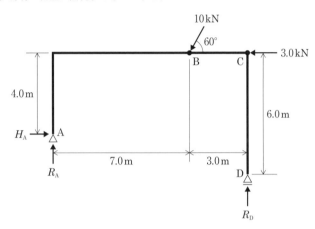

|   | $H_A$ | $R_D$ |
|---|---|---|
| **1** | 8.0 kN | 2.9 kN |
| **2** | 8.0 kN | 5.8 kN |
| **3** | 8.0 kN | 6.7 kN |
| **4** | 11.7 kN | 2.9 kN |
| **5** | 11.7 kN | 5.8 kN |

**解 説**

Bに加わる力は下図のように立て，横に分ける。

水平方向の力のつりあいより，

$H_A = 5.0 + 3.0 = 8.0\,\text{kN}$

Aまわりのモーメントのつりあいより，

$R_D \times 10 + 5.0 \times 4.0 + 3.0 \times 4.0 = 5\sqrt{3} \times 7$

$\therefore \quad R_D = 3.5\sqrt{3} - 3.2 \fallingdotseq 2.9\,\text{kN}$

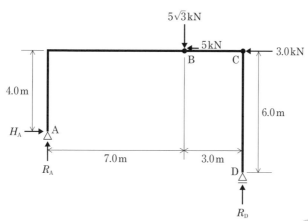

正答 **1**

**ポイント**

　解き慣れないラーメンですが，力がすべて描かれているので，解きやすい問題です。
　斜めの力を水平，鉛直に直した後，水平方向のつりあい，鉛直方向のつりあい，モーメントのつりあいのどれから立てるのが有利なのかを考えます。モーメントのつりあいについては，どこを中心にとれば解きやすいのか（邪魔な力が消えるようにする）を考えるとよいでしょう。

図 I のような，全長に等分布荷重 $q$ を受ける長さ $2L$ の片持ち梁の自由端 B が移動支持によって支えられている梁の支点反力 $R_B$ として最も妥当なのはどれか。

なお，図 II のような，全長に等分布荷重 $q$ を受ける長さ $l$ の片持ち梁の自由端 b におけるたわみ $\delta_{b1}$ は式①，図 III のような，長さ $l$ の片持ち梁の自由端 b に鉛直下向きの集中荷重 $P$ が作用するときのたわみ $\delta_{b2}$ は式②で表されるものとする。ここで，鉛直下向きのたわみを正とする。

$$\delta_{b1} = \frac{ql^4}{8EI} \quad \cdots\cdots ①$$

$$\delta_{b2} = \frac{Pl^3}{3EI} \quad \cdots\cdots ②$$

ただし，図 I，図 II，図 III の断面は一様であり，Young 係数，断面 2 次モーメントは等しく，それぞれ，$E$，$I$ とする。また，梁の自重は無視し，支点反力は鉛直上向きを正とする。

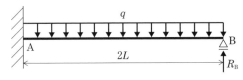

図 I

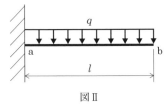

図 II

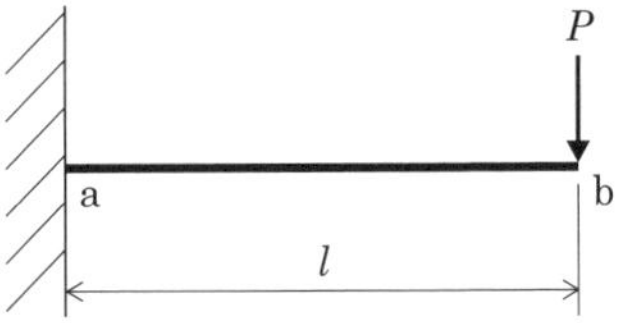

図 III

**1** $-\dfrac{3qL}{4}$

**2** $-\dfrac{qL}{4}$

**3** $\dfrac{qL}{4}$

**4** $\dfrac{3qL}{8}$

**5** $\dfrac{3qL}{4}$

**解　説**

　重ね合わせの原理を考える。つまり，図Ⅰの構造は，等分布荷重 $q$ によって生じた点 B の鉛直下向きのたわみ $\delta$ を，上向きの支点反力 $R_{\mathrm{B}}$ で同じ大きさの鉛直上向きのたわみ $\delta$ を生じさせることで打ち消したと考える。

　与えられたたわみの公式より，

$$\frac{q(2L)^4}{8EI} = \frac{R_{\mathrm{B}}(2L)^3}{3EI}$$

$$\therefore \quad R_{\mathrm{B}} = \frac{3}{4}qL$$

正答　**5**

**ポイント**

　不静定力法の基本的な問題です。ヒントも付されているため，非常に解きやすいと思います。なお，「正負」の異なる選択肢があるため，設問の正負の定義は注意して読む必要があります。『公務員試験　技術系　新スーパー過去問ゼミ　土木』（実務教育出版）（以下，『技術系　新スーパー過去問ゼミ　土木』）p.150 も参照してください。

図Ⅰと図Ⅱのような支持条件，長さ，断面が異なる長柱の座屈荷重をそれぞれ $P_Ⅰ$，$P_Ⅱ$ とするとき，これらの大きさの組合せとして最も妥当なのはどれか。

ただし，図Ⅰと図Ⅱの長柱の Young 係数 $E$ は同じで，断面は長さ方向に一様とする。

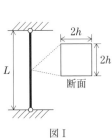

図Ⅰ

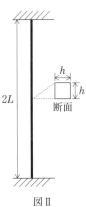

図Ⅱ

|  | $P_Ⅰ$ | $P_Ⅱ$ |
|---|---|---|
| **1** | $\dfrac{4\pi^2 Eh^4}{3L^2}$ | $\dfrac{\pi^2 Eh^4}{48L^2}$ |
| **2** | $\dfrac{4\pi^2 Eh^4}{3L^2}$ | $\dfrac{\pi^2 Eh^4}{12L^2}$ |
| **3** | $\dfrac{16\pi^2 Eh^4}{3L^2}$ | $\dfrac{\pi^2 Eh^4}{48L^2}$ |
| **4** | $\dfrac{16\pi^2 Eh^4}{3L^2}$ | $\dfrac{\pi^2 Eh^4}{24L^2}$ |
| **5** | $\dfrac{16\pi^2 Eh^4}{3L^2}$ | $\dfrac{\pi^2 Eh^4}{12L^2}$ |

**解説**

$P_{\mathrm{I}}$について：

両端がピン支持なので，オイラーの座屈荷重の公式より，

$$P_{\mathrm{I}} = \frac{\pi^2 E \dfrac{(2h)^4}{12}}{L^2} = \frac{4\pi^2 E h^4}{3L^2}$$

$P_{\mathrm{II}}$について：

両端固定なので，オイラーの座屈荷重の公式より，

$$P_{\mathrm{II}} = \frac{\pi^2 E \dfrac{h^4}{12}}{\left(\dfrac{1}{2} \times 2L\right)^2} = \frac{\pi^2 E h^4}{12L^2}$$

正答 **2**

**ポイント**

　座屈の基本的な問題で，公式を覚えていれば解くことができます。ここで使ったオイラーの座屈荷重の公式とは，（最低）座屈荷重 $P_{cr}$ が

$$P_{cr} = \frac{\pi^2 EI}{l_k^2} \quad (l_k：\text{有効座屈長}，\ I：\text{断面 2 次モーメント})$$

で与えられるというものです。有効座屈長は指示条件によって変わり，柱の長さを $l$ とするとき，両端ピン支持なら $l$，両端固定端なら $\dfrac{l}{2}$ となります。詳しい解説は『技術系　新スーパー過去問ゼミ　土木』p.164 にあります。

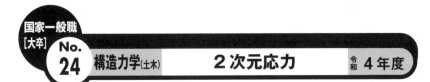

図のような直径 $d$ の丸棒の両端に引張荷重 $P$ が作用しているとき，$P$ に垂直な断面 A - B から 30° 傾いた断面 C - D には応力 $\sigma_{\mathrm{CD}}$ が生じる。このとき，断面 C - D に垂直な方向の応力 $\sigma_n$ とせん断応力 $\tau$ の大きさの組合せとして最も妥当なのはどれか。

ただし，丸棒は均質で，断面は長さ方向に一様とする。

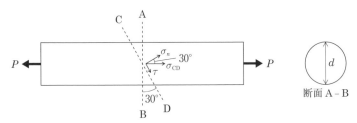

断面 A – B

| | $\sigma_n$ | $\tau$ |
|---|---|---|
| **1** | $\dfrac{\sqrt{3}P}{\pi d^2}$ | $\dfrac{P}{\pi d^2}$ |
| **2** | $\dfrac{\sqrt{3}P}{\pi d^2}$ | $\dfrac{\sqrt{3}P}{\pi d^2}$ |
| **3** | $\dfrac{\sqrt{3}P}{\pi d^2}$ | $\dfrac{3P}{\pi d^2}$ |
| **4** | $\dfrac{3P}{\pi d^2}$ | $\dfrac{P}{\pi d^2}$ |
| **5** | $\dfrac{3P}{\pi d^2}$ | $\dfrac{\sqrt{3}P}{\pi d^2}$ |

### 解説

**解法1：モール円を使う**

設問の外力を応力に直すと左下図のようになる（ただし，わかりやすくするために，棒ではなく正方形に近い形にした）。これをモール円で表す。

まずモール円を描くために，面①上の応力の組合せを座標で書くと，

$$(\sigma,\ \tau) = \left(\dfrac{P}{\dfrac{\pi d^2}{4}},\ 0\right) = \left(\dfrac{4P}{\pi d^2},\ 0\right)$$

同様に面②は $(0,\ 0)$ となる。この2点を直径とする円がモール円で，右下図のようになる。これは中心 $\left(\dfrac{2P}{\pi d^2},\ 0\right)$，半径 $\dfrac{2P}{\pi d^2}$ の円である。求める面③は，面①から反時計回りに $30°$ 回転させたものなので，モール円上では中心角で $60°$ の位置を読めばよい。モール円の右上の三角形も参考にすると，

$$\sigma_n = \frac{2P}{\pi d^2} + \frac{P}{\pi d^2} = \frac{3P}{\pi d^2}$$

$$\tau = \frac{\sqrt{3}P}{\pi d^2}$$

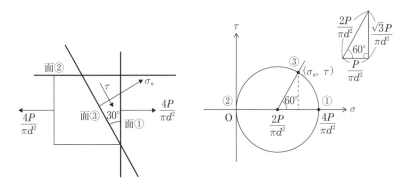

**解法2：力のつりあいを考える**

面CDにはたらく面に垂直な力を $N$，平行な力を $R$ とする（左次図）。左次図のように，引張荷重 $P$ を同じ方向に分けて，力のつりあいを考えると，

$$N = \frac{\sqrt{3}P}{2},\ R = \frac{P}{2}$$

となる。

ここで面CDは右次図のような楕円になっていて，その面積は $\dfrac{1}{4} \times \pi \times d \times \dfrac{2d}{\sqrt{3}} = \dfrac{\pi d^2}{2\sqrt{3}}$ であるので，求める応力は，

$$\sigma_n = \frac{N}{\frac{\pi d^2}{2\sqrt{3}}} = \frac{\frac{\sqrt{3}P}{2}}{\frac{\pi d^2}{2\sqrt{3}}} = \frac{3P}{\pi d^2}$$

$$\tau = \frac{R}{\frac{\pi d^2}{2\sqrt{3}}} = \frac{\frac{P}{2}}{\frac{\pi d^2}{2\sqrt{3}}} = \frac{\sqrt{3}P}{\pi d^2}$$

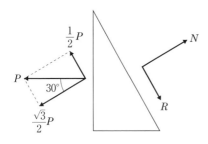

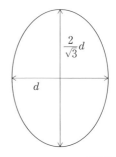

正答 **5**

### ポイント

　機械職ではよく出題される問題ですが，土木職では珍しいといえます。そのためか正答率は非常に低かったようです。

　本問の最大のポイントは「応力」と「力」を混ぜないことです。設問の図を見ると，力と応力が両方ありますが，これを混同してはいけません。

　解法1は応力に統一する方法です。応力どうしの関係はモール円で計算できます。モール円については『技術系　新スーパー過去問ゼミ　土木』p.242 も参照してください。

　解法2は力に統一した場合です。力どうしならばつりあい式が成り立ちます。実質的にモール円を証明することに対応する方法になります。一見簡単に見えますが，解説にあるとおり，最後に面積を正しく計算しないと正答できません。なお，これについては楕円の公式を知らなくても，単純にABとCDの長さの比率を掛けるだけでも求めることができます。正答を知ると簡単そうに見えますが，最後の面積まで正しく処理できた人は少なかったようです。

密度 920 kg/m³ の均質な材料からなる物体が，海中に浮かび安定している。海面上に出ている部分の体積を $V_1$，海面下に沈んでいる部分の体積を $V_2$ とすると，$\dfrac{V_1}{V_2}$ として最も妥当なのはどれか。

ただし，海水の密度を 1030 kg/m³ とする。

**1**　0.12
**2**　0.47
**3**　0.89
**4**　1.1
**5**　2.1

### 解　説

物体全体の体積は $V_1 + V_2$ である。密度に体積を掛けると質量になるので，物体に加わる重力は，重力加速度を $g$ として $920(V_1 + V_2)g$ となる。一方，浮力の大きさは，アルキメデスの原理から $1030 \times V_2 \times g$ となる。重力と浮力がつりあって安定しているので，

$$920(V_1 + V_2)g = 1030 V_2 g$$

$$\therefore \quad \frac{V_1}{V_2} = \frac{110}{920} \fallingdotseq 0.12$$

正答　**1**

### ポイント

浮力の非常に簡単な問題です。解説中に出てきたアルキメデスの原理とは，浮力 $F$ が，

$$F = \rho g V \quad (\rho：周囲の液体の密度，\ V：液体中に没している部分の体積)$$

と表されるというものです（『技術系　新スーパー過去問ゼミ　土木』p.331 を参照）。

図のように，開水路流れにおいて流量一定のときの水深 $h$ と比エネルギー $E$ の関係があるとき，点A，点B，点Cにおける流れの状態の組合せとして最も妥当なのはどれか。

なお，Bは比エネルギーが最小となる状態である。

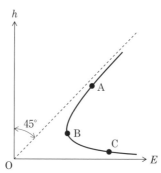

|   | A | B | C |
|---|---|---|---|
| **1** | 限界流 | 常流 | 射流 |
| **2** | 射流 | 限界流 | 常流 |
| **3** | 射流 | 常流 | 限界流 |
| **4** | 常流 | 限界流 | 射流 |
| **5** | 常流 | 射流 | 限界流 |

**解 説** ━━━━━━━━━━━━━━━━━━━━━━━━━━━━━━━━

　比エネルギーが最小となる水深を限界水深といい，この状態の流れを限界流というので，Bは「限界流」である。また，限界流よりも水深が大きい流れであるAは「常流」，限界流よりも水深が小さい流れであるCは「射流」である。

正答　**4**

**ポイント**

　流れについての非常に簡単な用語問題で，確実に正答すべき問題です（『技術系新スーパー過去問ゼミ　土木』p.390を参照）。

図のように，幅 $B$ の四角堰から越流水深 $H$ の越流が生じているとき，堰からの流量 $Q$ として最も妥当なのはどれか。

ただし，流量係数を $C$，重力加速度の大きさを $g$ とする。

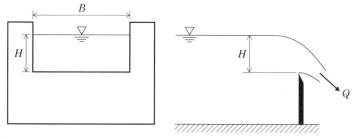

**1** $\frac{2}{3}CB\sqrt{g}H^{\frac{3}{2}}$

**2** $\frac{2}{3}CB\sqrt{2g}H$

**3** $\frac{2}{3}CB\sqrt{2g}H^{\frac{3}{2}}$

**4** $CB\sqrt{2g}H$

**5** $CB\sqrt{2g}H^{\frac{3}{2}}$

水面から深さ $z$ の位置にある微小面積 $dA = Bdz$ の部分（下図斜線部）から出てくる水の流速 $v$ は，トリチェリの定理から，

$$v = \sqrt{2gz}$$

であり，流量 $dQ$ は，

$$dQ = vdA = vBdz = B\sqrt{2gz}\,dz$$

となる。これに流量係数を掛けて断面全体について積分すると，求める流量 $Q$ は，

$$Q = \int dQ = CB\sqrt{2g}\int_0^H z^{\frac{1}{2}}dz$$

$$= CB\sqrt{2g}\left[\frac{2}{3}z^{\frac{3}{2}}\right]_0^H = \frac{2}{3}CB\sqrt{2g}H^{\frac{3}{2}}$$

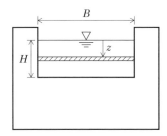

正答 3

**ポイント**

どのように計算をしていくのかのヒントがない上積分計算を伴うため，用意していないと難しく見えるかもしれません。

ただ，この問題はときどき出題されるもので，実際，『技術系　新スーパー過去問ゼミ　土木』p.415 に同じ問題が掲載されています。このように準備していたかが解けたかどうかの分かれ目となる問題です。

ある試料土を採取したときの含水比は 58% であった。この試料土について，液性限界試験と塑性限界試験を行ったところ，液性限界は 71%，塑性限界は 23% であった。このとき，塑性指数と液性指数の組合せとして最も妥当なのはどれか。

| | 塑性指数 | 液性指数 |
|---|---|---|
| **1** | 13 | 0.37 |
| **2** | 35 | 0.27 |
| **3** | 35 | 0.73 |
| **4** | 48 | 0.27 |
| **5** | 48 | 0.73 |

 **解説**

塑性指数 $I_p$ は，液性限界 $w_L$ と塑性限界 $w_P$ の差であり，

$$I_P = w_L - w_P = 71 - 23 = 48\%$$

次に，液性指数 $I_L$ は，自然含水比（考えている土の自然状態の含水比）$w_n$ を使って，

$$I_L = \frac{w_n - w_P}{I_P} = \frac{58 - 23}{48} \fallingdotseq 0.73$$

正答 **5**

**ポイント**

「塑性指数と液性指数の正確な定義を知っていますか」という問題です。細かい問題に思えますが，過去にも液性指数を計算させる問題は出題されています（平成 21 年度国家Ⅱ種〈現国家一般職［大卒］〉No.25）。特に液性指数については，コンシステンシー指数との区別も重要です。

ある乱さない粘土試料の一軸圧縮試験を行ったところ，一軸圧縮強さは 78 kN/m² であった。この粘土を練り返した試料の一軸圧縮強さは 18 kN/m² であった。この粘土の鋭敏比として最も妥当なのはどれか。

**1** 0.23

**2** 0.30

**3** 3.3

**4** 4.3

**5** 5.3

**解 説** ━━━━━━━━━━━━━━━━━━━━━━━━━━━━━━━━

鋭敏比 $S_t$ は，

$$S_t = \frac{乱さない試料の一軸圧縮強度}{乱した試料の一軸圧縮強度}$$

で定義される。本問で与えられた数値を代入すると，

$$S_t = \frac{78}{18} \fallingdotseq 4.3$$

正答 **4**

**ポイント**

「鋭敏比の定義を知っていますか」という問題です。これもたびたび出題されていて，『技術系 新スーパー過去問ゼミ 土木』p.259 にその定義を問う問題があります。覚えていないと，分母がどちらなのかが問題になりそうですが，鋭敏比は，クイッククレイと呼ばれる鋭敏な粘土（乱すと著しく強度を失う粘土）で，「『粘着力が乱さない状態の何倍付いたのか』という観点で定義されている」と覚えれば，1 を超える値になるはずとわかります。

図のように，自立式の鋼矢板で土留めを行い，$h = 5.0\,\mathrm{m}$ の深さまで砂地盤を掘削する。砂地盤の飽和単位体積重量 $\gamma_{sat}$ を $20\,\mathrm{kN/m^3}$，水の単位体積重量 $\gamma_w$ を $10\,\mathrm{kN/m^3}$ とし，安全率 $F_S$ を 1.5 とするとき，ボイリングが発生しないために最小限必要な鋼矢板の根入れ長 $D_f$ として最も妥当なのはどれか。

ただし，限界動水勾配 $i_c$，動水勾配 $i$ を用いて，安全率は $F_S = \dfrac{i_c}{i}$ で示され，鋼矢板の幅は無視できるものとする。

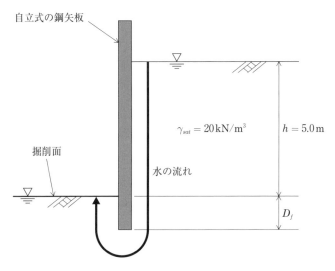

**1**　$1.00\,\mathrm{m}$
**2**　$1.25\,\mathrm{m}$
**3**　$1.50\,\mathrm{m}$
**4**　$2.00\,\mathrm{m}$
**5**　$2.50\,\mathrm{m}$

**解 説**

限界動水勾配 $i_c$ は以下の公式で計算できる。

$$i_c = \frac{\gamma_{sat} - \gamma_w}{\gamma_w} = \frac{20 - 10}{10} = 1$$

次に動水勾配 $i$ は，水位差が $5.0\,\mathrm{m}$，透水距離は設問の図の矢印に沿った長さで $5 + 2D_f$ となるので，

$$i = \frac{5}{5 + 2D_f}$$

したがって，安全率について，

$$F_s = \frac{1}{\dfrac{5}{5 + 2D_f}} = \frac{5 + 2D_f}{5} = 1.5$$

$$\therefore \quad D_f = \frac{7.5 - 5}{2} = 1.25\,\mathrm{m}$$

正答 **2**

**ポイント**

　限界動水勾配法によるクイックサンドの問題はときどき出題されています（たとえば平成 28 年度国家一般職［大卒］No.28 や『技術系　新スーパー過去問ゼミ　土木』p.220）。本問もその典型的な問題で，用意して確実に解きたい問題といえます。

鋼巻尺を用いて 2 測点間の距離測定を行い，下表の条件に基づき，尺定数，温度および傾斜について補正を行った。尺定数，温度および傾斜に関する各補正量の符号の組合せとして最も妥当なのはどれか。

なお，符号は，正ならば＋とし，負ならば−とする。

| 鋼巻尺の尺定数 | 正しい長さ 50 m に対して＋2.8 mm（標準張力 98 N，標準温度 20℃ のとき） |
| --- | --- |
| 測定時の張力 | 98 N |
| 測定時の温度 | 10℃ |
| 鋼巻尺の線膨張係数 | 0.000012/℃ |
| 2 測点間の高低差 | 2.000 m |

|  | 尺定数 | 温度 | 傾斜 |
| --- | --- | --- | --- |
| **1** | ＋ | ＋ | − |
| **2** | ＋ | − | ＋ |
| **3** | ＋ | − | − |
| **4** | − | ＋ | − |
| **5** | − | − | ＋ |

**解説**

**尺定数の補正：**

　尺定数の補正は，「＋」と書かれていれば「＋」の補正を行う。

**温度：**

　測定時の温度（10℃）が標準温度（20℃）よりも低い。このときには「−」の補正を行う。

**傾斜：**

　高低差があると，斜めの距離（斜距離）を測量していることになる。これを水平距離に直すと，三平方の定理から長さは短くなる。したがって，「−」の補正をすることになる。

正答　**3**

**ポイント**

　珍しい出題ですが，似たような問題は『技術系　新スーパー過去問ゼミ　土木』p.427 にあります。また，尺定数の補正の計算問題は，過去に特別区で出題があります。

　覚えていればよいわけですが，たとえば，尺定数が「＋」ということは，実際よりも短く測定されるため，「数値を足し算して補正しなさい」という意味です。同じように，温度が低いと巻尺が縮んで短くなり，目盛の間隔も短くなるため，実際よりも長く測定される，つまり，長さを引き算する必要があると考えていくこともできます。

<br>

**国家一般職 [大卒]**
**No. 32** **土木材料** **コンクリート** 令和 **4年度**

フレッシュコンクリートに関する記述㋐～㋓のうち，妥当なもののみを挙げているのはどれか。

㋐ ブリーディングは，主にコンクリートの運搬と打込み中に生じる。

㋑ 粗骨材の最大寸法が大きくなるほど，材料分離は生じやすくなる。

㋒ 配合条件が同じであれば，練混ぜ時のコンクリートの温度が高くなるほど，空気量は少なくなる。

㋓ コンクリート中に存在する空気には，混和剤により意図的に導入されるエントラップトエアと，自然に混入するエントレインドエアがある。

**1** ㋐，㋑
**2** ㋐，㋒
**3** ㋐，㋓
**4** ㋑，㋒
**5** ㋑，㋓


**解説**

㋐：誤り。ブリーディングとは，打込み後のコンクリートにおいて，密度の大きいセメントや骨材が沈降するとともに，密度の小さい水が浮いてくる現象をいう。したがって，ブリーディングが起きやすいのは，打込み後であり，運搬や打込み中ではない。運搬や打込み中は，材料が混ぜられていることに注意してほしい。たとえば，泥水は，移動している間は混ざっているが，しばらく静かに置いておくと，水と泥に分離することを考えてみるとよい。

㋑：正しい。似たような意味合いであるが，細骨材率が低くなると，材料分離は生じやすくなる。

㋒：正しい。温度が高くなると空気量は低下する。

㋓：誤り。エントラップトエアとエントレインドエアの語が逆である。

正答 **4**

**ポイント**

頻出の㋓を除いては，過去問をさらっただけでは判断しにくい選択肢が多い問題でした。ただ，たとえば，㋑では，材料分離は，材料がお互いに固結しないことで生じますが，表面積が大きいほど固結しやすくなることを想像すれば正しいと判断できたかもしれません。

国家一般職［大卒］

## No. 33 土木設計 コンクリート構造物の設計 令和4年度

コンクリート構造物の設計に関する記述㋐，㋑，㋒のうち，妥当なもののみをすべて挙げているのはどれか。

㋐ 許容応力度設計法では，構造物の各部材に生じる応力を塑性理論に基づき求め，求めた応力が部材ごとの許容応力度以下であることを確かめることにより，構造物の設計を行う。

㋑ 限界状態設計法では，構造物がその状態に達すると破壊したり，使用できなくなったりする限界状態を設定し，限界状態に対して構造物が安全であるように，設計荷重や材料強度などの不確実性を考慮した安全係数を用いて，構造物の設計を行う。

㋒ 仕様規定型設計法では，構造物の供用期間と構造物に求められる性能を定め，供用期間中，構造物がその性能を満足するように設計を行う。

**1** ㋐
**2** ㋐，㋑
**3** ㋑
**4** ㋑，㋒
**5** ㋒

### 解説

㋐：誤り。許容応力度設計法の基礎となっているのは塑性理論ではなく「弾性理論」である。

㋑：正しい。構造物が破壊する状態を設定する終局限界状態，疲労破壊する状態を設定する疲労限界状態，破壊には至らないが使用できなくなる状態を設定する使用限界状態を設定する。

㋒：誤り。仕様規定とは，構造物の材料，工法，寸法等を具体的に定めて，それに従って設計を行うことをいう。一方，性能規定とは，構造物がどのような性能を持てばよいのかのみを定める設計である。その性能を達成するための材料や工法等は設計者に委ねられているため，設計の自由度が高い。公共工事では，従来は性能規定による発注を行っていたが，性能規定が導入されてきている。ただし，目標となる「性能」を明確に定義する必要がある。

**正答 3**

**ポイント**

設計法に関する問題は，以前はよく出題されていましたが，近年は出題が減り，また出題される場合も耐震設計が多くなっていました。限界状態設計法と許容応力度設計法は平成23年度国家Ⅱ種（現国家一般職［大卒］）No.33に出題がありますが，性能規定に関する問題は，過去には国家総合職にしかないため，知らなかった受験生も多く，正答率は低かったのではないかと思います。

国家一般職［大卒］ No. 34 土木施工

# 地すべり対策工

令和4年度

地すべり対策工㋐〜㋓のうち，抑止工として妥当なもののみを挙げているのはどれか。

なお，抑止工とは，構造物を設けることで，その抵抗を利用して地すべり活動を停止させようとする工法である。

㋐　地表水排除工
㋑　アンカー工
㋒　杭工
㋓　押え盛土工

**1**　㋐，㋑
**2**　㋐，㋒
**3**　㋐，㋓
**4**　㋑，㋒
**5**　㋑，㋓

## 解説

地すべり対策工は，設問にある抑止工と，自然条件を変化させることで地すべりを起こさないようにする抑制工の2種類に分けられる。対策工㋐〜㋓のうち抑止工に分類されるのは，㋑アンカー工と，㋒杭工である。

**正答　4**

### ポイント

地すべり対策工についての知識問題で，抑止工，抑制工の分類を知っているかどうかに尽きます。過去には地方上級や市役所試験で繰り返し出題があり，『技術系　新スーパー過去問ゼミ　土木』p.288にほぼ同じ問題があります。

抑止工と抑制工では，抑止工のほうが種類が少ないため，これを「杭，アンカー，シャフト（工)」と覚えてしまうのが簡単でしょう。

現在のわが国における都市計画に関する記述㋐, ㋑, ㋒のうち, 下線部が妥当なもののみをすべて挙げているのはどれか。

㋐ 平成 30 年の都市再生特別措置法の改正により, 立地適正化計画において定められた病院などの誘導施設を休廃止する場合は, その旨を<u>市町村長に届け出ること</u>が必要になった。

㋑ 都市計画法 12 条における市街地開発事業については, <u>都市計画区域および都市計画区域外いずれにおいても定めることができる</u>。

㋒ 都市計画事業は市町村が施行し, 市町村が施行することが困難である場合は, 都道府県が施行することができるが, <u>国の機関はいかなる場合であっても施行することはできない</u>。

**1** ㋐

**2** ㋐, ㋑

**3** ㋐, ㋑, ㋒

**4** ㋑

**5** ㋑, ㋒

## 解説

㋐：正しい。都市再生特別措置法 108 条の 2 のことである。届出を行うことで, 市町村が休廃止事業者に商業施設の維持等に関する助言や勧告を行うことができるようになる。

㋑：誤り。市街地開発事業について定めた都市計画法 12 条は, 「都市計画区域については」とあるとおり, 市街地開発事業は都市計画区域内にのみ定めることができる。

㋒：誤り。国の機関は, 国土交通大臣の承認を受けて, 国の利害に重大な関係を有する都市計画事業を施行することができる (都市計画法 59 条 3 項)。

正答 **1**

### ポイント

　都市計画法に関する問題で, ㋐は改正事項のしかもかなり細かい問題であり, 判断は難しかったかと思います (このときの改正では, 都市内に空き地が散在する都市のスポンジ化に対する制度が新設されています)。最大のポイントは㋑で, これを「誤り」と判断できればそれだけで正答を選ぶことができます。市街地開発事業は, 本問中では最も基本的な事項ですが, 基本事項については条文を確実に理解するべきということとなのでしょう。

# 土木計画　わが国の交通　令和4年度

わが国の交通に関する記述㋐，㋑，㋒のうち，妥当なもののみをすべて挙げているのはどれか。

　㋐　LRTは，地下鉄に比べて輸送力および表定速度が大きく，また，人口が多く交通需要が大きい政令指定都市のような大都市に導入が限られている交通システムである。

　㋑　配分交通量の推計手法の一つであるQV式等のリンクパフォーマンス関数を用いる手法は，年間のうち最も交通量の多い1日の交通量を用いる。

　㋒　急行・特急と各駅停車との速度差に着目し，列車種別に応じて警報開始地点を変えることにより，踏切待ち時間の短縮を図るシステムが導入されている。

**1**　㋐

**2**　㋐，㋑

**3**　㋐，㋒

**4**　㋑，㋒

**5**　㋒

---

### 解説

㋐：誤り。LRTと地下鉄では，地下鉄のほうが輸送力および表定速度が大きい。一方で，地下鉄のほうが建設費，維持費も高くなるため，それに見合う需要のある政令指定都市のような大都市に導入が限られている。

㋑：誤り。配分交通量は，たとえばある都市から別の都市に向かう道路が複数あるときに，この2都市間の交通量Q全体（これは分布交通量の分析で求める）を，それぞれの道路に割り振る，つまり，どれだけの交通量がどの道路に発生するのかを推計することをいう。このうち，リンクパフォーマンス関数とは，たとえばある道路の交通量Qと速度Vの関係式等のことで，これをもとに道路別に交通量を割り振ることになる。このときに割り振る交通量Qは，推計の目的にもよるが，最大交通量にしてしまうと，交通量や交通時間を過大に見積もるおそれがある。通常は，年間の平均的な交通量を求めて，年間でどの程度の交通量や混雑があるのかを推計する。

㋒：正しい。いわゆる「賢い踏切」と呼ばれているものである。

正答　**5**

---

### ポイント

かなり細かい問題です。ただ，㋒は知らなかったとしても，そのようなシステムが存在することは想像できた受験生も多かったようです。一方，㋐については，地下鉄，LRTが存在する都市を想像することもできたでしょう。たとえば，地下鉄のある都市は，仙台，福岡，京都など大都市ばかりですが，LRTは宇都宮，富山など地下鉄のある都市よりは規模が小さい場合が多いことに気づけたでしょう。

国家一般職［大卒］ No. 37 土木計画 河川工学 令和4年度

河川に関する次の記述の㋐，㋑，㋒に当てはまるものの組合せとして最も妥当なのはどれか。

「大河川には，河床の勾配がほぼ一定に維持される大きな区間が存在し，この区間は [㋐] と呼ばれる。同一の [㋐] では典型的な河床形状や流路特性が統計的な意味で [㋑] である。また，[㋐] ごとの特徴を比較すると，たとえば，扇状地における河床材料の代表径は三角州に比べて [㋒] 」

| | ㋐ | ㋑ | ㋒ |
|---|---|---|---|
| **1** | セグメント | 均質 | 大きい |
| **2** | セグメント | 均質 | 小さい |
| **3** | セグメント | 多様 | 小さい |
| **4** | 流砂系 | 均質 | 大きい |
| **5** | 流砂系 | 多様 | 大きい |

## 解説

記述にある「河床の勾配がほぼ一定に維持される大きな区間」は「セグメント」と呼ばれる。これが㋐に入る。セグメントは，イメージとしては「上流」「中流」「下流」のように川をその流れの様子から区分したときのそれぞれの区分を指す。実際にはより細かく，扇状地，三角州などと均質になるように分けていく。したがって，㋑には「均質」が入る。なお，流砂系とは，最上流部の山腹斜面から海岸の漂砂域までの土砂移動が起こる領域全体を指す。

また，扇状地は，川が山間部から盆地，平野部に出るところに形成され，山間部と比べて傾きが小さくなるため，運搬されてきた砂礫が堆積しやすい。したがって河床材料の代表径は大きく，透水性が高い。一方，三角州は河口付近にでき，流速が小さいため，比較的小さな砂，泥が堆積する。したがって，扇状地は三角州よりも河床材料の代表径は「大きい」。これが㋒に入る。

**正答　1**

### ポイント

過去に出題がなく，知っていた受験生は多くなかったと思われますが，一般的な知識で想像することができます。特に㋒は地理の知識で知っていた受験生もいたのではないかと思います。記述中の河床材料とは，要するに河原の石や砂のことです。これは上流は大きく，中流はやや小さくなり，下流にいくと小さくなります。これを想像すれば，あとは扇状地と三角州がどこにできるのかを考えるだけです。

国家一般職［大卒］

## No. 38 土木計画　突　堤　令和4年度

海岸侵食対策のために建設される突堤に関する次の記述の㋐，㋑，㋒に当てはまるものの組合せとして最も妥当なのはどれか。

「突堤は，てい線に対して［㋐］に建設される構造物であり，突堤が建設されると，［㋑］による漂砂の移動が突堤によって遮断される。すると，突堤に対して漂砂が流入してくる側では，漂砂の堆積が生じるため，建設後にはてい線が前進する。複数の突堤を適当な間隔で配置した場合は，配置間隔を狭くすれば，建設後に突堤に対して漂砂が流入してくる側のてい線の前進量は，［㋒］なる」

| | ㋐ | ㋑ | ㋒ |
|---|---|---|---|
| **1** | 平行方向 | 沿岸流 | 少なく |
| **2** | 平行方向 | 離岸流 | 多く |
| **3** | 直角方向 | 沿岸流 | 多く |
| **4** | 直角方向 | 沿岸流 | 少なく |
| **5** | 直角方向 | 離岸流 | 少なく |

### 解説

突堤は，海岸から突き出るような形の堤防のことである。したがって，てい線（海岸線のこと）からは「直角方向」となり，これが㋐に入る。次に，漂砂の原因となるのはてい線に平行な流れである沿岸流である。沿岸流と突堤は直交するため，流れが阻害され，漂砂が促される。なお，離岸流は，陸から沖に向かう流れで，突堤と平行な方向であるため，突堤では流れは阻害されない。よって，㋑には「沿岸流」が入る。

最後に，突堤の間隔が短くなると，全体として同じ量の漂砂が流れていても，突堤の数が多くなるため，1か所当たりの漂砂は少なくなる。つまり，てい線の前進量は少なくなる。したがって，㋒には「少なく」が入る。

**正答　4**

### ポイント

突堤に関する問題は，地方上級ではときどき出題されています。そのため簡単には用意していた受験生もいたと思います。特に㋐，㋑は海岸工学の基本知識として押さえておいてよい問題です。ただ，本問の㋒は細かい問題で，ここまで判断できた受験生は少なかったかもしれません。

環境に関する記述㋐, ㋑, ㋒のうち, 妥当なもののみをすべて挙げているのはどれか。

㋐　オゾン層保護の取組みとして使用されるようになった代替フロンの一つである HFC（ハイドロフルオロカーボン）は, オゾン破壊能力はないが, 地球温暖化の原因物質とされている。

㋑　太陽電池発電所については, 日当たりのよい立地であれば比較的導入しやすく, 全国的に導入が進んでいる。そのため, 太陽電池発電所の設置事業は, 環境影響評価法に基づく環境アセスメントの対象となる事業ではない。

㋒　二酸化硫黄は, 石炭や石油などの化石燃料が燃焼する際に燃料中の硫黄が酸化して生成される。わが国では, 化石燃料の大量消費に伴って, 大気中の二酸化硫黄の濃度が昭和40年代頃から高くなり, 現在でもその濃度が上昇し続けている。

**1**　㋐

**2**　㋐, ㋑

**3**　㋑

**4**　㋑, ㋒

**5**　㋒

## 解説

㋐：正しい。HFCは, オゾン層破壊の原因となるフロンの代わりとして使われるようになったもので, オゾン層破壊能力はない。しかし, 温暖化係数（同量の二酸化炭素と比較したときの温室効果の大きさ）は数十から10,000を超えるため, 温室効果ガスの一つとされ, 製造を段階的に削減している。

㋑：誤り。2020年4月から, 太陽電池発電所も環境アセスメントの対象となっている。

㋒：誤り。二酸化硫黄をはじめとした硫黄酸化物は, 高度経済成長以降, その濃度が増加し, 特に四大公害病の一つである四日市ぜんそくの主要な原因ともされた。しかし, 近年は対策が進み, 濃度も減少し, ここのところは, 環境基準達成率もほぼ100%かそれに近い数値で維持している。

正答　**1**

### ポイント

環境に関するさまざまな問題です。㋑は近年の改正事項なのですが, 知らなくても「誤り」であることは容易に判断できたようです。㋒の硫黄酸化物は, 近年では『環境・循環型社会・生物多様性白書』でも取扱いが小さくなっており, 出題もなかったところです。言い方を変えれば問題になっていないということです。

国家一般職［大卒］

## No. 40 衛生工学　わが国の上下水道　令和4年度

わが国の上下水道に関する記述㋐，㋑，㋒のうち，下線部が妥当なもののみをすべて挙げているのはどれか。

㋐　効率的な汚水処理施設の事業運営が求められており，令和4年度までにすべての都道府県において広域化・共同化に関する計画を策定することが目標とされている。

㋑　混合消化とは，バイオガスをより効率的に発生させ，下水処理場において排出される下水汚泥のエネルギー利用を図るため，生ごみ，し尿，浄化槽汚泥等の有機性バイオマスを下水汚泥と混合して嫌気性消化することである。

㋒　高度浄水処理における生物処理方式は，浄水処理の後処理として微生物を付着繁殖させた担体に汚水を接触させる方法であり，有機物，アンモニア，臭気，鉄，マンガンなどを生物酸化作用によって除去する。

**1**　㋐
**2**　㋐，㋑
**3**　㋐，㋒
**4**　㋑，㋒
**5**　㋒

### 解説

㋐：正しい。なお，実際にすべての都道府県において，広域化・共同化計画は策定されている。

㋑：正しい。嫌気性消化で得られるバイオガス（メタンなど）の形でより多くのエネルギーの回収を目的とするものである。

㋒：誤り。高度浄水処理とは，「上水道」においてより質のよい浄水を得るために行うものである。その中でも生物処理法は，浄水の前段階として，有機物やアンモニアの硝化を目的として好気性微生物を利用する方法である。

**正答　2**

### ポイント

かなり細かい事項を問う難しい問題です。㋒は上水道と下水道の違いを利用した引っかけ問題です。高度「浄水」処理と書かれていることから，下水道ではなく上水道の話だとわかります。すると，「汚水」と書かれた時点で，「これは下水道のことなので，高度浄水処理ではない」とわかります。ここを誤解して下水道の高度処理が問われていると思っていると判断できなくなります。

# 令和4年度

# 地方上級

●出題内訳表

| No. | 科目 | 出題内容 | No. | 科目 | 出題内容 |
|---|---|---|---|---|---|
| 11 | 応用力学 | 梁の支点反力 | 26 | 土質工学 | 圧密 |
| 12 | | 梁の内力 | 27 | 測量 | 誤差 |
| 13 | | 断面2次モーメント | 28 | | トラバース測量 |
| 14 | | トラス | 29 | 都市計画 | 区域区分 |
| 15 | | 静定ラーメン | 30 | | 都市施設 |
| 16 | | 梁のたわみ | 31 | 土木計画 | 全国道路・街路交通情勢調査 |
| 17 | 水理学 | 静水圧 | 32 | | 道路の設計 |
| 18 | | レイノルズ数 | 33 | | 河川堤防 |
| 19 | | 管水路のベルヌーイの定理 | 34 | | 海岸工事 |
| 20 | | マニングの公式 | 35 | | 水道水質基準 |
| 21 | | トリチェリの定理 | 36 | | 活性汚泥法 |
| 22 | | 開水路 | 37 | 材料・施工 | コンクリート |
| 23 | 土質工学 | 土の基本的物理量 | 38 | | コンクリートの施工 |
| 24 | | 透水 | 39 | | トンネル |
| 25 | | 三軸圧縮試験 | 40 | 土木計画 | 工程管理 |

等変分布荷重と集中荷重の加わる下の図の梁の点Aの支点反力の大きさとして正しいのはどれか。

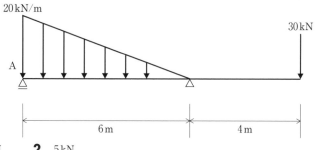

**1**　 0 kN　　**2**　 5 kN
**3**　 10 kN　**4**　 15 kN
**5**　 20 kN

**解説**

　分布荷重を集中荷重に直す。これは合力は分布の面積，作用点位置は重心位置とする。結果として下図のようになる。

　求めるAの鉛直支点反力を図のように $R_A$ として，もう一つの支点を中心としてモーメントのつりあいを立てると，

$$R_A \times 6 + 30 \times 4 = 60 \times 4$$
$$\therefore \quad R_A = 20\,\text{kN}$$

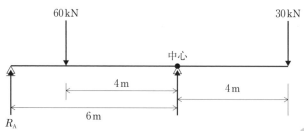

正答　**5**

**ポイント**

　支点反力を求める基本的問題です。解説ではモーメントのつりあいを考えて効率よく計算しています。モーメントのつりあいをうまく使うと計算量を減らすことができる場合があります。

No.12 応用力学 梁の内力 令和4年度

図の片持ち梁の支点Aにおけるせん断力と曲げモーメントとして正しいのはどれか。

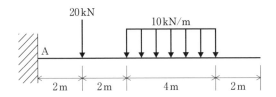

| | せん断力 | 曲げモーメント |
|---|---|---|
| **1** | 30 kN | − 320 kN·m |
| **2** | 35 kN | − 300 kN·m |
| **3** | 60 kN | − 320 kN·m |
| **4** | 60 kN | − 300 kN·m |
| **5** | 60 kN | − 280 kN·m |

## 解説

等分布荷重を集中荷重に直すと下図のようになる。このとき，分布荷重の面積が合力，作用点位置は重心位置となる。求めるせん断力を $R$ とすると，これは支点鉛直反力と同じで，鉛直方向の力のつりあいより，

$R = 20 + 40 = 60\,\text{kN}$

次に曲げモーメントを $M$ とすると，Aまわりのモーメントのつりあいより，

$M + 20 \times 2 + 40 \times 6 = 0$

∴ $M = -280\,\text{kN·m}$

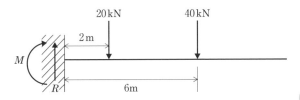

正答 5

## ポイント

2問連続で分布荷重を集中荷重に直してつりあいを考える問題です。こちらも非常に易しく確実に正答したい問題といえます。

図の断面の中立軸 $nx$ まわりの断面2次モーメントとして正しいのはどれか。

ただし，下縁と中立軸の距離 $x$ は，断面積 $A$ と下縁まわりの断面1次モーメント $J$ を使って，

$$x = \frac{J}{A}$$

と表される。

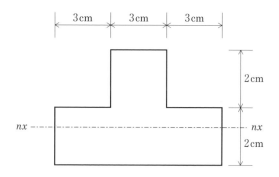

**1** $22\,\mathrm{cm}^4$
**2** $24\,\mathrm{cm}^4$
**3** $26\,\mathrm{cm}^4$
**4** $28\,\mathrm{cm}^4$
**5** $30\,\mathrm{cm}^4$

**解 説**

幅を力にたとえると，左次図のように等分布荷重2つになる。これを集中荷重に直して，モーメントを計算したものが断面1次モーメントである。ここでは下縁まわりを求めるので，右次図より，

$$J = 6 \times 3 + 18 \times 1 = 36\,\mathrm{cm}^3$$

となる。これを断面積

$$A = 6 + 18 = 24\,\mathrm{cm}^2$$

で割ると，下縁と中立軸の距離は次のように求められる。

$$x = \frac{36}{24} = 1.5\,\mathrm{cm}$$

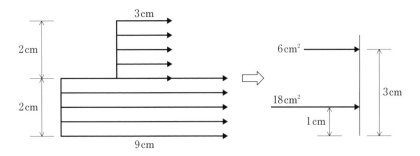

　次に，平行軸の定理から断面2次モーメントを求める。上下2つの四角形に分けて断面2次モーメントを計算して，平行軸の定理で求める図心軸まわりにする。このとき，各四角形の図心位置と，全体の図心軸との距離は下の白矢印で示した。以上から，求める断面2次モーメントは，

$$I = \left(\frac{3 \cdot 2^3}{12} + 6 \times 1.5^2\right) + \left(\frac{9 \cdot 2^3}{12} + 18 \times 0.5^2\right) = 15.5 + 10.5 = 26\,\mathrm{cm}^4$$

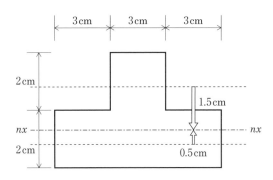

正答　**3**

図のトラスの部材 A の軸力として正しいのはどれか。

　ただし，引張を正とする。

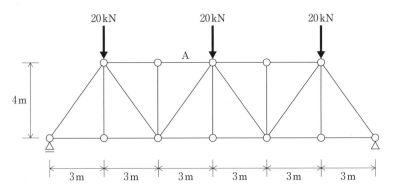

**1**　$-30\,\mathrm{kN}$

**2**　$-15\,\mathrm{kN}$

**3**　$0\,\mathrm{kN}$

**4**　$15\,\mathrm{kN}$

**5**　$30\,\mathrm{kN}$

**解 説**

対称性から，支点反力は左右それぞれ荷重の半分で $\dfrac{20 \times 3}{2} = 30\,\mathrm{kN}$ となる。

　切断法を使って A の軸力を求める。そこで，A を含む鉛直面でトラスを仮に切断してその左側について考える（下図）。

　求める部材 A の軸力を $N_\mathrm{A}$，その他切断することで現れる軸力を図のように $N_1$，$N_2$ と置く。下側左支点（図の黒丸）まわりのモーメントのつりあいより，

　　$N_\mathrm{A} \times 4 + 30 \times 6 = 20 \times 3$

　　$\therefore \quad N_\mathrm{A} = -30\,\mathrm{kN}$

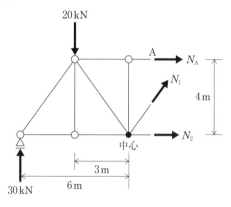

正答 **1**

**ポイント**

　トラスの問題は毎年のように出題されています。この問題は切断法の基本問題で，計算ミスに注意して確実に正答したいところです。

　切断法は，その先のモーメントのつりあい，力のつりあいまで視野に入れることが大切です。特にモーメントのつりあいの場合，モーメント中心をどうするのかを意識する必要があります。『技術系　新スーパー過去問ゼミ　土木』p.42 を参照してください。また，この問題では軸力の「正負」も問われていることに注意する必要があります。

図のラーメン構造の支点 A の鉛直支点反力 $R_A$ と部材 AD における点 D のせん断力 $Q_D$ の大きさとして正しいのはどれか。

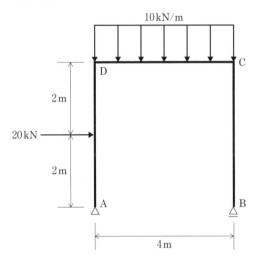

| | $R_A$ | $Q_D$ |
|---|---|---|
| **1** | 10 kN | 0 kN |
| **2** | 10 kN | 10 kN |
| **3** | 10 kN | 20 kN |
| **4** | 30 kN | 0 kN |
| **5** | 30 kN | 10 kN |

Aの水平反力を $H$, Bの鉛直反力を $R_\mathrm{B}$ と置く（左下図）。また，等分布荷重は面積を合力，作用点位置は分布の図心の位置として，集中荷重に直す。Bまわりのモーメントのつりあいより，

$R_\mathrm{A} \times 4 + 20 \times 2 = 40 \times 2$

∴ $R_\mathrm{A} = 10\,\mathrm{kN}$

さらに水平方向の力のつりあいより，

$H = 20\,\mathrm{kN}$

次に，D（の部材AD側）で部材を切断し，AD側について考える（右下図）。水平方向の力のつりあいより，

$Q_\mathrm{D} + 20 = 20$

∴ $Q_\mathrm{D} = 0\,\mathrm{kN}$

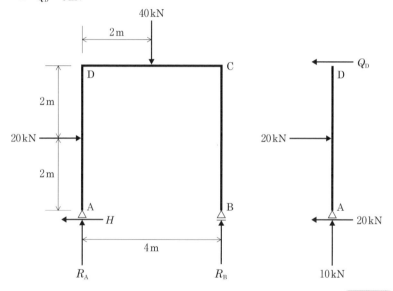

正答　**1**

**ポイント**

静定ラーメンについてのつりあいを考える問題です。何について考えているかを明確にすること，力をきちんと書き出すことが大切です。特に，ADについて考えるときにAの水平支点反力を忘れてはいけません。

なお，このような問題は地方上級では頻出で，『技術系　新スーパー過去問ゼミ　土木』p.63のNo.6，p.82のNo.4（平成28年度地方上級No.15）に類題が掲載されています。

261

同じ長さの単純梁 A, B があり，断面の形と材料が異なっている。梁 A, B の断面の形は図のようになっており，梁 A のヤング率は $E_A = 2.0 \times 10^5 \mathrm{N/mm^2}$ である。

2 つの梁に同じ荷重で載荷したときの載荷点のたわみが等しいとき，梁 B のヤング率はいくらか。

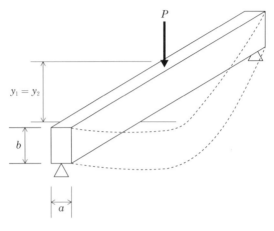

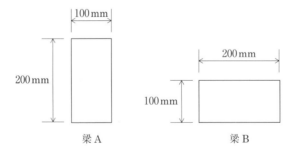

梁 A

梁 B

**1**　$5.0 \times 10^4 \mathrm{N/mm^2}$
**2**　$1.0 \times 10^5 \mathrm{N/mm^2}$
**3**　$2.0 \times 10^5 \mathrm{N/mm^2}$
**4**　$4.0 \times 10^5 \mathrm{N/mm^2}$
**5**　$8.0 \times 10^5 \mathrm{N/mm^2}$

**解 説**

　同じ構造に同じように載荷した場合の同じ場所のたわみは曲げ剛性 $EI$ に反比例する。つまり，たわみが等しいのであれば，曲げ剛性 $EI$ も等しい。求める B のヤング率を $E_B$ とすると，

$$2.0 \times 10^5 \times \frac{100 \times 200^3}{12} = E_B \times \frac{200 \times 100^3}{12}$$

$$\therefore \quad E_B = 8.0 \times 10^5 \text{N/mm}^2$$

**正答　5**

**ポイント**

　平成 26 年度地方上級 No.15 の数値違いのほぼ同一の問題です。たわみの形は具体的には求まりませんが（載荷点が不明のため），たわみの形が

$$\delta = A\frac{Pl^3}{EI} \quad (A：定数，\; P：載荷重，\; l：梁の長さ)$$

となることを知っていれば解くことができます。

図のように30°の傾斜を持つ1m四方の断面の水路を設ける。水路にふたを付けるとき，ふたに加わる水圧の合力を求めよ。

ただし，水の密度を1000 kg/m³，重力加速度を9.8 m/s² とする。

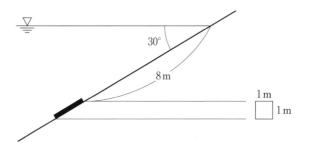

**1**  39.2 kN
**2**  44.1 kN
**3**  49.0 kN
**4**  68.6 kN
**5**  88.2 kN

静水圧分布を描くと下図のようになる。水の密度を $\rho$，重力加速度を $g$ とすると，下図で計算した水深から水圧の大きさが図のように計算できる。

ふたに加わる全水圧 $P$ は台形分布の面積なので，

$$P = \frac{1}{2} \times (4\rho g + 5\rho g) \times 2 = 9\rho g = 9 \times 1.0 \times 10^3 \times 9.8 = 88.2 \times 10^3 \mathrm{N} = 88.2\,\mathrm{kN}$$

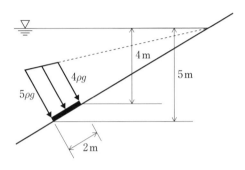

正答 5

**ポイント**

非常に有名な問題で，各種試験で繰り返し出題されています（『技術系 新スーパー過去問ゼミ 土木』p.312）。丁寧に静水圧分布を描いて必要な長さを計算していくことが大切です。

なお，同書でも触れていますが，ふたの図心深さが $4.5\,\mathrm{m}$ なので，平均水圧が $4.5\rho g$ となります。これにふたの断面積を掛けても正答が出てきますが，この場合，図に見えている正方形は水路の断面積であり，ふたの断面積ではないことに注意が必要です。ふたの断面積は $2\,\mathrm{m}^2$ になります。

内径 60 mm の円管に水を流す。このときに確実に層流となる最大の流速を求めよ。

　ただし，水の動粘性係数を $1.0 \times 10^{-6} \mathrm{m}^2/\mathrm{s}$ とし，層流と過渡状態（層流，乱流のどちらになるかわからない状態）の境界の限界レイノルズ数を 2000 とする。

**1**　$1.2 \times 10^{-3}\mathrm{m/s}$

**2**　$3.3 \times 10^{-3}\mathrm{m/s}$

**3**　$1.2 \times 10^{-2}\mathrm{m/s}$

**4**　$3.3 \times 10^{-2}\mathrm{m/s}$

**5**　$1.2 \times 10^{-1}\mathrm{m/s}$

**解説** ━━━━━━━━━━━━━━━━━━━━━━━━━━━━━━━━━

レイノルズ数 $Re$ は次の式で計算できる。

$Re = \dfrac{vd}{\nu}$　（$\nu$：動粘性係数，$v$：流速，$d$：管径）

これに単位を合わせて代入すると，

$Re = \dfrac{v \times 0.06}{1.0 \times 10^{-6}} \leqq 2000$

$\therefore$　$v \leqq 3.3 \times 10^{-2} \mathrm{m/s}$

正答　**4**

**ポイント**

　レイノルズ数についての基本問題です。解説で挙げたレイノルズ数の定義を覚えていれば解くことができます。

長さ 30 m，内径 0.6 m の円管を通して，水槽から大気に水が流出している。水槽の水位は円管の中心の高さから 5.0 m で，摩擦以外の損失をすべて無視するとき，管から流出する水の速度はいくらか。

ただし，摩擦損失係数を 0.02，重力加速度を 9.8 m/s$^2$ とする。

また，摩擦損失係数を $f$，管長を $l$，管径を $d$，流速を $g$，流速を $v$ とすると，摩擦損失 $\Delta h$ は，

$$\Delta h = f \frac{l}{d} \cdot \frac{v^2}{2g}$$

で表される。

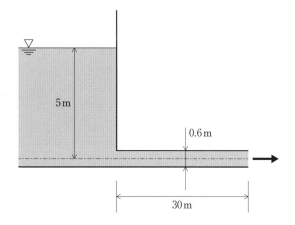

**1**　3.0 m/s

**2**　4.0 m/s

**3**　5.0 m/s

**4**　6.0 m/s

**5**　7.0 m/s

**解説**

損失を考慮したベルヌーイの定理を考えると，損失は摩擦のみなので，求める流速を $v$ として，

$$5 = 0.02 \times \frac{30}{0.6} \times \frac{v^2}{2 \times 9.8} + \frac{v^2}{2 \times 9.8} = \frac{v^2}{9.8}$$

$$\therefore \quad v = \sqrt{5 \times 9.8} = \sqrt{49} = 7\,\mathrm{m/s}$$

正答 **5**

**ポイント**

平成 27 年度地方上級 No.19（『技術系　新スーパー過去問ゼミ　土木』p.377 の No.1）と数値違いの設定ですが，その出題よりも易しくなっています。

なお，管水路では，管から流出するときに水の持つ速度水頭も「損失」に含める場合があります。本問でこのように考えると，解説の式で 5m すべて摩擦損失となるため，

$$v = 7\sqrt{2}\,\mathrm{m/s}$$

となります。受験生からの情報をもとに復元された本問の選択肢中にはこの数値はないため，出題者は解説のように考えていたと思われます。

図のように複断面の水路に水が流れるときの流量を求めよ。なお，流速にはマニングの公式を使うものとする。

ただし，低水路（破線）部の粗度係数を 0.020，高水敷（実線）部分の粗度係数を 0.030 とし，河床勾配は $\frac{1}{1600}$ とする。また，表の値を用いてもよい。

| $x$ | 1.6 | 1.7 | 1.8 | 1.9 | 2.0 | 2.1 | 2.2 | 2.3 | 2.4 | 2.5 |
|---|---|---|---|---|---|---|---|---|---|---|
| $x^{\frac{2}{3}}$ | 1.4 | 1.4 | 1.5 | 1.5 | 1.6 | 1.6 | 1.7 | 1.7 | 1.8 | 1.8 |

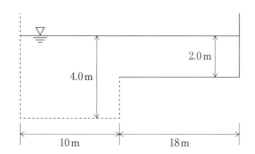

**1** 135 m³/s

**2** 145 m³/s

**3** 155 m³/s

**4** 165 m³/s

**5** 175 m³/s

低水路部分について計算する。潤辺は破線部分の長さで $4 + 10 + 2 = 16\,\text{m}$，断面積が $4 \times 10 = 40\,\text{m}^2$ なので，径深は $\dfrac{40}{16} = 2.5\,\text{m}$ になる。これより，マニングの公式から，低水路部分の流量 $Q_1$ は，

$$Q_1 = 40 \times \frac{1}{0.020} \times 2.5^{\frac{2}{3}} \times \sqrt{\frac{1}{1600}}$$

$$= 40 \times \frac{1}{0.020} \times 1.8 \times \frac{1}{40} = 90\,\text{m}^3/\text{s}$$

高水敷部分について計算する。潤辺は実線部分（の水に触れている部分）なので $18 + 2 = 20\,\text{m}$，断面積は $2 \times 18 = 36\,\text{m}^2$ となるので，径深は $\dfrac{36}{20} = 1.8\,\text{m}$ となる。これより，高水敷部分の流量 $Q_2$ は，

$$Q_2 = 36 \times \frac{1}{0.030} \times 1.8^{\frac{2}{3}} \times \sqrt{\frac{1}{1600}}$$

$$= 36 \times \frac{1}{0.030} \times 1.5 \times \frac{1}{40} = 45\,\text{m}^3/\text{s}$$

これより，求める流量 $Q$ は，

$Q = Q_1 + Q_2 = 90 + 45 = 135\,\text{m}^3/\text{s}$

**正答 1**

**ポイント**

平成 27 年度地方上級 No.20（『技術系　新スーパー過去問ゼミ　土木』p.396）の数値違いの問題です。マニングの公式は，粗度係数を $n$，径深を $R$，水面勾配を $I$（等流では河床勾配としてよい）とすると，流速 $v$ が次の式で表されるというものです。

$$v = \frac{1}{n} R^{\frac{2}{3}} I^{\frac{1}{2}}$$

繰り返し出題されており，確実に覚えておく必要があります。

図のように，十分に広い水槽の深さ 2.5 m の位置の側面に小孔が開いていて，そこから流量 0.036 m³/s の水が流出している。このとき，小孔の断面積はおよそいくらか。

ただし，重力加速度を 9.8 m/s²，流量係数を 0.6 とする。

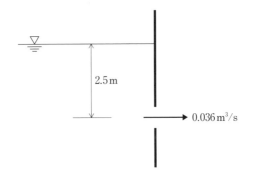

2.5 m

0.036 m³/s

**1**　70 cm²
**2**　75 cm²
**3**　80 cm²
**4**　85 cm²
**5**　90 cm²

解 説

　流速にトリチェリの定理を使い，連続式と合わせて流量を求める式をつくる。求める断面積を $a$ とすると，

$$0.036 = 0.6 \times a \times \sqrt{2 \times 9.8 \times 2.5} = 0.6\sqrt{49}a = 4.2a$$

$$\therefore \quad a = \frac{0.036}{4.2} \fallingdotseq 0.00857\,\mathrm{m}^2 \fallingdotseq 85\,\mathrm{cm}^2$$

正答　**4**

**ポイント**

　トリチェリの定理の基本問題です。類題は数多くありますが，平成 29 年度地方上級 No.18（『技術系　新スーパー過去問ゼミ　土木』p.351 の No.1）はほぼ同一の問題です。

　本問と同じ状況で，流量係数を $C$，水深を $h$，小孔の断面積を $a$，重力加速度を $g$ とすると，流量 $Q$ は，

$$Q = Ca\sqrt{2gh}$$

で与えられます。ここに数値を代入しています。

設計最大水深が 3.0 m,水路幅 10 m の水路に常流で流量 125 m³/s で水を流すときの水深 $h$〔m〕の取り得る範囲として正しいのはどれか。

ただし,重力加速度を 10 m/s² とする。

**1** $1.0 < h \leqq 2.0$ **2** $1.5 < h \leqq 2.0$

**3** $1.5 < h \leqq 3.0$ **4** $2.0 < h \leqq 3.0$

**5** $2.5 < h \leqq 3.0$

**解説**

流れが常流となる条件はフルード数を $Fr$ とし,

$$Fr < 1$$

である。

連続式から流速を $v$ とすると,流速は流量を断面積(流積)で割り算して,

$$v = \frac{125}{10h} = \frac{25}{2h}$$

これより,フルード数を計算すると,

$$Fr = \frac{\dfrac{25}{2h}}{\sqrt{10h}} = \frac{25}{2\sqrt{10h^3}} < 1$$

2乗して整理すると,

$$h^3 > \frac{25^2}{40} = \frac{125}{8} = \left(\frac{5}{2}\right)^3$$

$$\therefore \quad h > \frac{5}{2} = 2.5$$

水路の設計最大水深も考慮すると $2.5 < h \leqq 3.0$ となる。

正答 **5**

**ポイント**

平成 30 年度地方上級 No.21 に本問と数値違いの問題が出題されています(『技術系 新スーパー過去問ゼミ 土木』p.388)。

フルード数を計算すれば解くことができますが,途中で 3 乗根の計算が出てくるため,うまく素因数分解しながら計算する必要があります。

フルード数は,水深を $h$,重力加速度を $g$ として,

$$Fr = \frac{v}{\sqrt{gh}}$$

と表されます。これが 1 より大きければ射流,1 なら限界流,1 より小さければ常流になります。

湿潤密度が $1.3\,\mathrm{g/cm^3}$，間隙比が 2.0 の土の含水比を求めよ。

　　ただし，水の密度を $1.0\,\mathrm{g/cm^3}$，土粒子の密度を $2.6\,\mathrm{g/cm^3}$ とする。

**1**　30%

**2**　40%

**3**　50%

**4**　60%

**5**　70%

## 解説

　この土の間隙比を $e$，水の密度を $\rho_w$，土粒子の密度を $\rho_s$，飽和度を $Sr$ とすると，湿潤密度 $\rho_t$ について，

$$\rho_t = \frac{\rho_s + \dfrac{eSr\rho_w}{100}}{1+e}$$

が成り立つ。ここに与えられた値を代入すると，

$$1.3 = \frac{2.6 + \dfrac{2.0Sr \times 1.0}{100}}{1 + 2.0} = \frac{2.6 + \dfrac{Sr}{50}}{3}$$

これより，

$$Sr = 50\,(1.3 \times 3 - 2.6) = 65\%$$

次に，含水比を $w$ とすると，

$$w\rho_s = eSr\rho_w$$

が成立する。ここに数値を代入して，

$$w = \frac{2.0 \times 65 \times 1}{2.6} = 50\%$$

正答 **3**

### ポイント

　土の基本的物理量の問題は毎年のように出題されているため，必ず用意する必要があります。本問では解説に挙げた 2 つの公式を使っています。なぜこの公式を用意し，この問題で使ったのかについては『技術系　新スーパー過去問ゼミ　土木』p.189 を参照してください。このほか，乾燥密度を求める方法や，水の質量を比で求める方法があります。後者の場合には，土の 3 相モデルの図を描いて考えるとよいでしょう。

透水係数 0.03 cm/s の砂に水頭差 2.0 m を与えたときの 1 分間の透水量を求めよ。

ただし，透水距離を 5.0 m，砂層の断面積を 100 cm² とする。

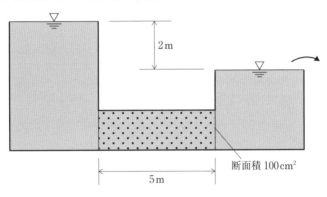

2 m

5 m

断面積 100 cm²

**1**　72 cm³/min.

**2**　78 cm³/min.

**3**　84 cm³/min.

**4**　90 cm³/min.

**5**　96 cm³/min.

**解説**

水頭差 2 m を透水距離 5 m の土で結んでいるので，この場合の動水勾配 $i$ は，

$$i = \frac{2}{5} = 0.4$$

これより，ダルシーの法則から，求める 1 分間の透水量 $Q$ は，

$$Q = 0.03 \times 0.4 \times 100 \times 60 = 72 \, \text{cm}^3/\text{min}$$

正答　**1**

**ポイント**

ダルシーの法則の基本問題です。確実に正答したい問題です。動水勾配は無単位のため，動水勾配の計算においては単位を cm に直す必要はありません。

# No. 25 土質工学　三軸圧縮試験　令和4年度

飽和した粘性土に対する三軸圧縮試験は，次のア，イ，ウの3つの条件で行われる。

ア　圧密排水試験

イ　圧密非排水試験

ウ　非圧密非排水試験

これらの条件がどのような目的で使われるかに関する次のA，B，Cとア，イ，ウを組み合わせたものとして正しいのはどれか。

A　構造物を建設した直後の短期安定問題を調べる

B　構造物を建設した後の長期安定問題を調べる

C　圧密による強度増加やBの代替として使う

|   | A | B | C |
|---|---|---|---|
| 1 | ア | ウ | イ |
| 2 | イ | ア | ウ |
| 3 | イ | ウ | ア |
| 4 | ウ | ア | イ |
| 5 | ウ | イ | ア |

## 解説

A：（ウ）飽和粘性土の短期安定問題では，排水が行われないため，非圧密非排水試験を行う。

B：（ア）飽和粘性土の長期安定問題では，排水が十分行われる，つまり圧密が進行するため，圧密排水試験を行う。

C：（イ）圧密による強度増加をしてから短期安定に対する強度を測定するのは圧密非排水試験である。また，この試験で間隙水圧を測定すれば，圧密排水試験の代替として使用することができる（非排水で行うため，試験時間が短い）。

正答　**4**

### ポイント

三軸圧縮試験についての基本的な知識問題です。過去にも平成30年度地方上級No.25に出題されています。また，『技術系　新スーパー過去問ゼミ　土木』p.252にもほぼ同じ問題が掲載されています。

試験条件のうち「排水」は「排水するだけの時間があった」という意味です。これを知っていれば容易に判断することができたと思われます。

圧密に関する次のA～Dの記述のうち，正しいものを組み合わせたのはどれか。

　　A　圧密は粘土が荷重を受けて短時間に圧縮する現象である。

　　B　土の透水係数が大きいほど圧密にかかる時間が小さくなる。

　　C　過圧密粘土も，載荷重を増やして先行圧密荷重より荷重が大きくなると，正規圧密粘土になる。

　　D　その他の条件を変えずに排水距離だけを4倍にすると，圧密時間は8倍になる。

　**1**　A，B
　**2**　A，C
　**3**　B，C
　**4**　B，D
　**5**　C，D

**解　説**

A：誤り。圧密は，粘性土が荷重を受けて圧縮するのに「長時間」かかる現象である。

B：正しい。透水係数が大きければ排水速度が大きくなるため，圧密にかかる時間は小さくなる。

C：正しい。過圧密粘土は，先行圧密荷重よりも現在圧密荷重が小さい状態の粘土であり，過圧密粘土も先行圧密荷重より荷重が大きくなれば正規圧密粘土になる。

D：誤り。圧密時間は排水距離の2乗に比例するので，排水距離を4倍すれば圧密時間は16倍になる。

正答　**3**

**ポイント**

　圧密についての基本問題です。圧密の基本原理，および圧密の公式を知っていれば解くことができます。ここでいう圧密の公式とは，圧密時間 $t$ が，時間係数 $T$，圧密係数 $c_v$，排水距離 $H$ を使って，

$$t = T\frac{H^2}{c_v}$$

で表されるというものです。

測量の誤差に関する次の文章の空欄に当てはまる語句として正しいのはどれか。

「不定誤差（偶然誤差）とは，過誤や定誤差を取り除いても残る原因の不明な誤差で，発生する誤差の符号が　ア　で，その大きさは　イ　という特徴を持っている。ここで誤差とは　ウ　と観測結果の差のことである」

|  | ア | イ | ウ |
|---|---|---|---|
| **1** | 常に一定 | 規則正しい | 真値 |
| **2** | 常に一定 | 不規則 | 最確値 |
| **3** | 不規則 | 規則正しい | 真値 |
| **4** | 不規則 | 不規則 | 真値 |
| **5** | 不規則 | 不規則 | 最確値 |

### 解説

　不定誤差は，発生する誤差の符号は「不規則」で，大きさも「不規則」である。ただし，大きさの大きい誤差と小さい誤差では大きい誤差のほうが発生確率が小さいなどの規則はある。

　また，誤差は観測結果と「真値」との差のことである。観測結果と「最確値」との差は残差という。

　以上から，空欄アには「不規則」，空欄イには「不規則」，空欄ウには「真値」が入る。

正答 **4**

### ポイント

　不定誤差の問題です。誤差には不定誤差と定誤差があります。定誤差は一定の規則に従って発生する誤差で，これは各種の補正方法で取り除きます（あるいは取り除けないことがわかっています）。

　今回の問題とほぼ同じ問題は平成29年度地方上級No.28に出題されています（『技術系　新スーパー過去問ゼミ　土木』p.427）。

次は閉合トラバース測量を行った結果である。この場合の閉合比として正しいのはどれか。

| 測線 | 測線長〔m〕 | 緯距〔m〕 | | 経距〔m〕 | |
|---|---|---|---|---|---|
| | | N（＋） | S（－） | E（＋） | W（－） |
| AB | 24.200 | | 20.700 | | 12.500 |
| BC | 58.500 | | 45.400 | 37.000 | |
| CD | 61.800 | 21.800 | | | 57.800 |
| DA | 55.500 | 44.400 | | 33.300 | |

**1** $\dfrac{1}{100}$

**2** $\dfrac{1}{250}$

**3** $\dfrac{1}{500}$

**4** $\dfrac{1}{1000}$

**5** $\dfrac{1}{2000}$

**解説**

合計欄を設けて計算すると次のようになる。

| 測線 | 測線長〔m〕 | 緯距〔m〕 | | 経距〔m〕 | |
|---|---|---|---|---|---|
| | | N（+） | S（-） | E（+） | W（-） |
| AB | 24.200 | | 20.700 | | 12.500 |
| BC | 58.500 | | 45.400 | 37.000 | |
| CD | 61.800 | 21.800 | | | 57.800 |
| DA | 55.500 | 44.400 | | 33.300 | |
| 合計 | 200.000 | 66.200 | 66.100 | 70.300 | 70.300 |

これより，閉合誤差 $E$ は，
$$E = \sqrt{(66.200 - 66.100)^2 + (70.300 - 70.300)^2} = 0.100\,\text{m}$$
よって，閉合比 $R$ は，
$$R = \frac{0.100}{200.000} = \frac{1}{2000}$$

正答　**5**

**ポイント**

　閉合比の計算はトラバース測量の定番の問題で，令和 2 年度地方上級 No.28 でも出題されています。計算方法に違いはなく，確実に計算して正答したい問題です。

**地方上級 No.29 都市計画　区域区分　令和4年度**

市街化区域と市街化調整区域に関する次のA～Dの記述のうち，正しいものを組み合わせたのはどれか。

A　都市計画区域を市街化区域と市街化調整区域に区分する都市計画は国土交通大臣が定める。

B　市街化区域は，すでに市街地を形成している区域およびおおむね10年以内に優先的かつ計画的に市街化を図るべき区域のことである。

C　市街化を促進する都市施設は，市街化区域よりも市街化調整区域に優先的に建設する。

D　市街化区域については，少なくとも用途地域を定めるものとし，市街化調整区域については，原則として用途地域を定めないものとする。

1　A，B
2　A，C
3　B，C
4　B，D
5　C，D

**解説**

A：誤り。区域区分を決めるのは国土交通大臣ではなく都道府県である（都市計画法15条1項2号）。

B：正しい（都市計画法7条2項）。

C：誤り。市街化調整区域は市街化を抑制する区域（都市計画法7条3項）であるため，市街化を促進するような都市施設は定めるべきではないとされている（都市計画運用指針）。ただし，市街化を促進しない都市施設は，市街化調整区域でも定めることができる。

D：正しい（都市計画法13条1項7号）。

正答　4

**ポイント**

　都市計画法からの出題です。ほとんどの選択肢が都市計画法の条文からそのまま出題されています。都市計画法は96条ありますが，出題される部分は限られています。重要な条文には目を通しておくことが大切です。

都市施設に関する次のA〜Dの記述のうち，正しいものを組み合わせたのはどれか。

A　市街化調整区域には都市施設は設けない。

B　市街化区域には少なくとも道路，公園および下水道を定める。

C　都市施設に対する環境影響評価は都市計画手続きと一体として行うのではなく，都市施設事業で行う。

D　必要のあるときは，都市計画区域の外でも都市施設を設けることができる。

**1**　A，B

**2**　A，C

**3**　B，C

**4**　B，D

**5**　C，D

**解説**

A：誤り。市街化調整区域にも市街化を促進しない都市施設，たとえば地域間道路や公園，緑地等の公共空き地，河川などは定めることができる。なお，特に必要があるときには，都市計画区域の外にも都市施設を定めることができる（都市計画法11条1項）ことにも注意してほしい。

B：正しい（都市計画法13条1項11号）。

C：誤り。都市施設はその全体である都市計画そのものと切っても切れない関係にあるため，環境影響評価は，都市計画全体で一体として行う。

D：正しい（都市計画法11条1項）。

正答 **4**

**ポイント**

　過去に複数回出題のある問題です。内容は前問No.29と重なるところもあります。正しい記述はやや細かいように見えるかもしれませんが，地方上級の過去問を解いていれば判断できた内容です。

　なお，Cについては，環境影響評価はすべての事業ではなく，一定以上の規模の事業に対して行われます。そのため，個々の都市施設事業を対象とすると，都市計画全体としては規模が大きい場合でも，個々の都市施設事業の規模が小さいために，環境影響評価が行われない可能性があります。また，大規模な都市計画の場合，都市施設事業で環境影響評価を逐一行うと，手続きが煩雑かつ長期間になる可能性があります。さらに，都市計画手続きも環境影響評価も行政上の手続きで類似している部分もあるため，両者は併せて手続きを行うことになっています。

道路交通センサスの調査体系についての以下の空欄のA，B，Cに入る調査名として正しいのはどれか。

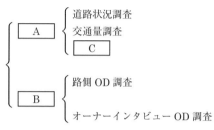

|  | A | B | C |
|---|---|---|---|
| **1** | 自動車起終点調査 | 一般交通量調査 | 旅行速度調査 |
| **2** | 自動車起終点調査 | 一般交通量調査 | 交通事故調査 |
| **3** | 自動車起終点調査 | 旅行速度調査 | 交通事故調査 |
| **4** | 一般交通量調査 | 自動車起終点調査 | 交通事故調査 |
| **5** | 一般交通量調査 | 自動車起終点調査 | 旅行速度調査 |

　道路交通センサスにおける調査は，一般交通量調査と自動車起終点調査に分けられる。本問の場合，空欄Aが「一般交通量調査」，空欄Bが「自動車起終点調査」である。
　次に，一般交通量調査は道路状況調査，交通量調査，旅行速度調査からなる。したがって空欄Cには「旅行速度調査」が入る。

正答 **5**

**ポイント**

　平成26年度地方上級No.31と同じ内容の問題です。
　なお，道路交通センサスは，現在は全国道路・街路交通情勢調査と名称が変わっています。加えて，本問に登場する各種調査のうち，路側OD調査はすでに廃止されています（地方上級の試験問題は受験生から寄せられた情報をもとに再現しているため，試験情報が不正確だった可能性もあります）。

円滑な交通流のための道路線形に関する次の記述のうち，正しいのはどれか。

**1**　平面線形は円と直線，縦断線形は円，直線および緩和曲線で構成される。

**2**　反対方向に屈曲する背向曲線の設計においては，円曲線相互の曲線半径の比をできる限り大きくとる。

**3**　同方向に屈曲する曲線の間には短い直線を入れることが望ましい。

**4**　長い直線の後に曲線半径の小さい円曲線を入れることは避ける。

**5**　起伏の大きい自然地形では，建設費を抑えるため，できる限り地形に合わせて凹凸を付ける。

**解説**

**1**．誤り。平面線形とは道路の左右のカーブの形，縦断線形とは上り下り，つまり凹凸の形をいう。緩和曲線とはハンドル操作が急にならないように直線と曲線，曲線どうしを接続するために入れる曲線のことで，たとえばクロソイド曲線が用いられる。また，緩和曲線は平面線形に使われる。したがって，記述のうち，平面線形に緩和曲線が入っていない点，および縦断線形に緩和曲線が入っている点が誤っている。

**2**．誤り。接続する 2 つの円曲線の曲線半径の比を大きくすると，ハンドル操作が急になるため避ける。

**3**．誤り。同方向に屈曲する曲線の間に短い直線を入れたものをブロークンバックカーブといい，短い直線部が反対方向に曲がる曲線に誤って見えるため，避けるべき線形とされている。

**4**．正しい。長い直線部で速度が出ているところに急カーブが接続することになるからである。

**5**．誤り。短い距離で凹凸を繰り返す縦断線形は避けるべきとされている。これは，たとえば間の凹部が死角になり，ドライバーに不安を与えるおそれがあるなどの理由である。したがって，できる限り自然地形に合わせるべきとはならない。

正答　**4**

**ポイント**

地方上級ではこのような道路設計についての知識問題がたびたび出題されていて，本問も平成 30 年度地方上級 No.31 の類題といえます。ただ，他の試験ではあまり出題されていないこともあり，特に地方上級に向けて過去問演習をしていないと対処できなかったかもしれません。ただし，本問では，誤りの記述は細かいものの，正しい記述が選びやすくなっています。

河川堤防に関する次の文章の空欄ア〜オに当てはまる語句として正しいのはどれか。

「堤防は，　ア　以下の流水の通常の作用に対して安全な構造になるようにする。通常，堤防は土質材料でできているため，水が浸透して土粒子の空隙が水で満たされると，間隙水圧が増加して，土の　イ　が　ウ　して　エ　が起こる可能性がある。また，水の浸透によって土粒子が移動することによって　オ　が起こることもある。そのため，浸透の状態をモニタリングする必要がある」

|  | ア | イ | ウ | エ | オ |
|---|---|---|---|---|---|
| **1** | 計画高水位 | せん断強度 | 減少 | すべり破壊 | パイピング現象 |
| **2** | 計画高水位 | 透水係数 | 増加 | パイピング現象 | すべり破壊 |
| **3** | 天端高 | せん断強度 | 減少 | すべり破壊 | パイピング現象 |
| **4** | 天端高 | 透水係数 | 増加 | パイピング現象 | すべり破壊 |
| **5** | 天端高 | 透水係数 | 減少 | すべり破壊 | パイピング現象 |

**解説** ━━━━━━━━━━━━━━━━━━━━━━━━━━━━━━━━━━━━━━━━━━━

　空欄アには「計画高水位」が入る。計画高水位は，河川構造物の設計の目安となる水位のことで，堤防はこれに対して安全になるようにする。なお，天端高は堤防の高さのことである。通常天端高は，計画高水位に対して余裕をみて設計される。

　次に，空欄イには「せん断強度」，空欄ウには「減少」が入る。間隙水圧が増加すると，有効応力が減少する。土のせん断強度 $\tau$ は，

$$\tau = \sigma' \tan\phi' + c'$$

で与えられるため有効応力が減少すればせん断強度は減少する。なお，ここで有効応力規準を使っているが，今回のように間隙水圧が増減する場合のせん断強度の増減については全応力規準ではなく有効応力規準で考える必要がある。

　空欄エには「すべり破壊」が入る。せん断強度が減少して発生するのは「すべり破壊」である。パイピング現象は粘性土地盤内に水の通り道ができて，水が堤外に流れ出す現象で，その原因は粘性土地盤内に間隙が生じたり，高い水頭差が加わることである。

　空欄オには「パイピング現象」が入る。上で述べたとおり，土粒子が移動すると，中に間隙が生じパイピング現象が起こる危険がある。

正答　**1**

**ポイント**

　河川堤防を題材としていますが，土質力学の知識が大きくものをいう問題といえます。透水係数と間隙水圧を直接結び付ける関係がないため，空欄イにせん断強度が入ることは容易に判断できます。空欄アは河川工学の用語の知識です。基本高水，計画高水という用語は国家公務員試験にも出題されるため，よく覚えておきましょう。

# 土木計画　　海岸工事　　令和4年度

海岸工事に関する次のA～Dの記述のうち，正しいものを組み合わせたのはどれか。

A　突堤は海岸から垂直に突き出る構造物で，通常間隔を空けて数基設置され，沿岸流の抑制効果を持つ。

B　離岸堤は汀線に平行に少し離れたところに設置され，その背後に舌状砂州やトンボロが形成される。

C　海浜流によって下手側に堆積した砂を人工的に上手側に運搬して海浜を形成する工法をサンドドレーン工法という。

D　人工海浜とは，防風林を設けて，海岸側から陸地側に砂が移動することを防ぐ工法をいう。

**1**　A，B
**2**　A，C
**3**　B，C
**4**　B，D
**5**　C，D

## 解説

A：正しい。沿岸流を抑制させることによって，堆砂を促すことができる。

B：正しい。トンボロとは，海岸と離岸堤が砂州でつながった状態をいう。

C：誤り。記述中の工法はサンドドレーン工法ではなく，サンドバイパス工法（サンドリサイクル工法）のことである。

D：誤り。人工海浜とは，砂などで埋め立てることで海浜を形成させることをいい，防風林を設けることではない。

正答　**1**

### ポイント

　海岸工学に関する基本的な工法の知識を問う問題です。地方上級ではいずれもよく出題されている内容で，過去問を解いていれば容易に正答できたものと思われます。

上水道の水質基準に関する次の記述のうち，正しいのはどれか。

**1** 水道水質基準は，水道施設に対する悪影響の観点のみから定められ，人の健康を守る観点からの基準は設けられていない。

**2** 水道水からは，大腸菌は検出されてはならない。

**3** 水道水質基準には，味と臭気に関する基準はあるが，色の基準は設けられていない。

**4** カルシウムなどのイオン濃度によって定まる硬度は，高くなると石けんの洗浄効果が上がるため，下限のみが定められている。

**5** 水道法によって遊離残留塩素は 0.01 mg/L が上限とされている。

### 解 説

**1**．誤り。水道水質基準は，主に人の健康を守る観点から定められている。

**2**．正しい。大腸菌が検出された場合，大腸菌そのものの病原性のほか，糞便性の病原菌によって汚染されている可能性があるからである。

**3**．誤り。水道水質基準には，色度，濁度といった色に関係する基準も設けられている。

**4**．誤り。硬度が高いと，一般には石けんの泡立ちが悪いとされている。そのため，水道水質基準では上限のみが決められている。

**5**．誤り。遊離残留塩素は，0.1 mg/L が下限とされている。これは，塩素消毒が十分に行われているかどうかの目安になる。

正答　**2**

### ポイント

水道水質基準についてのかなり細かい内容を含む問題です。国家総合職では頻出かつ基本的といえるかもしれませんが，国家一般職［大卒］ではほとんど出題がなく，地方上級も出題頻度が高くないため，まったく知らなかった受験生もいたかもしれません。しかし，選択肢 **1** は常識的に判断できますし，正答の **2** と **5** も基本的な内容といえます。一方，**3**，**4** は細かい内容だったかもしれません。

土木計画　　　　活性汚泥法　　令和 4 年度

活性汚泥法において微生物の増殖を促すための下水の条件に関する次の A ～ D の記述のうち，正しいものを組み合わせたのはどれか。

A　下水の水温は 45℃ 程度が望ましい。

B　pH は 6 ～ 8 に保つ。

C　嫌気性条件を保つため溶存酸素量はできる限り低く抑える。

D　下水中に増殖に必要な有機物や無機物がバランスよく含まれていることがよい。

**1**　A，B

**2**　A，C

**3**　B，C

**4**　B，D

**5**　C，D

## 解 説

A：誤り。活性汚泥に含まれる微生物は 30℃ 前後で最も活発にはたらく。

B：正しい。活性汚泥に含まれる微生物は中性域で最も活発となる。

C：誤り。活性汚泥に含まれる微生物は好気性細菌なので，むしろエアレーションによって酸素を供給する。

D：正しい。

正答　**4**

### ポイント

　活性汚泥法に関する問題で，平成 27 年度地方上級 No.36 とほぼ同じ問題です。C は必ず知っておくべき内容です。一方，B，D は知らなくても正しいと判断できたのではないでしょうか。

コンクリートに関する次の A 〜 E の記述のうち,正しいものを組み合わせたのはどれか。

A　コンクリート全体に対する骨材の体積は約 3 割である。

B　粗骨材には砕石や砕砂といった人工骨材が使われることがあるが,細骨材には,川,海などから取られた砂利や砂といった自然骨材のみが使われている。

C　塩化物イオンなどの濃度が高く除塩不足の骨材を使用した場合に心配されるのは,化学的腐食よりもすり減り抵抗性の低下である。

D　高炉スラグ骨材ではアルカリ骨材反応は起きない。

E　鉄筋コンクリート構造物の解体時に発生するコンクリート塊を用いて作られる再生骨材は,品質によって区分され,高品質な再生骨材は,レディーミクストコンクリートにも使われる。

**1**　A,B

**2**　B,C

**3**　C,D

**4**　D,E

**5**　A,E

**解説**

A：誤り。コンクリート全体に対する骨材の体積の比率は約 7 割である。

B：誤り。細骨材にも砕砂が使われる場合がある。

C：誤り。除塩不足の骨材については,塩化物イオンによる鉄筋の腐食の危険があるため,化学的腐食が問題となる。

D：正しい。高炉スラグ骨材ではアルカリ骨材反応は起きないと考えてよい。

E：正しい。再生骨材は品質によって H（高品質）,M（中品質）,L（低品質）に分類されている。高品質の H はもとの骨材と同等の品質に近く,レディーミクストコンクリートにも使うことができる。

正答 **4**

**ポイント**

　国家一般職［大卒］では出題されていないような,高炉スラグ骨材や再生骨材が出題されていて難しい問題といえます。ただし,再生骨材については平成 30 年度地方上級 No.37 で出題があります。また,C についても同じ問題中で出題があり,過去問を見ておくことである程度選択肢が絞れました。

# No. 38　材料・施工　コンクリートの施工　令和 4 年度

コンクリートの施工に関する次の記述のうち，正しいのはどれか。

**1** シュートを用いる場合には，縦シュートではなく斜めシュートを標準とする。

**2** 梁と柱が打継目なく連続している場合，柱が圧縮する前に梁のコンクリートを打つ。

**3** 梁のコンクリートに打継目を設ける場合，せん断力の小さい場所に，せん断力に垂直に打継面を設ける。

**4** 全体が最初から湿潤していたコンクリートを養生する場合，途中で乾燥状態にすると，強度増加が速まるだけでなく，湿潤状態を保った場合の強度を超える。

**5** 一般に，型枠を取り外す場合，柱，壁等の鉛直部材の型枠より，スラブ，梁等の水平部材の型枠を早く取り外すのが原則である。

## 解説

**1**．誤り。斜めシュートは材料分離しやすいため，縦シュートを使用するのが標準である。

**2**．誤り。梁と柱が連続している構造の場合，断面が変化する場所（連続して接続している場所としていない場所など）で沈下量に違いが出る。そうするとひび割れが発生するので，沈下が落ち着いてから次のコンクリートを打つ。

**3**．正しい。打継面はせん断力に対して弱いため，せん断力の小さい場所に設けるようにする。また，打継面とせん断力が平行な場合，せん断変形をするおそれがあるため，打継面とせん断力を直交させ，せん断力に対してできる限り強度をもたせる。

**4**．誤り。乾燥養生させるとコンクリートの強度が減少するため，できる限り湿潤状態を保つ。

**5**．誤り。型枠は荷重を受けない部分から外すのが一般的で，通常，柱，壁等の鉛直部材の型枠は，スラブ，梁といった水平部材の型枠より先に外す。

正答 **3**

### ポイント

　施工に関するかなり細かい問題です。知らなかったことも多かったかもしれませんが，正答の **3** は過去の国家一般職［大卒］に出題されていて，『技術系　新スーパー過去問ゼミ　土木』p.473（42 番）に掲載されています。これを判断することで正答を選ぶことができました。

次のア，イの文章はトンネルの工法についてのものである。文章と工法を正しく組み合わせせたのはどれか。

ア　掘削と支保を繰り返しながら完成させていくもので，さまざまな土質，断面に応用できる。

イ　ジャッキで管や函体を押し出して完成させるもので，比較的小型のトンネルに用いられる。河川を横断する場合や鉄道線路の下に通す場合に使われる。

|   | ア | イ |
|---|---|---|
| **1** | 沈埋工法 | シールド工法 |
| **2** | 沈埋工法 | 推進工法 |
| **3** | 山岳工法 | シールド工法 |
| **4** | 山岳工法 | 推進工法 |
| **5** | 推進工法 | シールド工法 |

**解　説**

ア：「山岳工法」である。「掘削」と「支保」を繰り返すのは山岳工法である。

イ：「推進工法」である。ジャッキで管を押してトンネルを形成するのは推進工法である。たとえば下水管や水道管の埋設などで使われる。

正答　**4**

**ポイント**

トンネルの問題はたびたび出題があります（平成 30 年度地方上級 No.39）。その中でも山岳工法はよく出題されていますが，推進工法が出題されたのは珍しいといえます。

山岳工法の中でよく知られているのが NATM 工法です。これは，掘削後，速やかにロックボルトと吹付けコンクリートで支保を行い，地山の強度を利用しながら掘削する工法です。

なお，選択肢に登場する工法のうち，沈埋工法は海底トンネルに使われる工法で，海底に掘った溝に，地上でつくった沈埋函を船で曳航して沈めてつくるものです。また，シールド工法は，主に都市部の軟弱地盤において，シールドマシンを使って掘削を行うものです。

工程管理に関する次の文章の空欄ア～ウに当てはまる語句として正しいのはどれか。

「バーチャートは，縦軸に作業，横軸に ア をとって図にしたもので，作成が容易で，作業の進行状況がすぐにわかるため，よく使われる。

ネットワーク式工程表は イ のプロジェクトで用いられる。複雑な作業の ウ を求める場合に使われる」

|   | ア | イ | ウ |
|---|----|----|----|
| **1** | 時間 | 大型 | 期間 |
| **2** | 時間 | 小型 | 費用 |
| **3** | 費用 | 小型 | 期間 |
| **4** | 費用 | 大型 | 期間 |
| **5** | 費用 | 大型 | 費用 |

**解説**

ア：「時間」が入る。バーチャートは縦軸に作業，横軸に時間をとって図にしたものである。非常にわかりやすいが，作業相互の関連は表されない。下図に例を挙げる。

イ：「大型」が入る。ネットワーク工程表は，複数の関連する作業を組み合わせてできるプロジェクトで使われる。

ウ：「期間」が入る。ネットワーク工程表は，クリティカルパスの計算を行うことで，プロジェクト全体の期間を把握することができる。

| 作業＼日数 | 1日目 | 2日目 | 3日目 | 4日目 |
|---|---|---|---|---|
| 作業 A | | | | |
| 作業 B | | | | |
| 作業 C | | | | |
| 作業 D | | | | |
| 作業 E | | | | |
| 作業 F | | | | |

正答 **1**

**ポイント**

工程管理の問題はネットワーク工程表の計算問題以外は出題頻度が低いため，公務員試験対策として用意できた受験生はほとんどいなかったと思われます。ただし，ネットワーク工程表を使った計算問題は毎年のように出題されています。そこから空欄イ，ウを埋めて2択にはしたいところです。

# 令和4年度

# 東京都・特別区

●東京都Ⅰ類A（土Ⅰまたは土Ⅱのいずれかを選択。3題必須解答。2時間30分）

| No. | 科目 |
|---|---|
| 土Ⅰ-1 | 水理学 |
| 土Ⅱ-1 | 土質工学 |
| 土Ⅰ-2, 土Ⅱ-2 | 構造力学 |
| 土Ⅰ-3, 土Ⅱ-3 | 都市・土木計画 |

●東京都Ⅰ類B［一般方式］（5題中3題を選択解答。2時間）

| No. | 科目 |
|---|---|
| 土-1 | 構造力学 |
| 土-2 | 水理学 |
| 土-3 | 土質工学 |
| 土-4 | 土木材料，土木施工 |
| 土-5 | 都市計画，交通工学，衛生工学 |

●特別区Ⅰ類［一般方式・新方式］（6題中4題を選択解答。1時間30分）

| No. | 科目 |
|---|---|
| 問題1 | 応用力学 |
| 問題2 | 土質工学 |
| 問題3 | 測量 |
| 問題4 | 土木施工 |
| 問題5 | 道路・橋梁 |
| 問題6 | 都市計画，交通計画 |

水理学に関する次の問いに答えよ。ただし，計算の過程も示すこと。

(1) 下の図のような台形断面の開水路について，水面勾配 $I$，粗度係数 $n$ および流積 $A$ が一定で，水理学的に最も有利な断面になるとき，潤辺における底幅 $b$ と側面の長さ $l$ との関係を式で示せ。ただし，水路の流れは等流，側面と水平面とのなす角は $\theta$ とする。

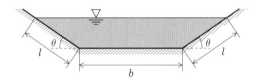

(2) 下の図のように，広頂堰を水路幅 $B$ の水路に設け，越流水深が $h_1$，広頂堰における水深が $h_2$ のとき，次の問いに答えよ。ただし，越流水頭は $h_0$，流量係数は $C$，重力加速度は $g$ とする。

(ア) 広頂堰の上の流速 $v$ を $h_0$, $h_2$, $g$ を用いて示せ。

(イ) 広頂堰の上で流れが常流から射流に変わり，限界水深が現れるとき，流量 $Q$ を $B$, $h_0$, $g$, $C$ を用いて示せ。

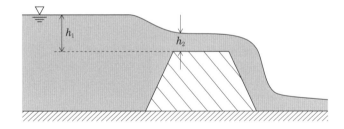

(1)

### 解法 1：1 文字消去して求める

　水理学的に最も有利な断面とは，一定の流積の下で，流量が最大となる断面のことをいう。ところで，流積が一定なので，これは流速 $v$ が最大であることを意味する。ここで，潤辺を $S$ とすると，マニングの公式から，

$$v = \frac{1}{n}\left(\frac{A}{S}\right)^{\frac{2}{3}} I^{\frac{1}{2}}$$

　$n$, $I$, $A$ が一定なので，流速が最大となるためには潤辺 $S$ が最小となればよい。

　ここで潤辺は，

$$S = b + 2l$$

であり，流積は下図から，台形の面積として，

$$A = \frac{1}{2} \times \{b + (b + 2l\cos\theta)\} \times l\sin\theta = bl\sin\theta + l^2\cos\theta\sin\theta$$

と求まる。

　ここでこれを

$$b = \frac{A}{l\sin\theta} - l\cos\theta$$

と変形し，潤辺に代入し，$A$ が一定であることに注意してこれを $l$ の関数とみる。

$$S(l) = \frac{A}{l\sin\theta} - l\cos\theta + 2l = \frac{A}{l\sin\theta} + (2 - \cos\theta)l$$

　これを微分して，

$$S'(l) = -\frac{A}{l^2\sin\theta} + 2 - \cos\theta = 0$$

　この式に，上に出てきた流積の式を代入すると，

$$S'(l) = -\frac{b}{l} - \cos\theta + 2 - \cos\theta = -\frac{b}{l} + 2(1 - \cos\theta) = 0$$

$$\therefore \quad \frac{b}{l} = 2(1 - \cos\theta)$$

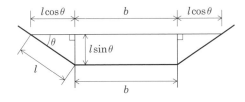

**解法 2：ラグランジュの未定乗数法を使う**

流積，潤辺を求めるところまでは解法 1 と同じである。潤辺の極値を求めるため，次の関数を定義する（λ は変数）。

$$f(b,\ l,\ \lambda) = b + 2l + \lambda(bl\sin\theta + l^2\cos\theta\sin\theta - A)$$

これを $b$, $l$ で偏微分して $= 0$ と置いて変形する。

$$\frac{\partial f}{\partial b} = 1 + \lambda l\sin\theta = 0 \qquad \rightarrow \qquad 1 = -\lambda l\sin\theta$$

$$\frac{\partial f}{\partial l} = 2 + \lambda(b\sin\theta + 2l\cos\theta\sin\theta) = 0 \qquad \rightarrow \qquad 2 = -\lambda(b\sin\theta + 2l\cos\theta\sin\theta)$$

この 2 式を辺ごと割り算して，

$$\frac{1}{2} = \frac{-\lambda l\sin\theta}{-\lambda(b\sin\theta + 2l\cos\theta\sin\theta)} = \frac{l}{b + 2l\cos\theta}$$

$$\therefore \quad b + 2l\cos\theta = 2l$$

これより，$\dfrac{b}{l} = 2(1 - \cos\theta)$ となる。

⑵

㋐：広頂堰の頂部の高さを基準として，ここから離れた場所と，頂部においてベルヌーイの定理を立てると，

$$h_0 = h_2 + \frac{v^2}{2g}$$

$$\therefore \quad v = \sqrt{2g(h_0 - h_2)}$$

なお，接近流速はないものとした（あるいは無視した）。

㋑：限界水深 $h_c$ においては，流速は限界流速である $v = \sqrt{gh_c}$ となる。今は $h_c = h_2$ になっているので㋐から，

$$v = \sqrt{2g(h_0 - h_2)} = \sqrt{gh_2}$$

$$\therefore \quad 2(h_0 - h_2) = h_2$$

つまり $h_2 = \dfrac{2}{3}h_0$ となる。

流量は流速に断面積を掛け，流量係数を掛ければ，

$$Q = CBh_2\sqrt{\frac{2}{3}gh_0} = CB\sqrt{g}\left(\frac{2}{3}h_0\right)^{\frac{3}{2}}$$

(1)は平成30年度東京都Ⅰ類Aでまったく同じ問題が出題されています。また，(2)は平成25年度東京都Ⅰ類B（第2回）で設定のみ変えた問題が，平成15年度東京都Ⅰ類で，接近流速のある場合について出題されています。

(1)はまず潤辺の計算に持ち込むことが大切です。その後の計算について2種類示しました。解法1は自然ですが計算量が多くなり，計算の方針を考えながら計算する必要があります。解説は自然に見えますが，計算に多少の工夫を凝らしています。まず，どちらの文字を消去するのかを考える必要があります。解法2はラグランジュの未定乗数を習得する必要がありますが，一度できるようになると，計算部分については何も考えるところがなく，計算量も少なくなります。

(2)は設問で $h_0$, $h_1$ が同じ意味で与えられていて，文章を読むときに多少混乱した受験生もいたかもしれません。ここでは設問の指示どおり $h_0$ を使って計算しています。小オリフィスとみなして流速を一定として流量を計算しています。このように計算する教科書が多いため，これで正答になると思いますが，流速分布を考慮して計算した人もいたかもしれません。

なお，(イ)の解答中の

$$h_2 = \frac{2}{3} h_0$$

は，限界水深において，比エネルギー $h_0$ の $\frac{2}{3}$ が水深となることを意味しています。

土質工学に関する次の問いに答えよ。

(1) 下の図のような層①および②からなる成層地盤に，成層面に平行に水が流れるとき，次の問いに答えよ。ただし，計算の過程も示すこと。

(ア) 成層面に平行な方向の平均透水係数 $K_H$ を式で示せ。

(イ) 層①および②について，厚さが $H_1 = 4.0\,\mathrm{m}$，$H_2 = 6.0\,\mathrm{m}$，透水係数が $k_1 = 3.0 \times 10^{-4}\,\mathrm{cm/s}$，$k_2 = 2.5 \times 10^{-4}\,\mathrm{cm/s}$ のとき，平均透水係数 $K_H$ を求めよ。

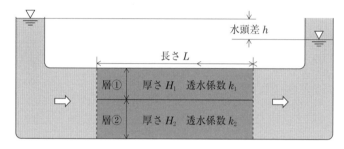

(2) 地盤の液状化について，次の問いに答えよ。

(ア) 液状化のメカニズムについて説明せよ。

(イ) 液状化の判定における $F_L$ 値について説明せよ。

(ウ) 液状化の発生を防ぐ具体的な工法名を3つ挙げよ。

(1)

(ア)：どちらの層も動水勾配 $i$ は $i = \dfrac{h}{L}$ で等しい。層①の単位奥行き当たりの流量 $q_1$ は，厚さ部分が断面積になるので，ダルシーの法則から，

$$q_1 = k_1 \frac{h}{L} H_1 = \frac{hk_1H_1}{L}$$

層②の単位奥行き当たりの流量 $q_2$ も同様に，

$$q_2 = \frac{hk_2H_2}{L}$$

となる。

また，層全体を一つの地盤とみる場合には，動水勾配は上の $i$ で等しいが，断面積は層全体の厚さとなるので，単位奥行き流量 $q$ は，

$$q = \frac{h K_\mathrm{H} (H_1 + H_2)}{L}$$

となる。

ここで $q = q_1 + q_2$ なので，

$$\frac{h K_\mathrm{H} (H_1 + H_2)}{L} = \frac{h k_1 H_1}{L} + \frac{h k_2 H_2}{L}$$

$$\therefore \quad K_\mathrm{H} = \frac{k_1 H_1 + k_2 H_2}{H_1 + H_2}$$

(イ)：(ア)の式に与えられた数値を代入して，

$$K_\mathrm{H} = \frac{4.0 \times 3.0 \times 10^{-4} + 6.0 \times 2.5 \times 10^{-4}}{4.0 + 6.0} = 2.7 \times 10^{-4} \mathrm{cm/s}$$

(2)

(ア)：液状化現象とは，地下水位が高く緩い砂地盤に，地震荷重によるせん断力が加わることで，砂粒子のかみ合わせが外れ，砂がせん断強度を失う現象のことである。これにより軽いものが浮き上がり，重いものが沈むため，各種構造物には大きな変形が生じる。たとえば，管路は浮き上がり，タンクは沈み込むおそれがある。

緩い砂は，繰り返しの地震荷重によって，かみ合わせが外れて，代わりに全体的に密実化しようとする傾向があるが，一方で，そのための排水はすぐには起きない。そのため，排水を促すべく間隙水圧が上昇し，一方で有効応力が減少し，有効応力が 0 となるのが液状化の発生メカニズムである。

(イ)：$F_L$ 値は以下の式で定義される。

$$F_L = \frac{R}{L}$$

ただし $R$ は動的せん断応力比，$L$ は地震時せん断応力比である。

$F_L \leqq 1$ の場合には液状化すると判定する。

(ウ)：深層混合処理工法，グラベルドレーン工法，薬液注入工法，ディープウェル工法など

---

**ポイント**

(1)は択一式試験でよく出題されている問題です。一方，(2)は択一式試験では出題されない高度な内容を含んでいますが，実は平成 29 年度東京都 I 類 A でまったく同じ問題が出題されています。

(1)(ア)は「式で示せ」となっているため，答えだけ書いても部分点は与えられたかもしれません。これは択一式試験でも頻出で，計算方法を用意しておきたい問題です。

(2)はかなり難易度が高い内容で，(1)とのバランスをとったのかもしれません。ただ，近年に同じ問題が出題されていたため，これを解いたことがあったのかどうかが鍵でした。

構造力学に関する次の問いに答えよ。ただし，計算の過程も示すこと。

(1) 下の図のように，部材 X および部材 Y で構成された組合せ部材が圧縮力 P を受ける とき，部材 X と部材 Y の圧縮応力度をそれぞれ求めよ。ただし，組合せ部材の断面は 一様に変形し，部材 X の外径および弾性係数はそれぞれ $D_1$ および $E_1$，部材 Y の外径 および弾性係数はそれぞれ $D_2$ および $E_2$，組合せ部材の長さは L，円周率は π とする。

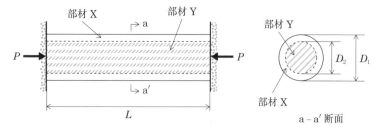

(2) 下の図のような単純梁 AB 上を，連行荷重 $P_1$ および $P_2$ が右から左へ移動するとき， 影響線を用いて，支点 A から 4m の位置にある点 C に生じる最大せん断力 $S_{max}$ および 最大曲げモーメント $M_{max}$ を求めよ。

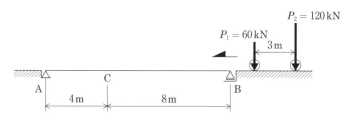

(1)
### 解法1：ばね定数を考える

棒の弾性係数を $E$，長さを $L$，断面積を $A$ とすると，棒に加わる力 $P$ と伸び $\delta$ の間には，

$$P = \frac{EA}{L}\delta$$

の関係が成り立つ。この棒は，ばね定数 $k$ が

$$k = \frac{EA}{L}$$

のばねと同視できることを意味する。

本問では，部材 X のばね定数 $k_X$ と，部材 Y のばね定数 $k_Y$ は，

$$k_X = \frac{E_1\dfrac{\pi(D_1^2 - D_2^2)}{4}}{L} = \frac{\pi E_1(D_1^2 - D_2^2)}{4L}$$

$$k_Y = \frac{E_2\dfrac{\pi D_2^2}{4}}{L} = \frac{\pi E_2 D_2^2}{4L}$$

となる。2つの棒の関係は並列であり，並列な棒の圧縮量は等しいので，フックの法則から，2つの棒に加わる荷重は，ばね定数の比に等しい。したがって，部材 X の荷重 $X$ と Y の荷重 $Y$ の比は，

$$X : Y = k_X : k_Y = E_1(D_1^2 - D_2^2) : E_2 D_2^2$$

$X + Y = P$ なので，

$$X = \frac{k_X}{k_X + k_Y}P = \frac{PE_1(D_1^2 - D_2^2)}{E_1(D_1^2 - D_2^2) + E_2 D_2^2}$$

よって，部材 X の応力 $\sigma_X$ は，

$$\sigma_X = \frac{X}{\dfrac{\pi(D_1^2 - D_2^2)}{4}} = \frac{4PE_1}{\pi\{E_1(D_1^2 - D_2^2) + E_2 D_2^2\}}$$

同様に，

$$Y = \frac{k_Y}{k_X + k_Y}P = \frac{PE_2 D_2^2}{E_1(D_1^2 - D_2^2) + E_2 D_2^2}$$

となるので，部材 Y の応力 $\sigma_Y$ は，

$$\sigma_Y = \frac{Y}{\dfrac{\pi D_2^2}{4}} = \frac{4PE_2}{\pi\{E_1(D_1^2 - D_2^2) + E_2 D_2^2\}}$$

### 解法2：つりあい式と変位の適合式の連立方程式を組む

文字は解法1と同様に定義する。なお，部材 X，Y の断面積をそれぞれ $A_X$，$A_Y$ とする。両方の部材のひずみが等しいので，

$$\frac{\sigma_X}{E_1} = \frac{\sigma_Y}{E_2}$$

力のつりあいから，

$$\sigma_X A_X + \sigma_Y A_Y = P$$

最初の式を後の式に代入して，

$$\sigma_X A_X + \frac{E_2 \sigma_X A_Y}{E_1} = \frac{A_X E_1 + A_Y E_2}{E_1} \sigma_X = P$$

$$\therefore \quad \sigma_X = \frac{P E_1}{A_X E_1 + A_Y E_2} = \frac{4 P E_1}{\pi \{E_1 (D_1^2 - D_2^2) + E_2 D_2^2\}}$$

また，

$$\sigma_Y = \frac{E_2}{E_1} \sigma_X = \frac{4 P E_2}{\pi \{E_1 (D_1^2 - D_2^2) + E_2 D_2^2\}}$$

### 解法3：等価な材料に置き換える（$\sigma_X$ のみ求める）

棒の伸びの公式

$$\delta = \frac{Pl}{EA}$$

から，$EA$ の値が変化しなければ，伸び，つまりひずみは変化しない。したがって，同一材料であれば応力も変化しない。

そこで，まずは部材 X の応力を求めるために，部材 Y を部材 X と同じ材料に置き換える。そのための断面積を $A'_X$ と置くと，

$$A'_X E_1 = \frac{\pi D_2^2}{4} E_2$$

$$\therefore \quad A'_X = \frac{\pi D_2^2 E_2}{4 E_1}$$

となる。

実際に部材 Y を断面積 $A'_X$ の部材 X と同じ材料の部材に置き換えると，棒は，断面積が

$$\frac{\pi (D_1^2 - D_2^2)}{4} + \frac{\pi D_2^2 E_2}{4 E_1} = \frac{\pi \{E_1 (D_1^2 - D_2^2) + E_2 D_2^2\}}{4 E_1}$$

の均一な（弾性係数 $E_1$ の）棒となる。したがって，求める応力は，

$$\sigma_X = \frac{P}{\dfrac{\pi \{E_1 (D_1^2 - D_2^2) + E_2 D_2^2\}}{4 E_1}} = \frac{4 P E_1}{\pi \{E_1 (D_1^2 - D_2^2) + E_2 D_2^2\}}$$

(2)

まずはせん断力を求める。影響線図は，ミューラー・ブレスローの定理より，次のように書くことができる。

なお，大きさは相似の関係（せん断力が不連続となる値が 1 となる）から求めた。

せん断力が最大となるのは，荷重が点 C に来るときだが，これは次図の①〜④の 4 通り考えられる。それぞれについてせん断力を求めると，

①の場合，

$$V_C = 60 \times \left(-\frac{1}{12}\right) + 120 \times \left(-\frac{1}{3}\right) = -5 - 40 = -45\,\mathrm{kN}$$

②の場合，

$$V_c = 60 \times \left(-\frac{1}{12}\right) + 120 \times \frac{2}{3} = -5 + 80 = 75\,\text{kN}$$

③の場合，

$$V_c = 60 \times \left(-\frac{1}{3}\right) + 120 \times \frac{5}{12} = -20 + 50 = 30\,\text{kN}$$

④の場合，

$$V_c = 60 \times \frac{2}{3} + 120 \times \frac{5}{12} = 40 + 50 = 90\,\text{kN}$$

したがって，せん断力の最大値は 90kN である。

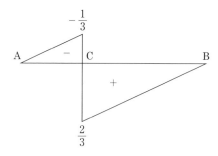

**C のせん断力の影響線図**

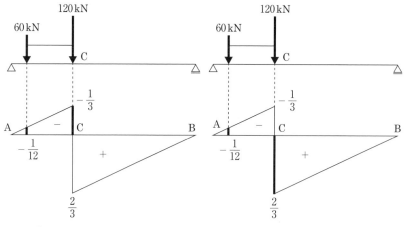

①120kN が C のすぐ左のとき　　　　②120kN が C のすぐ右のとき

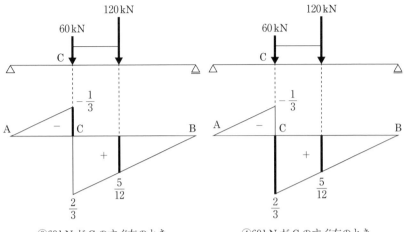

③60 kN が C のすぐ左のとき         ④60 kN が C のすぐ右のとき

次に曲げモーメントを求める。影響線図は，ミューラー・ブレスローの定理より，以下のように書くことができる。大きさは，実際に C に荷重 1 を加えて曲げモーメントを求めればよい。

曲げモーメントが最大となるのは荷重が点 C に来るときだが，これは次図の①，②の 2 通り考えられる。それぞれについて曲げモーメントを求めると，

①の場合，

$$M_C = 60 \times \frac{2}{3} + 120 \times \frac{8}{3} = 40 + 320 = 360\,\mathrm{kN \cdot m}$$

②の場合，

$$M_C = 60 \times \frac{8}{3} + 120 \times \frac{5}{3} = 160 + 200 = 360\,\mathrm{kN \cdot m}$$

したがって，曲げモーメントの最大値は 360 kN·m である。

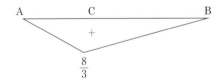

**C の曲げモーメントの影響線図**

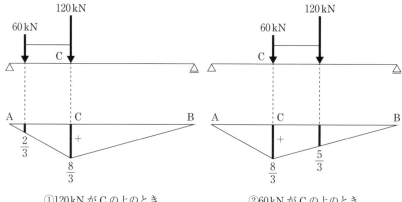

①120 kN が C の上のとき    ②60 kN が C の上のとき

(1)は択一式試験でよく出題されているもので，確実に正答したい問題といえます。(2)も択一式試験で出題されることがありますが，東京都でも平成27度年にI類Bでほぼ同じ問題が出題されています。こちらは少しレベルの高い問題といえます。

(1)は3通りの方法を示しました。解法1が計算量が多いように見えますが，それは断面積を最初から計算しているためで，どれも計算量はあまり変わりません。見通しのよい方法あるいは説明しやすい方法で解くとよいでしょう。

(2)は影響線図を利用した問題です。解説では『公務員試験　技術系　新スーパー過去問ゼミ　土木』（実務教育出版）（以下，『技術系　新スーパー過去問ゼミ　土木』）p.170の必修問題と同じ解き方で解いています。せん断力に関しては②，③は省いてもよいのではないかと思ったかもしれませんが，このケースが最大になる場合もあります（平成28年度国家一般職［大卒］No.23）。また，曲げモーメント図について，2つのケースで値が一致しましたが，結果として，荷重がこの2つのケースの間にあるときは常に一定の曲げモーメントになります。ところで，解説では，荷重が点Cにあることを前提としています。実際の本試験でもこれを前提としないと，時間内に解き切れないと思われます。この問題でたとえば移動距離を $x$ と置いて計算すれば，荷重が一定なので，すべての場合でせん断力も曲げモーメントも $x$ の1次関数となります。つまり，グラフにすれば1次関数をつなげた折れ線の形となるため，最大値は関数の変わる影響線図の折れる場所となります。

近年，AI，IoT，ビッグデータ等の新技術の導入に注目が集まっており，多岐にわたる分野で幅広く活用していくことが求められている。このような状況を踏まえ，次の問いに答えよ。

⑴　Society5.0 について説明せよ。

⑵　生産性や安全性の向上に向けて ICT を取り入れ「成長」と「成熟」が両立した都市を実現するために，今後，行政が取り組むべき課題を挙げ，課題に対する解決策について，土木技術者の視点から，あなたの考えを論じよ。　　((2)は 800 字以上 1,200 字程度)

　(1)が一般的な用語説明，(2)がそれに関する論述問題ということで例年どおりの出題でした。

　(1)の「Society5.0」というのは，内閣府の第5期科学技術基本計画の中で出てきたキャッチコピーです。わが国の目指すべき未来社会の姿として出来たもので，「サイバー空間（仮想空間）とフィジカル空間（現実空間）を高度に融合させたシステムにより，経済発展と社会的課題の解決を両立する，人間中心の社会（Society）」と説明されています。ここでSociety5.0となっていますが，これは1.0から順に「狩猟社会(1.0)」「農耕社会(2.0)」「工業社会(3.0)」「情報社会(4.0)」に続く社会という意味です。情報社会との違いは次のようになります。4.0の情報社会は，情報機器を使って人間自身がデータを解析していた，つまり情報機器は人間が考え，問題を解決するためのツールにすぎませんでした。これに対し，めざすべき5.0は，さまざまな問題の解決策を，AIをはじめとした情報技術側で解析，分析し，問題解決の手段を人に対して提供する，という意味で主体が大きく入れ替わることになっています（以上，内閣府Webサイト「Society5.0」より〈https://www8.cao.go.jp/cstp/society5_0/〉）。

　ところで，東京都は令和2年2月7日に「スマート東京実施戦略〜東京版Society5.0の実現に向けて〜」を公表し，2040年に向けて東京都がデジタルトランスフォーメーション政策に着手し，東京都民のQOL（生活の質）の向上を図るためのさまざまな政策を公表しました。この問題は，これを受けて作られた問題だと考えられます。

　(2)では，「行政が取り組むべき課題」を「土木技術者の視点」から論じるように求められています。その点で考えてみると，最適な解決策というのは，必要かつ十分な量，質の情報＝データがあって初めて導かれるものです。そのようなデータを収集することができなければいけません。たとえば，災害対応や老朽化問題に対する適切な解決策を求めるためには，インフラ側にそうした情報を集めるための各種のセンサーや装置が備え付けられていなければなりません。また，提案される解決策を実現するための柔軟なシステム，ハードづくりも必要です。問題では，「課題」を挙げることになっています。交通分野，防災分野などは非常に書きやすい題材に思われます。まずは分野を絞って，どのような問題があり，どのような解決策が提案されているのか，東京都や国の試作を施策を調べてみるとよいでしょう。

　なお，設問中の「『成長』と『成熟』の両立した都市像」というのは，東京都の「『未来の東京』戦略」で提唱されているものです。こちらも調べてみてください（https://www.koho.metro.tokyo.lg.jp/2023/04/01.html）。

構造力学に関する次の問いに答えよ。ただし，計算の過程も示すこと。

⑴　下の図のようなⅠ型断面に，$S = 25\,\text{kN}$ のせん断力が作用しているとき，この断面の最大せん断応力度を求めよ。

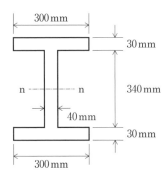

⑵　下の図のように，集中荷重 $P_1$ および $P_2$ がワーレントラスに作用しているとき，部材力 $D_1$，$L_1$，$U_1$ を格点法により求めよ。

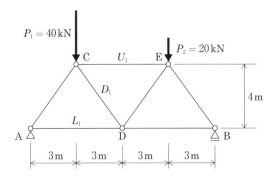

(1)

　最大せん断応力は図心位置に生じる。そこで，図心軸におけるせん断応力を求めればよい。

　せん断応力 $\tau$ は次の式で求められる。

$$\tau = \frac{SJ}{Ib}$$

　ここで，$J$ は求めるせん断応力の位置の軸より上側（ここでは $n-n$ より上側）または下側の，求めるせん断応力の位置の軸まわりの断面1次モーメント，$I$ は断面全体の図心軸まわりの断面2次モーメント，$b$ は求めるせん断応力の加わる断面幅である。

　ここでは，$b = 40\,\mathrm{mm}$ であるので，$J$ と $I$ を求める。$J$ について，断面幅を力にたとえて，分布荷重を集中荷重にたとえた場合の，$n-n$ 軸まわりのモーメントの大きさに等しい。したがって，左下図を参考にして，

$$J = (170 \times 40) \times 85 + (30 \times 300) \times 185 = 2243000\,\mathrm{mm}^3$$

　断面2次モーメントは，右下図のように軸に沿ってウェブ（中央の細い部分）を平行移動させて，外側の四角形から内側の四角形を引いて求めると，

$$I = \frac{300 \times 400^3 - 260 \times 340^3}{12} = \frac{224524 \times 10^4}{3}\,\mathrm{mm}^4$$

　したがって，求める最大せん断応力は，

$$\tau = \frac{25 \times 2243000}{\dfrac{224524 \times 10^4}{3} \times 40} \fallingdotseq 1.87 \times 10^{-3}\,\mathrm{kN/mm}^2$$

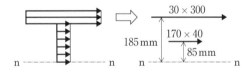

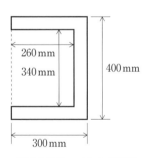

**断面1次モーメントの計算**　　　　　　　**断面2次モーメントの計算**

(2)

　A の鉛直支点反力 $R_\mathrm{A}$ を求める。全体についての B まわりのモーメントのつりあいより，

$$R_\mathrm{A} \times 12 = 40 \times 9 + 20 \times 3 = 420$$

$$\therefore \quad R_\mathrm{A} = 35\,\mathrm{kN}$$

　次に節点 A について考える。なお，求める以外の部材力は軸力 $N$ に両端の点の添字で表す（図に示す）。

　鉛直方向の力のつりあいより，

$$35 + \frac{4}{5}N_{AC} = 0$$

$$\therefore \quad N_{AC} = -\frac{175}{4} = -43.75\,\text{kN}$$

水平方向の力のつりあいより，

$$\frac{3}{5}N_{AC} + L_1 = 0$$

$$\therefore \quad L_1 = -\frac{3}{5}N_{AC} = \frac{105}{4} = 26.25\,\text{kN}$$

節点 C について考える（図に示す）。鉛直方向の力のつりあいより，

$$\frac{4}{5} \times \frac{175}{4} = 40 + \frac{4}{5}D_1$$

$$\therefore \quad D_1 = -\frac{25}{4} = -6.25\,\text{kN}$$

水平方向の力のつりあいより，

$$\frac{3}{5} \times \frac{175}{4} + \frac{3}{5}D_1 + U_1 = 0$$

$$\therefore \quad U_1 = -\frac{105}{4} + \frac{15}{4} = -\frac{45}{2} = -22.5\,\text{kN}$$

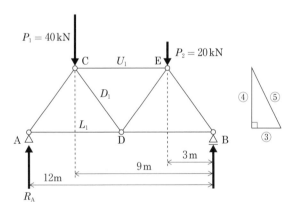

支点反力を求めるための図

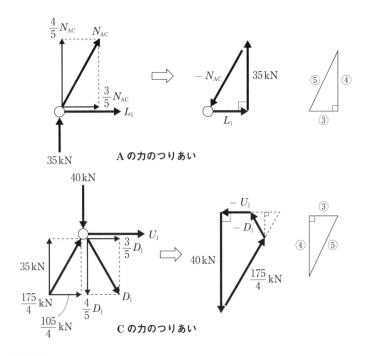

**A の力のつりあい**

**C の力のつりあい**

(1)，(2)ともに東京都の構造力学では過去に出題のある問題と同一で，準備して解きたいところです。

(1)は択一式試験であまり問われない公式について正確な理解を求めています。事前に演習していたか否かが正答の分かれ目となったでしょう。

(2)はトラスの問題ですが，明らかに切断法のほうが易しい問題を格点法（節点法）で求めるように指示があります。節点法は「符号ミス」「連立方程式の計算ミス」が非常に多い解き方です。こうしたミスをすることなく正確に計算できるかがポイントとなります。解説では，単純に連立方程式を解きましたが，$N_{AC}$ の符号の扱いなど事前に用意して計算する必要があります。ただ，切断法であれば計算ミスの危険が減るため，下書きで切断法を使って正答を導いておくのは実戦的な方法といえるでしょう。

なお，『技術系　新スーパー過去問ゼミ　土木』p.39 では，節点法で「連力図」を使った方法を紹介しています。ただし，3 つしか力のない節点 A では有用な一方，4 つの力のある C は少し慣れが必要です。図を示しておきましたが，破線の 3：4：5 の直角三角形を利用すれば，

$$-D_1 = 40 \times \frac{5}{4} - \frac{175}{4} = \frac{25}{4}, \qquad -U_1 = 40 \times \frac{3}{4} - \frac{25}{4} \times \frac{3}{5} \times 2 = \frac{45}{2}$$

と容易に計算できます。ただし，符号には注意が必要です。

水理学に関する次の問いに答えよ。

(1) 下の図のように，水が流れる円形管路にベンチュリ計をつないだところ，水銀差圧計の水銀面の目盛差 $H$ が28cmであった。このとき，円形管路内の水の流量 $Q$ 〔m³/s〕を求めよ。ただし，管路の内径の断面積 $A_1$ は300cm²，縮小断面の内径の断面積 $A_2$ は100cm²，水の密度 $\rho$ は1g/cm³，水銀の密度 $\rho_q$ は13.6g/cm³，重力加速度 $g$ は9.8m/s²，流量係数 $C$ は1.0とし，計算の過程も示すこと。

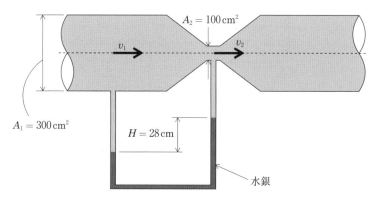

(2) 下の図のように，2つの水槽A，Bを管径が異なる管水路で結び，水槽Aから水槽Bに水が流れるとき，管水路のエネルギー線と動水勾配線を図示せよ。ただし，管水路内を流れる水の流量は一定であり，2つの水槽の水位の変化は無視するものとする。

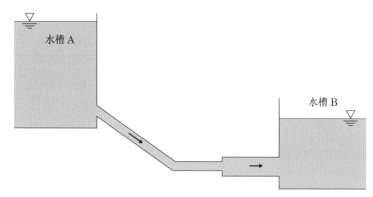

(1)

太管の水圧を $p_1$，細管の水圧を $p_2$ とする。また，連続式より $v_1 = \dfrac{Q}{A_1}$，$v_2 = \dfrac{Q}{A_2}$ となる。

これをもとにベルヌーイの定理を立てると，

$$\frac{1}{2g}\left(\frac{Q}{A_1}\right)^2 + \frac{p_1}{\rho g} = \frac{1}{2g}\left(\frac{Q}{A_2}\right)^2 + \frac{p_2}{\rho g}$$

次に，マノメータの左側の水銀と水の境界の高さの圧力 $p$ について，左右両方の管で計算して，

$$p_1 + \rho g H = p_2 + \rho_q g H$$

$$\therefore \quad p_1 = p_2 + (\rho_q - \rho) g H$$

ただし，左右両方とも水となっている部分の高さの水圧は打ち消すので省いて立式した。これをベルヌーイの定理の式に代入して，

$$\frac{Q^2}{2gA_1^2} + \frac{p_2}{\rho g} + \frac{\rho_q - \rho}{\rho} H = \frac{Q^2}{2gA_2^2} + \frac{p_2}{\rho g}$$

これを整理して，

$$Q = A_1 A_2 \sqrt{\frac{2gH}{A_1^2 - A_2^2}\left(\frac{\rho_q}{\rho} - 1\right)}$$

単位に注意してここに数値を代入すると，

$$Q = 300 \times 10^{-4} \times 100 \times 10^{-4} \times \sqrt{\frac{2 \times 9.8 \times 28 \times 10^{-2}}{300^2 \times 10^{-8} - 100^2 \times 10^{-8}} \times \left(\frac{13.6}{1} - 1\right)}$$

$$= 8.82 \times 10^{-2}\,\mathrm{m^3/s}$$

(2)

以下の図のようになる。

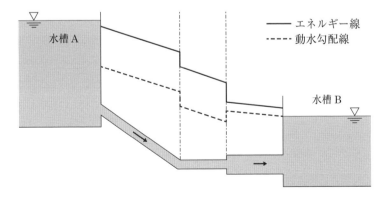

**ポイント**

(1)はやや難しめのベルヌーイの定理の問題です。ただし，平成29年度東京都I類Bで$H$の値のみが異なる問題が出題されていて，これを解いていればだいぶ解きやすかったのではないかと思います。(2)も択一式試験ではよく問われますが，記述式での出題は東京都ではあまりありません。正確に書くのは難しかったかもしれません。

(1)のポイントは圧力の計算です。マノメータの左右は「水銀」と「水」の違いになっています。水銀の圧力$\rho_q g H$だけではなく，水との差$(\rho_q - \rho) g H$になる点に注意が必要です。なお，計算量は多いですが平方根は外すことができます。

(2)では，「エネルギー線が常に減少」「エネルギー線と動水勾配線が一定（断面積が一定の部分では）」以外に，次の点にも注意が必要です。

- 急拡ではエネルギー線は下降し，動水勾配線は上昇する。
- 管路の勾配が変化しても，エネルギー線，動水勾配線の傾きは変化しない。
- 動水勾配線は水槽Bの水面に接続する。

土質工学に関する次の問いに答えよ。

(1) ダイレイタンシーおよび鋭敏比について，それぞれ説明せよ。

(2) 内径 $R = 4.0\,\text{cm}$，高さ $h_1 = 2.0\,\text{cm}$ の飽和粘土の供試体に，載荷重 $\Delta p = 78.4\,\text{kN/m}^2$ を加え圧密した後の供試体の高さは $h_2 = 1.706\,\text{cm}$ である。このときの初期の間隙比 $e_1$，圧密後の間隙比 $e_2$，体積圧縮係数 $m_v$ をそれぞれ求めよ。ただし，この供試体の土粒子は，密度 $\rho_s = 2.7\,\text{g/cm}^3$，乾燥質量 $m_s = 16.956\,\text{g}$ であり，円周率 $\pi$ は 3.14 とし，計算の過程も示すこと。

**解 説**

(1)

　ダイレイタンシーとは，土がせん断変形をする際に体積が変化することをいう。これは，土が粒状体としての性質を有することに起因し，体積が増加する場合を正のダイレイタンシー，減少する場合を負のダイレイタンシーという。一般に緩く詰められた砂や極端に過圧密ではない粘土は，負のダイレイタンシーを示す。この場合，非排水せん断時には間隙水圧が増加するため，液状化する危険性がある。

　鋭敏比 $S_t$ は，

$$S_t = \frac{\text{乱されていない試料土の一軸圧縮強度}}{\text{乱された試料土の一軸圧縮強度}}$$

で定義される。いわゆるクイッククレイでは，通常高い強度を有していても，それを乱すことによって，極端に強度が低下する場合がある。その比率を示すのが鋭敏比である。

(2)

土粒子の体積 $V_s$ は，密度と乾燥質量から，

$$V_s = \frac{16.956}{2.7} = 6.28\,\text{cm}^3$$

一方，圧密前の土全体の体積 $V$ は，

$$V = \pi\left(\frac{R}{2}\right)^2 h_1 = 3.14 \times 4 \times 2.0 = 25.12\,\text{cm}^3$$

であるので，初期間隙比 $e_1$ は，間隙の体積が $V - V_s$ で計算できることから，

$$e_1 = \frac{V - V_s}{V_s} = \frac{25.12 - 6.28}{6.28} = 3.0$$

続いて，圧密後の体積 $V'$ は，

$$V' = \pi\left(\frac{R}{2}\right)^2 h_2 = 3.14 \times 4 \times 1.706 \fallingdotseq 21.42736\,\text{cm}^3$$

となるので，圧密後の間隙比 $e_2$ は，

$$e_2 = \frac{V' - V_s}{V_s} = \frac{21.42736 - 6.28}{6.28} = 2.412$$

体積圧縮係数 $m_v$ は，

$$m_v = \frac{1}{\Delta p}\left(\frac{h_1 - h_2}{h_1}\right) = \frac{2.0 - 1.706}{78.4 \times 2.0} = 1.875 \times 10^{-3}\,\text{m}^2/\text{kN}$$

---

**ポイント**

　用語説明と計算問題を組み合わせた出題で，近年の形式どおりの問題でした。

　用語問題は択一式試験でも出題される範疇の問題で，定義をきちんと説明しておくことが大切です。なお，ダイレイタンシーについては平成25年度東京都I類B（第2回）でも出題されていて，このときには「液状化に言及すること」との条件が付いていました。これを踏まえて，解説では最後に液状化に触れましたが，本問では設問に条件がないため，無理に触れる必要はないと思われます。

　(2)で最大の問題は，「内径 $R$」と書かれた数値が「直径」なのか「半径」なのかという点でしょう。おそらくこれで悩んだ受験生も多かったと思われます。「内径」と書いた以上は直径でしょうし，数値的にもそれが妥当だと思われますが，$R$ は英語の半径（radius，直径は diameter）の頭文字で，通常は半径の意味で使われることから，半径として答えた受験生もいたかもしれません。なお，半径として計算すると $e_1 = 15.0$ と通常考えられない値になります。

　解説では体積を使って計算していますが，土粒子の体積を高さに換算したほうが計算は少し簡単になります。つまり，土粒子の体積を断面積で割ると，高さ $\frac{6.28}{3.14 \times 2^2}$ $=0.5\,\text{cm}$ になります。土全体では初期には $2.0\,\text{cm}$ なので，間隙に相当する高さは $1.5\,\text{cm}$ となり，$e_1 = \frac{1.5}{0.5} = 3.0$ となります。$e_2$ も $e_2 = \frac{1.706 - 0.5}{0.5} = 2.412$ となります。

土木材料または土木施工に関する次の問いに答えよ。

(1)  コンクリートの締固めについて説明せよ。

(2)  下の図のような鉄筋コンクリートの梁の中立軸 N – N の位置 $x$ を求めよ。ただし，鉄筋の合計の断面積 $A_s = 1{,}200\,\mathrm{mm}^2$，鉄筋とコンクリートの弾性係数比 $n = 8$ とし，計算の過程も示すこと。

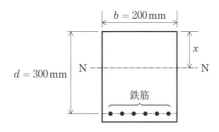

(3)  下の図のように，ある路線の横断測量により測点 No.8 と No.9 の断面図と，各測点における切取り断面積（$CA$）および盛土断面積（$BA$）とが得られたとき，この区間における盛土の土量と切取り土量との差を求めよ。ただし，測点間の距離を 25 m とし，計算の過程も示すこと。

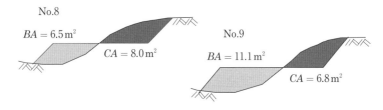

No.8

$BA = 6.5\,\mathrm{m}^2$

$CA = 8.0\,\mathrm{m}^2$

No.9

$BA = 11.1\,\mathrm{m}^2$

$CA = 6.8\,\mathrm{m}^2$

(1)

打ち込まれたコンクリートから空隙を取り除くことを目的として行うもので，棒状バイブレーターを使う場合と，型枠バイブレーターを使う場合がある。

(2)

中立軸から $x$ の位置のひずみ $\varepsilon$ を

$$\varepsilon = \kappa x$$

と置く（$\kappa$ は定数）。

この場合に曲げモーメントが加わったときの応力分布は下図のようになる（応力分布なので，合力の計算では，コンクリートには幅，鉄筋は断面積を掛ける）。ただし，コンクリートの弾性係数を $E$ とする。この場合の鉄筋の弾性係数は $nE$ である。

この場合は軸力は $0$ なので，コンクリートの圧縮応力の合力と，鉄筋の引張応力の合力は等しく，

$$\frac{1}{2} \times (E \times \kappa x) \times b \times x = nE \times \kappa (d - x) \times A_s$$

$$\therefore \quad bx^2 + 2nA_s x - 2ndA_s = 200x^2 + 19200x - 5760000$$
$$= 200(x^2 + 96x - 28800) = 0$$

これを解いて，

$$x = -48 + \sqrt{48^2 + 28800} = -48 + 72\sqrt{6} \fallingdotseq 128.4\,\mathrm{mm}$$

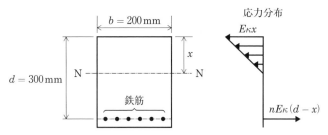

(3)

両側断面の断面積を $S_1$，$S_2$，断面距離を $L$ とすると，土量の体積 $V$ は，

$$V = \frac{S_1 + S_2}{2} L$$

で近似的に計算できる。

したがって，盛土の土量は，

$$\frac{6.5 + 11.1}{2} \times 25 = 220\,\mathrm{m}^3$$

切土の土量は，

$$\frac{8.0 + 6.8}{2} \times 25 = 185\,\mathrm{m}^3$$

したがって，その差は，

$220 - 185 = 35\,\mathrm{m}^3$

---

**ポイント**

　コンクリートが2問と測量が1問の出題でした。択一式試験ではあまり問われない問題を含むため，解きにくかったかもしれませんが，(2)は平成29年度東京都I類Bに同一の問題が出題されています。これを解いていたかどうかが大きかったでしょう。

　(1)は答える内容があまりないことと，(2)以降の量が多いため，簡単な説明で十分でしょう。

　(2)は応力分布を描いて計算します。計算量が多いため，丁寧に計算する必要があります。なお，因数分解はできません。解の公式を使います。

　(3)の測量は，令和3年度特別区で出題されています。ただ，知らなくても計算方法は想像できたかもしれません。別解となりますが，断面積を引いて差を求めても正答は出てきます。つまり，No.8の盛土面積，切土断面積の差は，盛土から切土を引いて $6.5 - 8.0 = -1.5\,\mathrm{m}^2$，No.9は $11.1 - 6.8 = 4.3\,\mathrm{m}^2$ となるので，

$$V = \frac{-1.5 + 4.3}{2} \times 25 = 35\,\mathrm{m}^3$$

となります。

都市計画，交通工学または衛生工学に関する次の問いに答えよ。

(1) 土地区画整理事業について説明せよ。

(2) 道路の持つ交通機能および空間機能について，それぞれ説明せよ。

(3) 上水道における配水池の機能および有効容量について，それぞれ説明せよ。

(1)

　都市計画区域内の土地について，公共施設の整備改善および宅地の利用の増進を図るため，土地区画整理法に従って行われる土地の区画形質の変更および公共施設の新設または変更に関する事業をいう。土地を供出する減歩と土地の交換である換地の2つの事業手法を使って行われる。

(2)

　交通機能とは，道路が本来持つ自動車や自転車，人を通すための機能のことで，さらにより多くの車両等を快適に通すためのトラフィック機能と，沿道の施設に到達し出入りするアクセス機能に分けられる。空間機能とは，道路が何ら建物の建っていない空間として果たすことができる機能のことで，市街地形成機能，環境空間機能，収容空間機能，防災空間機能，賑わい空間機能などが含まれる。

(3)

　配水池の役割は，配水量の時間変動を調整することと，非常時にも一定の時間，所定の水量，水圧を維持することにある。有効容量は，1日最大給水量の12時間分を標準とするが，給水人口が 50,000 人以下の場合には，原則として消火用水量を別途加算する。

### ポイント

　用語説明の問題が3問出題されています。それぞれまったく分野が異なりますが，いずれも基本的な用語であり，ある程度答えられたのではないかと思います。

　(1)の土地区画整理事業では，土地区画整理法2条の定義を踏まえた説明を入れたいところです（解説では，条文の文言をほぼそのまま使っています）。

　(2)はどの教科書にも載っています。『道路構造令の解説と運用（令和3年3月版）』（日本道路協会）では，交通機能を，通行機能，アクセス機能，滞留機能に分けています。解説では，よく教科書で説明されるものを解説しておきました。空間機能はいくつか例示する程度でもよいでしょう。

　(3)について，配水施設の設計の基準は，「時間最大給水量」とされていますが，ここで問われている有効容量は「1日最大給水量」の12時間分になることに気をつけてください。解説では例外の場合も含めて答えていますが，これが欠けてもいくらかの点数は与えられたのではないかと思われます。

次の問(1), (2)に答えよ。

(1) 次の図のような張出し梁に，集中荷重 130 kN および 30 kN，等変分布荷重 40 kN/m
が作用するとき，次の問①〜③に答えよ。

① 支点 A および支点 B の反力 $R_A$, $R_B$ を求めよ

② AD 間および DB 間のせん断力 $S_{AD}$, $S_{DB}$ を求めよ。

③ 支点 B および点 D における曲げモーメント $M_B$, $M_D$ を求めよ。

(2) 鋼棒に生じる応力に関する次の問①, ②に答えよ。ただし，鋼棒の許容引張応力度を
$\sigma_{ta} = 140$ N/mm² とする。

① 直径 20 mm の鋼棒を 50 kN の力で引っ張るとき，この鋼棒が安全であるか判定せよ。

② 鋼棒を 100 kN の力で引っ張るとき，この鋼棒が安全であるためには，直径は何 mm
以上必要か求めよ。

(1)

①：分布荷重は集中荷重に直して計算する。下図を参考に，B まわりのモーメントのつり
あいより，

$$R_A \times 8 + 30 \times 2 = 60 \times 10 + 130 \times 2$$

$$\therefore \quad R_A = \frac{600 + 260 - 60}{8} = 100\,\text{kN}$$

鉛直方向の力のつりあいより，

$$R_A + R_B = 60 + 130 + 30 = 220$$

$$\therefore \quad R_B = 220 - 100 = 120\,\text{kN}$$

②：構造を AD 間で切断して D 側について鉛直方向の力のつりあいより，

$$S_{AD} + 120 = 130 + 30$$

$$\therefore \quad S_{AD} = 40\,\text{kN}$$

構造を DB 間で切断して B 側について鉛直方向の力のつりあいより，

$$S_{DB} + 120 = 30$$

$$\therefore \quad S_{DB} = -90\,\text{kN} \quad (\text{大きさなら} 90\,\text{kN})$$

③：B で梁を切断して，BE 側について，B まわりのモーメントのつりあいを立てると，

$$M_B + 30 \times 2 = 0$$

$$\therefore \quad M_B = -60\,\text{kN·m} \quad (\text{大きさなら} 60\,\text{kN·m})$$

また，D で梁を切断して，DE 側について，D まわりのモーメントのつりあいを立て
ると，

$$M_D + 30 \times 4 = 120 \times 2$$

$$\therefore \quad M_D = 240 - 120 = 120\,\text{kN·m}$$

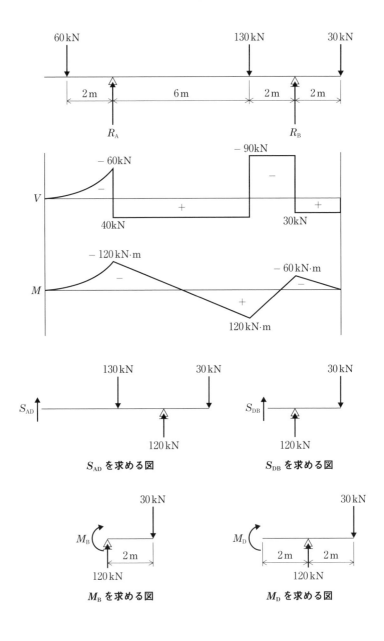

$S_{AD}$ を求める図

$S_{DB}$ を求める図

$M_B$ を求める図

$M_D$ を求める図

(2)

①：鋼棒に加わる引張応力 $\sigma_t$ は

$$\sigma_t = \frac{50 \times 10^3}{\frac{\pi}{4} \times 20^2} = \frac{500}{\pi} \fallingdotseq 159\,\mathrm{kN/mm^2} > \sigma_{ta}$$

したがって，許容引張応力度を超える応力が加わることになるため，安全ではない。

②：求める直径を $d$〔mm〕と置くと，加わる応力度が許容引張応力度以下になればよいので，

$$\frac{100 \times 10^3}{\frac{\pi}{4}d^2} \le 140$$

$$\therefore \quad d \ge \sqrt{\frac{400 \times 10^3}{140\pi}} \fallingdotseq 30\,\mathrm{mm}$$

**ポイント**

(1)，(2)ともに過去に繰り返し出題されている問題です。

(1)は分布荷重を集中荷重に直すこと，適宜，切断して力やモーメントのつりあいを立てることが要求されています。なお，答えの値だけであれば，$V$ 図や $M$ 図を描けば簡単に一気に求めることができます。『技術系　新スーパー過去問ゼミ　土木』p.78 を参考に右側から描いていくとよいでしょう。図のみ示しておきました。ただし，図はすぐ上の支点反力を求める図とは異なり，分布荷重であることを前提に描く必要があることに注意してください。

次の問(1)～(3)に答えよ。

(1) 次の①，②は，土質に関する記述であるが，文中の空所 A，B に該当する語を解答欄に記入せよ。

　　① 土は，土粒子，水，空気の3つの相から構成されており，水と空気の部分を合わせて　 A 　といい，　 A 　比は，土の土粒子部分の体積に対する　 A 　の体積の比で表す。

　　② 緩い砂や正規圧密粘土をせん断すると体積が減少し，密な砂や過圧密粘土では体積が増加する。このようにせん断に伴って体積が変化する現象を　 B 　という。

(2) 次の①～③の三軸圧縮試験における，試験方法および試験結果の利用について，それぞれ説明せよ。

　　① 非圧密非排水せん断試験（UU 試験）

　　② 圧密非排水せん断試験（CU 試験）

　　③ 圧密排水せん断試験（CD 試験）

(3) 次の図のように，堤防の下に透水係数が $k = 2.32 \times 10^{-4}$ m/s で，厚さが 1.5 m の砂層があり，河川敷の洗掘された箇所（洗掘地点）からその砂層を通って堤内地へ漏水している。洗掘地点から漏水地点までの距離は 50 m，河川と漏水地点の水位差は 4 m であるとき，堤防の奥行き 1 m 当たりについての 1 日の漏水量 $q$〔m³/d〕を求めよ。

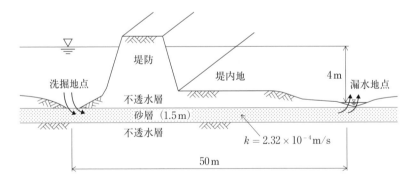

(1)

| A | 間隙 |
|---|---|
| B | ダイレイタンシー |

(2)

①：試料を採取し，圧密することなく非排水で軸荷重を加える試験で，粘性土地盤に載荷した直後の地盤の短期安定性を調べるために使われる。

②：試料を採取し，圧密した後，非排水で軸荷重を加える試験で，盛土の段階載荷など，粘性土地盤を圧密強化した後に載荷した直後の地盤の短期安定性を調べるために使われる。

③：試料を採取し，圧密した後，排水条件で軸荷重を加える試験で，粘性土地盤を切り取る場合や，砂地盤の安定問題を調べるために使われる。

(3)

この場合の動水勾配 $i$ は，$i = \dfrac{4}{50} = 0.08$ である。したがってダルシーの法則から，

$$q = (2.32 \times 10^{-4} \times 0.08 \times 1.5) \times 60 \times 60 \times 24 \fallingdotseq 2.4\,\mathrm{m^3/d}$$

**ポイント**

　透水，せん断に関する基本的な内容が問われています。(2)をやや難しく感じた人もいたかもしれませんが，近年択一式試験でもよく問われています。『技術系　新スーパー過去問ゼミ　土木』p.252 を参照してください。

　なお，本問の記述では，粘土について「正規圧密粘土」＝「体積減少（負のダイレイタンシー）」，「過圧密粘土」＝「体積増加（正のダイレイタンシー）」と対応するように読めますが，実際には，過圧密比によって変わり，一般的に正のダイレイタンシーを示すのは，過剰に過圧密された過圧密粘土です。つまり，過圧密粘土でも負のダイレイタンシーを示すことがあることには注意をしてください。

次の問(1)~(3)に答えよ。

(1) 次の①，②は，測量に関する記述であるが，文中の空所 A ~ D に該当する語を解答欄に記入せよ。

① 軽重率は，各測定値の標準偏差が異なる場合，標準偏差の2乗に ┃ A ┃ し，各測定値の測定回数が異なる場合，測定回数に ┃ B ┃ する。

② 河川の水位において，1年を通じて355日はこれを下らない水位を ┃ C ┃ といい，1年を通じて275日はこれを下らない水位を ┃ D ┃ という。

(2) 次の図のような，既知点 A，B の結合トラバースにおいて，次の表の結果を得た。このとき，閉合誤差 $E$ および閉合比 $R$ を求めよ。

　　既知点 A の座標値：(390.390 m，− 185.750 m)
　　既知点 B の座標値：(505.710 m，130.705 m)

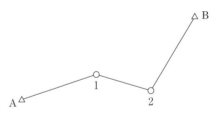

| $\Sigma L$：緯距の総和 | 115.326 m |
|---|---|
| $\Sigma D$：経距の総和 | 316.442 m |
| $\Sigma l$：測線長合計 | 371.004 m |

(3) 次の表は，ある河川の最大水深4mのところにおいて，深さを変化させながら測定を行った結果である。3点法により平均流速 $v_m$ を求めよ。

| 水深〔m〕 | 0.0 | 0.4 | 0.8 | 1.2 | 1.6 | 2.0 | 2.4 | 2.8 | 3.2 | 3.6 | 4.0 |
|---|---|---|---|---|---|---|---|---|---|---|---|
| 流速〔m/s〕 | 1.3 | 1.7 | 2.0 | 2.1 | 2.0 | 1.9 | 1.4 | 1.3 | 1.2 | 0.8 | 0.4 |

解説

(1)

| A | 反比例 |
|---|---|
| B | 比例 |
| C | 渇水流量 |
| D | 低水流量 |

(2)

　　AとBの座標値の差から測定された緯距は,

　　　505.710 − 390.390 = 115.320 m

　　経距は,

　　　130.705 − (− 185.750) = 316.455 m

　　したがって閉合誤差は,

$$E = \sqrt{(115.320 - 115.326)^2 + (316.455 - 316.442)^2}$$
$$= \sqrt{0.006^2 + 0.013^2} \fallingdotseq 0.014 \, \text{m}$$

　　閉合比は,

$$R = \frac{0.014}{371.004} \fallingdotseq \frac{1}{26500}$$

(3)

　　3点法では, 最大水深の $i$ 倍の深さの位置の流速を $v_i$ として, 平均流速は,

$$v_m = \frac{v_{0.2} + 2v_{0.6} + v_{0.8}}{4}$$

で計算される。今回, 最大水深の 0.2 倍は水深 0.8 m, 0.6 倍は 2.4 m, 0.8 倍は 3.2 m なので,

$$v_m = \frac{2.0 + 2 \times 1.4 + 1.2}{4} = 1.5 \, \text{m/s}$$

### ポイント

　　測量および河川工学の用語についての問題です。(3)はあまり出題される問題ではなく, さらに公式を覚えていないと解きようがありません。しかし, 他の問題については公務員試験でよく出題される内容であり, この科目を用意していれば解くことができたのではないかと思います。ただ, 閉合誤差の計算では, ルートを外すことができないため, 近い値を答えとする必要があります。

次の問(1)〜(3)に答えよ。

(1)　次の①〜③は，土木材料または土木施工に関する記述であるが，文中の空所ア〜エに該当する語を解答欄に記入せよ。

① 骨材の含水状態は，｜ ア ｜，空気中乾燥状態，｜ イ ｜および湿潤状態の4つに分けられ，コンクリートの配合設計では｜ イ ｜を基準としている。

② ｜ ウ ｜は，ドラグショベルとも呼ばれ，機械の位置よりも低い場所の掘削に適し，硬い地盤の掘削ができ，掘削位置も正確に把握できるので，基礎の掘削や溝掘りなどに広く用いられている。

③ ｜ エ ｜工法は，中空管を振動させて所定の深さまで貫入させ，管内に砂を投入し，中空管を引き上げながら，中の砂に振動と圧力を加えて締め固め，砂柱を形成していく工法であり，緩い砂質地盤や軟弱粘土地盤にも適している。

(2)　骨材に関する次の①，②を説明せよ。
① 細骨材
② 粗骨材の最大寸法

(3)　次のようなネットワーク図に関する次の①〜③を求めよ。

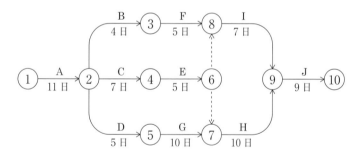

① 結合点8の最早開始時刻
② 結合点4の最遅完了時刻
③ クリティカルパスの日数

(1)

| ア | 絶対乾燥状態 |
|---|---|
| イ | 表面乾燥飽水状態 |
| ウ | バックホー |
| エ | サンドコンパクションパイル |

(2)

①：骨材のうち，10mm ふるいをすべて通り，5mm ふるいを質量で 85％以上通る骨材のことをいう。細骨材を増やす，つまり細骨材率が増すことで，材料分離抵抗性が増加する傾向がある。

②：質量で骨材の 90％以上が通るふるいのうち，最小寸法のふるいの目の大きさで表される骨材の寸法のことをいう。粗骨材の最大寸法が大きいほど，単位水量や単位セメント量を減らすことができるため経済的なコンクリートをつくることができるが，鉄筋の空きなど，設計上の限界がある。

(3)

　まず，最早開始時刻と最遅完了時刻を計算する。最早開始時刻は，結合点 1 から順に，1 つ前の最早開始時刻に作業日数を加えて計算する。2 つ以上の作業が結合する場合は大きい時刻を選択する。

　また，最遅完了時刻は，結合点 10 から，1 つ前の最遅完了時刻から作業日数を引いて計算する。2 つ以上の作業が出ていく結合点では小さい時刻を選択する。

　計算した結果が以下の図である。

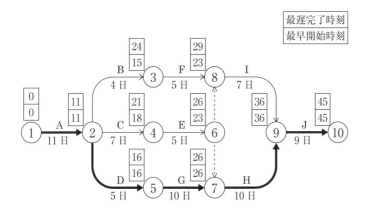

これより，答えは次のようになる。なお，クリティカルパスは図の太線で示した経路である。

①：23 日，②：21 日，③：45 日

---

**ポイント**

コンクリートを中心とした土木材料，施工全体についての問題です。用語説明は基本的なものですが，エではサンドドレーン工法との混同に注意が必要です。記述中に「締固め」とあることから，サンドコンパクションパイル工法を選びます（施工方法も異なります）。

(2)の説明は細かいようですが，定義については択一式試験でも数値を含めて問われるので用意しておく必要があります。①では現場配合のみを答えておけばよいでしょう（示方配合〈5mm ふるいを通る骨材〉を答えても構いませんが，示方配合のみ現場配合を書かないのは避けたほうがよいでしょう）。

(3)の計算は何度も出題されていることから用意する必要があります。『技術系　新スーパー過去問ゼミ　土木』p.486 を参考にしてください。

次の問(1)～(3)に答えよ。

(1) 次の①～④は，道路に関する記述であるが，文中の空所 A ～ D に該当する語を解答欄に記入せよ。

① 　A　とは，アスファルト舗装の構造設計において，舗装をすべて表層基層用加熱アスファルト混合物で設計したときの必要な厚さを示すものである。

② アスファルト舗装の転圧・締固めは，敷きならし終了後，直ちに継目転圧・初転圧・二次転圧・　B　転圧の順序で行う。

③ 初転圧の締固め温度は，混合物が変位を起こしたり　C　を生じない限りできるだけ高い温度で行い，また，締固め温度が低すぎると締固めが不十分になり舗装の耐久性が低下する。

④ 　D　車線とは，上り勾配の道路において，速度の著しく低下する車両を他の車両から分離して通行させることを目的とする車線をいう。

(2) 橋の構成に関する次の問①，②に答えよ。

① 上部構造を構成する部材を4つ挙げよ。

② 下部構造を2つ挙げよ。

(3) アスファルト舗装の破損に関する次の①～③について，発生原因を含めて説明せよ。

① コルゲーション

② フラッシュ

③ ポットホール

**解 説** ━━━━━━━━━━━━━━━━━━━━━━━━━━━━━━━━

(1)

| A | $T_A$ 値 |
|---|---|
| B | 仕上げ |
| C | ヘアクラック |
| D | 登坂 |

(2)

①：床版，主桁，横桁，伸縮接手，支承などから4つ。

②：橋脚，橋台

(3)

①：道路の縦断方向にできる凹凸のことで，交差点部などで急減速，急発進を繰り返すことで表層が剥離することで発生する。

②：アスファルト表面にアスファルト乳剤などが浮き出てくる現象のことで，プライムコートやタックコートの施工不良，あるいはアスファルト量が多すぎることで発生する。

③：舗装にできた小さな穴のことをいう。路面にできた小さなひびなどから水などが入り込み，さらに舗装が劣化して穴になることで発生する。

---

**ポイント**

　舗装，橋梁についての問題で，他の試験ではほとんど出題がないため，特別区のために特に用意しない限りかなり難しかったのではないかと思います。特に(3)は過去に問われたことがない細かい用語もあり，相当難しいといえます。

## 問題6　記述式　都市計画，交通計画　令和4年度

次の問(1)～(3)に答えよ。

(1) 次の①～③は，都市計画または交通計画に関する記述であるが，文中の空所ア～エに
該当する語を解答欄に記入せよ。

① ［　ア　］とは，市街地の整備改善を図るため街区の整備または造成が行われる地区
について，その街区内における建築物の容積率ならびに建築物の高さの最高限度およ
び壁面の位置の制限を定める街区をいう。

② ［　イ　］とは，都市内におけるまとまった交通を受け持つとともに，都市の骨格を
形成する道路をいう。

③ 1年間（8,760時間）の時間交通量のうち，大きい順に並べたときの［　ウ　］の時
間交通量の値を［　ウ　］時間交通量といい，一般的に道路設計における設計時間交
通量の標準としている。また，年平均日交通量に対する［　ウ　］時間交通量の割合
を［　エ　］という。

(2) 環境影響評価の手続に関する次の①，②を説明せよ。

① スクリーニング

② スコーピング

(3) 景観法8条1項に規定する，都市，農山漁村その他市街地または集落を形成している
地域およびこれと一体となって景観を形成している地域のうち，景観計画を定めること
ができる区域を3つ挙げよ。

(1)

| ア | 特定街区 |
|---|---|
| イ | 幹線街路 |
| ウ | 30番目 |
| エ | $K$値 |

(2)

①：第二種事業について，環境影響評価を行うかどうかを許認可権者が決定する手続きのこと。この際，都道府県知事からの意見を聞くことになっている。

②：事業者が環境影響評価の方法をまとめた環境影響評価方法書を作成する手続きのこと。事業者は方法書を作成すると，都道府県知事，市町村に送付する一方，公告し，1か月以上縦覧を行う。これに対して知事，市町村長，および意見のある者は意見書を提出することができ，これをもとに事業者が方法書を決定する。

(3)

以下の5つから答える。

・現にある良好な景観を保全する必要があると認められる土地の区域

・地域の自然，歴史，文化等からみて，地域の特性にふさわしい良好な景観を形成する必要があると認められる土地の区域

・地域間の交流の拠点となる土地の区域であって，当該交流の促進に資する良好な景観を形成する必要があると認められるもの

・住宅市街地の開発その他建築物もしくはその敷地の整備に関する事業が行われ，または行われた土地の区域であって，新たに良好な景観を創出する必要があると認められるもの

・地域の土地利用の動向等からみて，不良な景観が形成されるおそれがあると認められる土地の区域

■ 執筆者紹介

# 丸山 大介（まるやま・だいすけ）

1974年，長野県生まれ。技術系公務員試験受験指導歴23年のカリスマ講師。
自身も国家Ⅰ種1位合格2回（土木職，理工Ⅰで各1回），
日弁連法科大学院適性試験1位（3位，5位もあり），
大学入試センター試験法科大学院適性試験9位などの経歴を持つ。
応用情報処理技術者，電験2種，気象予報士，環境計量士（騒音・振動）。
東京大学工学系研究科社会基盤工学専攻修士課程修了。
主な著書に『めざせ技術系公務員　最優先30テーマの学び方』
『技術系〈最新〉過去問　土木』『技術系　新スーパー過去問ゼミ　土木』
『技術系公務員試験　工学の基礎［数学・物理］攻略問題集新版』（実務教育出版）がある。
ホームページ「丸山の技術系公務員試験のページ」で，日々最新情報を発信中。
https://www.maru-will.com

編集協力　佐藤嘉宏（ZACCOZ）

## ●本書の内容に関するお問合せについて

　本書の内容に誤りと思われるところがありましたら，まずは小社ブックスサイト（jitsumu.hondana.jp）
中の本書ページ内にある正誤表・訂正表をご確認ください。正誤表・訂正表がない場合や訂正表に該当箇所
が掲載されていない場合は，書名，発行年月日，お客様の名前・連絡先，該当箇所のページ番号と具体的な
誤りの内容・理由等をご記入のうえ，郵便，FAX，メールにてお問合せください。

　〒163-8671　東京都新宿区新宿1-1-12　　実務教育出版　第二編集部問合せ窓口
　FAX：03-5369-2237　　　　E-mail：jitsumu_2hen@jitsumu.co.jp

【ご注意】
※電話でのお問合せは，一切受け付けておりません。
※内容の正誤以外のお問合せ（詳しい解説・受験指導のご要望等）には対応できません。

## 技術系〈最新〉過去問　土木（令和4・5年度）

2024年3月25日　初版第1刷発行　　　　　　　　　　　　　　　　〈検印省略〉

編　者　資格試験研究会
発行者　淺井　亨

発行所　株式会社　実務教育出版
　　　　〒163-8671　東京都新宿区新宿1-1-12
　　　　☎編集　03-3355-1812　　販売　03-3355-1951
　　　　振替　00160-0-78270

印　刷　精興社
製　本　ブックアート